第9辑

中译外研究

Research on Translations from Chinese

主编 王铭玉
主办 中央文献翻译研究基地

北京航空航天大学出版社
BEIHANG UNIVERSITY PRESS

图书在版编目（CIP）数据

中译外研究. 第 9 辑 / 王铭玉主编. -- 北京：北京航空航天大学出版社，2020. 12

ISBN 978-7-5124-3418-9

Ⅰ. ①中… Ⅱ. ①王… Ⅲ. ①汉语－翻译－文集
Ⅳ. ①H159－53

中国版本图书馆 CIP 数据核字（2020）第 238646 号

中译外研究. 第 9 辑

责任编辑：邓 彤
责任印制：秦 赟
出版发行：北京航空航天大学出版社
地　　址：北京市海淀区学院路 37 号（100191）
电　　话：010－82317023（编辑部）　010－82317024（发行部）
010－82316936（邮购部）
网　　址：http：//www. buaapress. com. cn
读者信箱：bhxszx@163. com
印　　刷：北京九州迅驰传媒文化有限公司
开　　本：710mm×1000mm　1/16
印　　张：17. 75
字　　数：272 千字
版　　次：2020 年 12 月第 1 版
印　　次：2020 年 12 月第 1 次印刷
定　　价：58. 00 元

如有印装质量问题，请与本社发行部联系调换
联系电话：010－82317024

《中译外研究》编委会及编辑部成员

目　录

文明互鉴　文明互译

“文明互鉴·文明互译”专栏

主持人语（李晶）：

“文明因多样而交流，因交流而互鉴，因互鉴而发展。”习近平总书记在多个场合对“文明交流互鉴”发表过重要论述。为深入践行总书记的倡议，依托外语院校语言资源优势服务国家文化发展战略、助推中国对外话语体系建设，天津外国语大学于2019年10月推出了首届“文明互鉴·文明互译”学术交流季活动，引起学术界和媒体的广泛关注。值此天津外国语大学第二届“文明互鉴·文明互译”学术交流季之际，《中译外研究》特别推出“文明互鉴·文明互译”专栏，展示在促进文明交流互鉴、构建人类命运共同体时代背景下外语学者的学术智慧和使命担当。

《建好‘文明互译’之桥，走好‘文明互鉴’之路》一文的作者是“文明互鉴·文明互译”八字理念的首倡者。文章由“文明”一词的概念和类型说开去，以哲学思辨的学术高度和宏大开阔的国际视野，对“文明互鉴”和“文明互译”各自的内涵以及二者的辩证关系进行了精辟解读和诠释，并回答了“文明因何为何互鉴互译”这一时代命题。文章将“文明互鉴·文明互译”与实现人类命运共同体的美好愿景相关联，在如何通过互译互鉴来推动中外文明和谐共生和人类命运共同体构建方面，给我们带来了深刻启迪。

《对外政治话语体系建设的译学思考》一文从一个翻译学者的立场阐发了有关对外政治话语体系建设及研究的深刻观点。文章总结了对外政治话语体系研究的现状和发展态势，梳理了当下对外政治话语体系研究的热门话题，继而指出了对外政治话语体系建设面临的主要挑战、当前对外政治话语体系研究存在的不足和缺陷，并提供了出路和破解法则，特别强调了术语外译之于对外政治话语体系建设的重要作用。文章为提升“人类命运共同体”等中国对外话语的建构效果以及未来的对外政治话语体系建设研究指明了方向。

《提升中国国际话语权：原因、路径和准备》一文着眼于“人类命运共同体”这一国家话语的国际认同与中国国际话语权的提升问题，考察了提升中国国际话语权的必要性以及尚存矛盾，解析了新时代“国际话语权”的概念及其表现形式，就如何提升中国国际话语权提出了具体举措和心理、战略、战术等方面的准备。文中不乏“立场和价值观是谈论国际话语权的立足点”“争夺国际话语权，就是国家利益之争”等深刻洞见。文章为如何在构建人类命运共同体背景下赢得国际社会对中国的理解、提升中国话语的国际影响力提供了有益借鉴。

《关于中央文献翻译的三个问题》一文以一位中央文献翻译工作者的权威视角，全面而深入地思考了中央文献翻译的性质与定位、所遵循的翻译理念以及提高中央文献翻译现代化水平的六要素，明确指出中央文献对外翻译是提升中国国际传播能力、促进中国对外话语体系建设的基础性工作。文章加深了我们对中央文献对外翻译事业的认识，在新时期进一步做好中央文献对外翻译工作，通过中央文献对外翻译更好地传播人类命运共同体理念，推动中央文献对外翻译研究的发展等方面分享了宝贵经验。

新时代赋予外语学者特殊的新使命。本专栏四篇文章的一个共同点即大视野、大格局、大担当，彰显外语学者的国家站位和世界胸怀。四篇文章把握时代大势，围绕促进文明交流互鉴、构建人类命运共同体这一时代命题展开多视角多维度的研究。期待四位学者的真知灼见能够引发学界同仁更加深入的思考和探讨。

对外政治话语体系建设的译学思考

黄忠廉

由题意看，政治翻译是对外话语体系建设的手段，目标重在建设，关键靠手段，手段与目标结合研究才是重点，可是应然与实然却并非如此。政治翻译与一般翻译的区别主要在于政治术语的翻译。

一、对外政治话语体系研究态势趋热，但由术语外译切入者寡

此前的研究多集于目标，几乎一边倒，手段研究者不多，如何由手段切入目标的研究者更少。以“当代政治术语”或含“对外话语体系”为主题词检索 CNKI 全国中文核心期刊和 CSSCI 期刊数据库，共得相关文献 97 篇。

对外话语体系研究热起来，2013 年是拐点，国家立项始于 2014 年，总体态势趋增；就期刊论文而言，仅涉及话语体系研究的论文 2000 年以后渐增，2014 年起激增。据陈明琨等（2016）和唐青叶等（2019）调研，国内外学者围绕中国对外话语体系的现实依据、建构原则、目标要求、实践困境、实现路径等展开了分门别类的研究，涉及原因、意义、价值、内涵、原则、要素、困境、策略、个案分析等。其中，一带一路、人类命运共同体、中国梦、中国故事、国际话语权等颇受关注，亦将继续成为关注点。

整个研究以国内报刊为主，国外主要是报纸的报道与评价。国外少有涉及当代中国政治术语翻译的专论，英语国家偶尔见到，也是只言片语，或间接涉及，国外学者、政要、知名人士等对中国特色话语体系建设的看法也只是偶见报刊。英语之外，国内其他语种从事政治术语外译者少，国外更不必

提；有关术语外译与对外话语体系建设的文献极少，涉及术语翻译，也主要是在科技、文学领域。

二、涉及术语的以对外话语及其体系建设为主的研究

这些研究涉及术语和体系建设，但基本不谈术语翻译或术语外译。近年来，对外话语对象与内容研究渐丰。对外话语体系的研究对象依次为中华人民共和国、文化软实力、国际话语权、对外传播、西方媒体、话语体系等，少数以作品为例展开研究。而内容研究逐渐由传统、革命走向建设。但对外话语体系的研究只是近些年才呈现体系化发展趋势，整个发展时间跨度还较短。

对外话语体系建构具体研究重理性。对外英译话语建设占主体，多为理性探讨，所涉不外乎目标、意义、原则、方式等。据陈明琨和徐艳玲（2016）概括，其目标有：体现深刻的时代内涵、鲜明的中国特色、旺盛的思想活力；要全面、透彻、强势；增强话语自信、紧扣时代主题、体现中国价值、做到融通中外、强化创新意识等。此外，对外话语体系建设要坚持以我为主的原则，或尊重世界文化多样化，或坚持一致性、独立性、原创性三原则。坚持内外有别、外外有别、了解第一、用事实说话是对外传播的指导原则。

三、涉及术语的对外话语体系建构国内外褒贬思考

赞成性与批评性研究并存。世界对中国普遍关注，正负两面都有。各国政要或学者或社会名流对中国话语有不同的评价，如中国看世界与时俱进，西方看中国明显落后；中国廉价产品深入亚非，但缺乏观念支撑；无知或焦虑导致美国民间对中国批评；国际权力偏至中国让西方很不舒服；“中国即将崩溃”等唱衰中国论是西方固有思维方式看中国的结果；欧洲高层相当数量的人对中国的发展与转型缺乏深刻认识与理解。国外对中国具体话语关注较多，对

抽象话语相对较少，比如对“人类命运共同体”的关注远低于“一带一路”。

主流媒体多数集中于对“一带一路”倡议之类的认知与反应，负面有如：质疑中国的意图、抹黑中国、认为中国是金钱外交、中国在实行马歇尔计划、中国殖民化、中国将取代美国的主导地位、中国将成为世界超级力量、中国有野心等。当然也有翻译之误，如澳大利亚前总理陆克文2014年对澎湃新闻说中美双边关系许多内容迷失于翻译。时至今日，仍有不少人摆脱不了西化，借用、套用西方话语表述世界政治的现实，底气不足的，结果往往是理不屈而词穷。这种现状受到了批评：理论研究有待深入，理论体系需要完善；研究视野较狭隘，缺乏全局观；偏重宏观理论阐释，微观分析较少。

奇怪的是越发达的国家越怀疑中国对外话语，比如“一带一路”倡议遭遇的最大风险并非来自沿线发展中国家，而是发达国家。特别是欧洲，“一带一路”“人类命运共同体”等话语尚未转化成国际共识。我国战略性对外话语建构效果差强人意，尚未建构战略性对外话语体系，事关大国形象建构，仍需进一步努力。

西方的话语优势仍是中国对外理念创新的窠臼，比如“和谐”理念遭遇困境，归因于理念本身的表意与现实政治严重不符。国际舆论“西强我弱”还将持续，妖魔化中国依然存在，困境一时难以改变。不宜低估有色眼镜和敌视中国的危害，西方认为中国成功不足挂齿，路遇困难皆因制度使然。外国记者不甚明了汉语背后中国历史文化的语境和微妙之处。

近十年来受关注的术语主要有话语权、西方媒体、政治话语、对外话语体系、国家、国际传播、话语创新、对外宣传、中国梦、中国故事等。但对外话语体系建设当前面临的主要挑战首先是缺乏对自身的深入研究与理解；缺乏协调话语构建、翻译与传播的顶层机制；内容繁杂，渠道较为单一。术语与对外话语研究存在的问题还有：术语混杂、概念不清、学科欠互动、方法单一、受众不清、视角欠广等。对外话语体系建设不足有三：重形式轻内容，重平台轻价值；能让人愿意听、听得懂、可信服的通识性表达不够；综合布局、多元参与的国际传播大格局尚未形成。对外传播忽视外国受众，针对性不足；宣传式报道，官方媒体独大；缺少稳定的核心话语，对外话语未能形成体系；执政成就说得多，执政理念说得少。

四、涉及术语的对外话语体系建构的出路、理据研究及方法

为摆脱困境，学者们纷纷寻找出路。西方建议中国：放弃“宣传式的语言”，要采取“先发制人”的策略，以情感人、以事动人；应大胆向海外传播自己鼓舞人心、积极向上的观念；尽可能与美国坚持不断对话，尽可能取得相互谅解；面对挑战保持原则，同时尽量削除他国对自己迅猛发展的恐惧心理；在国际上“低调发言”，确保不让美国及邻国感到恐惧；中国若是总强调历史，强调自己是大国，而别国比己弱小，会激化矛盾，反而不利于中国。中国赢得国际话语权的悖论是：强调自我太中国化，国际难接受；一味西化失自我，终丧话语权。因此更倾向于以我为主的原则，认为包容创新国际话语体系是最恰当的选择，固本拓新，复兴、包容、创新的三位一体，才能融通中外。破解之法则是：加强对外研究，发掘其世界意义，提升话语体系的真理性、价值性和神圣性；弱化崛起理念，强化共享理念；弱化政治色彩，强化文化吸引；弱化同一传播，强化差异传播。

对外话语体系建设的学科与领域逐渐拓广，研究视角呈现多学科、多维度的趋势，涉及哲学、政治学、语言学、传播学等多个学科的复杂问题。多学科趋势明显，学科从早期比较单一的哲学、马列科社、党史党建发展到近期包括政治学、党史党建、国际问题、翻译学、传播学在内的多学科联动，特别是新闻传播学维度的研究近期明显增多。研究方法运用日益趋多，除常规方法外，更多的研究趋于理论探究与实证分析相结合。个案研究案例典型，有正有反，成功者如“中国关键词”多语平台项目等，受疑者如“一带一路”“中国梦”等。

五、基于语言学、翻译学、术语学的对外话语建设研究

语言学研究不多，主要涉及修辞、语用、语义等，实含翻译学、术语学

研究。对外话语的语言学研究视角多样，政治话语注重修辞效果，修辞手法是语言的润滑剂，修辞手法的运用可以实现话语传播的亲和力和穿透力，以此增强他人的认同基础。政治修辞旨在通过言说、文字、影像乃至活动等方式，实现政治认同的目标。生硬是党政文件翻译或话语建设的主要问题。政治家出访演讲善于修辞，以拉近与西方受众的距离，非常成功。

涉及对外话语体系建设时，翻译学多立足于术语翻译研究，结合政治深入研究者不多，术语学力量本来就弱，参与研究者更少。如诸多学者从历时衍化和共时比较的双重维度对“中国梦”概念认知的复杂性做更全面的描述。或认为政治术语外译应遵循政治等效、译名统一、专业表达、约定俗成四大原则，政治等效原则至为重要。或持异见：国家利益最大化是话语外译最应考虑的，因受众多样，预期效果也各异，政治无法等效，应追求通过文本构建和重构实现国家利益最大化。或建议创设中国政治话语对外传译反馈机制，定期、定点、定对象地了解国外受众对我国政治话语的认知和态度。

2017 年似乎是个转折点，有关对外话语与术语翻译的文章开始集中出现，如认为中央文献翻译的核心是政治术语翻译，加强和提升政治术语翻译的质量成了中国外宣翻译工作的重中之重；中央文献重要术语外译出口和渠道较多，仅有少数为国外媒体接受并沿用。相关机构在翻译工作中应加强对海外受众反馈的调研。国外政府、民众或媒体常常误读当代中国政治术语缘于其翻译与传播不够到位。

参考文献

［1］陈明琨、徐艳玲：《意义、原则、目标：中国特色对外话语体系建构的三维向度》，《学习论坛》，2016 年第 9 期。

［2］唐青叶、贺靓：《“对外话语体系”研究热点与前沿的可视化分析》，《北京科技大学学报》（社会科学），2019 年第 4 期。

关于中央文献翻译的三个问题

杨雪冬

中央文献翻译工作已经走过了70多年的历程，取得了丰硕成果和宝贵经验。在新时代要进一步做好中央文献翻译工作，应该更深入全面地思考中央文献翻译工作的定位、翻译理念，并不断推进翻译工作的现代化。

一、中央文献翻译工作的定位

中央文献翻译的定位是由中央文献的性质决定的。中央文献指记录中国共产党治国理政思想、实践的最高层次载体，通常包括党和国家主要领导人著作和重要会议的文件。从时间上可以分为历史文献与当代文献；从类型上可以细化为领导人讲话、谈话、文章、论著、批示，会议报告、决定、决议、公报等。

习近平同志2009年在中国中共文献研究会成立大会上讲话中指出，党的文献，特别是党的主要领导人的重要文献，记录了我们党在革命、建设和改革实践中艰辛探索的奋斗历史，记录了党在不同历史条件下完成伟大艰巨任务积累的宝贵经验，记录马克思主义中国化的理论成果和历史进程。这些文献“是几代中国共产党人智慧的结晶，是我们治党治国宝贵的政治和精神财富”。

中央文献的性质决定了翻译工作是一项具有高度政治性和学术性的事业，高质量的文献译文是国际社会认识、了解和理解中国的基础性、原初性材料，文献对外翻译也是提升国际传播能力和国际话语权的基础性工作。因此，中央文献翻译工作具有三个基本特征：

首先，政治性，翻译工作是紧紧围绕党和国家中心工作展开的，具有高度的政治性。翻译的内容、翻译的语种、翻译呈现的形式、翻译完成的时间等都是由中央决定的，翻译的组织工作是在党和国家的大力支持和保障下，按照相关规定展开的。

其次，基础性，翻译工作在党和国家的对外宣传事业中具有基础性。把中央文献翻译成多种外文，为向国际社会讲好中国故事、中国共产党故事、党的领袖故事提供了权威性资料，为对外话语体系构建提供了规范译本，为党的理论和话语创新中产生的新概念、新范畴、新表述提供了准确译文。

最后，专业性，翻译工作是按照科学流程展开的专业化工作。中央文献翻译是高度组织化的集体翻译活动。中央文献翻译由专门机构负责，有一支党培养的政治坚定、精益求精、无私奉献、勇于创新的多语种翻译队伍，形成了一套包括初译、改稿、核稿、统一、质疑、研讨、定稿等多个环节的科学工作流程，确保了翻译的高质量和稳定性。

二、中央文献翻译的理念

“信达雅”是翻译的基本理念，中央文献翻译作为翻译的一个门类，也遵循这些理念，但会在实践过程中，因应文本的性质，具体发挥。在长期实践过程中，中央文献翻译确定了以下理念。

第一是忠实性。中央文献翻译是政治性翻译，译者要有清晰明确的政治立场，要准确把握原文的精神实质，以最大可能全面呈现原文的立场、观点、风格为翻译的首要原则。要发挥译者的能动性，但不能陷入“译者中心论”。

第二是规范性。中央文献是成体系、分类别、有传承的。不同类别的文本、文本的题目、正文、注释以及文字都有严格规范和技术标准，以保证译法、形式、风格等的统一。规范性尤其体现在重要概念、术语、表述的译法传承和统一上。

第三是融通性。任何翻译都要有受众意识，中央文献翻译也不例外。要在坚持以我为主的前提下，以增强对外话语的创造力、感召力、公信力为目标，最大可能提高译文的流畅性、可读性和地道性，研究受众的阅读习惯，改进译文的呈现形式，让国外读者愿意接近、容易理解以及接受。

第四是科学性。中央文献翻译不是个体翻译，而是高度组织化的多语种集体翻译。要建立合理的翻译流程管理体系、翻译进度协调体系、翻译质量控制体系、翻译研讨体系、翻译人才培养和使用体系以及翻译技术应用体系等，通过提升管理的科学化水平，来保证翻译质量的稳定。

三、不断提升中央文献翻译的现代化水平

文献翻译不仅是语言工作，更是政治使命。在构建大外宣格局的新时代，中央文献翻译被赋予参与话语体系建设的明确职责。要在总结经验的基础上，不断提升翻译的现代化水平，继续做好以下工作。

（一）要坚持和加强党的领导

党的领导是做好中央文献翻译工作的根本。中央文献体现了党的理论发展和治国理政实践，只有深入学习和理解党的历史和理论，才能充分发挥翻译在打造中外融通话语体系中的作用。中央文献翻译是一项集体事业，只有在党的领导下才能有效整合国内优秀译者，调动国外专家的积极性，确保翻译的高质量。

（二）要服务党和国家中心工作

服务党和国家中心工作是中央文献翻译的基本职能。中央文献翻译内容的丰富生动说明了党和国家中心工作的调整和转移。不同时期的翻译文本成为我们向国际社会阐明自己立场、理论和政策主张的重要载体。只有围绕党和国家的中心工作来谋划组织、安排部署，才能有效地发挥中央文献翻译在中国对外话语体系建设中的基础性作用。

（三）要重视人才队伍建设

人才是中央文献翻译事业不断发展繁荣的基础。中央文献翻译人才是在大量翻译实践中成长起来的，具有政治可靠、业务精良、作风过硬的特质。

在党的关怀下，经过几代文献翻译人的努力，已经形成了一套人才培养机制，建立了一支主要语种齐备、业务骨干稳定的翻译队伍。

（四）要弘扬“精益求精、无私奉献、勇于创新”的文献翻译精神

精神是支撑中央文献翻译事业发展的动力。中央文献翻译工作不仅要有“精益求精”的精神，作为集体项目，还需要有“无私奉献”的精神，更需要在时代的发展过程中秉持“勇于创新”的精神。每一个翻译项目的完成、每一部翻译成果的面世都凝结着这种精神，展现着这种精神。

（五）要重视翻译管理

管理是中央文献翻译质量的保证。文献翻译从来都是集体创作，依靠团队的力量完成。在翻译过程中要坚持“目标统一、原则统一、重要概念术语统一、进度统一、风格统一”。各语种负责人既是译文的最后把关者，也是整个翻译流程的管理者、不同译者关系的协调者。因此要合理分工，发挥每个译者的优势，调动全体人员的积极性，形成合力。优秀译者要将个人的才能有机地融入翻译工作高质量完成之中。经过长期实践，已经形成了一整套科学规范的翻译工作流程和权责分明的项目管理模式。

（六）要坚持开放的态度

开放是中央文献翻译事业的活力之源。在中央文献翻译的不同时代，都有高水平的外国专家参与翻译工作，确保了译文的地道可读。国内相关机构的通力合作和高水平译者的参与壮大了对外翻译队伍。翻译与研究的有机互动，提升了译者的综合能力，加快了翻译成果的传播和转化。翻译技术的应用，使中央文献翻译事业跟上了时代发展的步伐，创新了人才培养和成长方式。

提升中国国际话语权：原因、路径和准备*

张生祥**

习近平总书记《论坚持推动构建人类命运共同体》一书，对构建人类命运共同体的时代背景、重大意义、丰富内涵和实现路径等重大问题进行了深刻阐述，用生动的语言向世界讲解了中国推动国际社会走向共同发展、持续繁荣和长治久安的伟大蓝图，不仅将中国方案、中国智慧、中国价值等的解释权和话语权掌握在自己的手中，而且体现了中国将自身实践与世界发展相统一的全球视野、世界胸怀和大国担当。“人类命运共同体”这一理念的提出与全球推广，已写入联合国决议和安理会第2344号决议。这在一定程度上说明我们的国家话语已经获得国际社会的认同，我们已经站在人类共同价值的制高点。

为什么要提升国际话语权？

国际话语权，指一个国家在国际舞台上说话的权利，事关国际规则的正常制定、执行和落实。其一，以美国为首的西方世界自冷战结束以来一直掌握着国际机构或组织的决策权，在全球传播秩序中占据主导地位，为西方价值的大行其道保驾护航，而非西方国家的声音常常处于“失声”状态，缺乏公平公正的国家舆论平台。这不利于健康、公正和民主国际秩序和国际社会

---

* 本文系2019年度江苏省高校哲学社会科学研究重大项目“习近平治国理政话语的翻译传播研究”（2019SJZDA105）阶段性成果。

** 张生祥，男，苏州科技大学外国语学院教授、博士，苏州科技大学城市发展智库研究员、国家话语研究中心主任，德国鲁尔-波鸿大学博士后，主要研究方向：中央文献翻译与传播；翻译传播学。

的建立。其二，在新时代，随着中国的发展，以及中国国际影响力的不断扩大，中国在国际社会中的话语权仍处于不利地位，这与我国的国际地位、经济体量以及对世界的贡献比等严重脱节，因而提升中国国际话语权就显得尤为重要。

要提升中国国际话语权，我个人认为，仍然存在四组矛盾：1. 中国当代实践及经济体量与国际话语权重比例不一致；2. 中国世界贡献比与国际话语身份不相称；3. 中国特色话语的生产与高素养翻译传播人才不匹配；4. 中国普适性话语与世界了解中国的需求不对称。此外，要立足中国价值立场和中国当代的伟大社会主义和平和发展实践，提出具有共同价值的国际话语，才能拉近与世界的距离，参与全球对话。我们和世界的距离，决定我们用什么样的话语。立场和价值观是我们谈论国际话语权的立足点，就像辩论和对话，没有立场，就会出现一边倒或失语的状态。国际社会是国际话语的思想交流场域，话语权的大小要视影响力和事实性的说服力。

如何提升中国国际话语权？

国际话语权，是一个国家在国际舞台上说话的权利以及由此产生的感染力、影响力和凝聚力。它更多地表现为一种控制力、威慑力，谁掌握了话语，谁就掌握了权力。那么，如何提升中国的国际话语权呢？

1. 要立足中国实际，快速集中提炼融通中外的中国特色话语、价值、概念、理念、术语，定期出版翻译发行传播，以社会主义核心价值观为话语包，推动《中国关键词》等为代表的中国特色的普适性话语的生产翻译传播，解决其与世界急切了解中国的需求之间的矛盾；话语体系包括政治经济商贸媒介文化学术等类，融通中外（syntegrative）就是要讲普适性，才能使世界了解、接近、理解中国。

2. 要立足中央文献，向世界解释中国国情、国策、国政，尤其是中国共产党治国理政的实践和经验，面对社会、政治、媒介、商业、学术精英，进行精准传播。他们是公众舆论的意见领袖，他们态度的转变，以及由他们引导对象国的公共舆论，会反过来改变公众对中国国际形象的改善。此外，进一步提升《习近平谈治国理政》等中央文献的翻译质量，加强译者的受众意识，多考虑受众的阅读习惯和审美需求，通顺优美流畅的译文不啻为一种好的“中国故事”言说方式。

3. 要立足中国改革开放以来的成就经验，从平凡人的角度，去讲各个阶层的故事，或发生在自身上的变化，或改革开放带给个人的好处。个人故事就是最好的故事素材，用平凡人的角度去讲解、讲述和讲解中国伟大实践，故事的影响力更广泛、更动人、更深刻。另外，大力推动公共外交或人民外交，加强国与国之间的人民交流。正如习近平总书记说的“国之交在于民相亲，民相亲在于心相通”，只有让其他国家的人民了解中国、认识中国和理解中国，中国的国际认可度就自然提高了。

4. 要立足外国语言文学一级学科，稳步推动建立翻译本科、硕士和博士一体化培养体系，加速培养专业能力强、职业素养高、家国情怀浓、国际视野宽的文献翻译人才。这样才能为对外传播和提升国际话语权提供人力保障。没有一支强有力的语言服务队伍，对外传播无从谈起，中华人民共和国 70 年来的翻译事业就已经充分证明了这一点。

我们应该做好哪些准备？

提升国家话语权，我们必须有充分的心理准备。国际局势虽然发生了巨大的变化，国际社会正在以良好的态势向健康的方向发展，中国与世界其他发展中国家一道努力建构新的国际秩序。但西方国家长期以来对中国采取政治上干预，经济上打压，文化上破坏，话语上围剿，对中国的和平崛起不承认、不认可、不服气，想方设法阻碍中国的和平崛起。因此，我们要做好打持久战的准备，要有“莫畏浮云遮望眼，守得云开见月明”的乐观精神，要有韧劲，才能提升国际地位，拓宽中国国际空间。

我们还要在战略上和战术上做好准备，方能在方法上寻求突破。一直以来，国际话语场被西方的所谓民主、人权、价值占据，形成话语霸权，凡是不合西方口味的就视为不文明，不民主，不道德，没有人权。中国依靠自己的实践和努力，实现站起来、富起来、强起来的层级目标，西方不乐意了，就使劲污蔑、丑化、排斥中国。他们这种做法极大地违背了国际交往原则，破坏了尤其是以联合国为中心制定的国际规则和制度。正常的国际交往应基于民主、公平、公正的原则，各国的国家利益才能得以保障，国家主权才不被干涉。国际社会只有在公平、公正原则下展开良性竞争，才能有助于国际社会健康发展。争取、争夺国际话语权，其实就是国家利益之争、国家实力之争、国际价值制高点之争！维护国家利益，是提升国际话语权的重要任务。

此外，国际语境变了，旧有的概念和定义已经不能适应新的形势和时代需求，需要我们及时赋予它应有的意思，提升和深化其内涵，做好提供具有普遍性、时代性和普适性知识的准备。作为世界第二大经济体的中国，正在以自己伟大的社会主义实践，为世界贡献具有共同价值的术语、概念和话语。中国政府提出“人类命运共同体”“共享”“绿色发展”“新型国际关系”“和平发展、合作共赢”等新理念、新观念、新概念、新想法的形象表达、集中体现和有力解释，已经建立了一整套新的话语和体系。这些概念和术语的生产、流通、传播和接受，为普适性知识的涌现打下了语言基础。

文明互鉴　文明互译

王铭玉*

在实现“人类命运共同体”的美好愿景中，“文明互鉴”是一条光明之路，正在成为世界各国人民的一种期待。与此同时，“文明互译”也引起了更多有识之士的高度关注，其桥梁作用愈发凸显。文明互鉴是一个存异的过程，其主旨是追求“和而不同”；文明互译是一个求同的过程，其主旨是追求“美美与共”。“文明互鉴”坚持“相互尊重、平等相待”“开放包容、互学互鉴”；文明互译是文明互鉴的前提条件，它试图解决“客观上传而不通、主观上通而不受”的问题，力求做到“语言铺路，翻译通话，母语通心”。因此，为了更好地向世界介绍新时代的中国，更好地展现真实、立体、全面的中国，为中国走向世界，我们要建好“文明互译”之桥，走好“文明互鉴”之路。

文明互鉴

（一）文明因差异而互鉴

文明（Civilization）一词源于拉丁文 Civis，最初的意思是城市的居民，引申后意为一种先进的社会和文化发展状态，是使人类脱离野蛮状态的所有社会行为和自然行为构成的集合，其涉及的领域广泛，包括民族意识、技术水准、礼仪规范、宗教思想、风俗习惯以及科学知识的发展等。

就世界主要文明而言，很早便形成多种类型。俄罗斯历史学家和文化哲

---

* 王铭玉：天津市中国特色社会主义理论体系研究中心研究员，天津外国语大学翻译与跨文化交流研究院院长。

学家达尼列夫斯基把世界文明分为10类，德国历史学家斯宾格勒把世界文明分为8类，英国历史学家汤因比用代际延续概念把世界历史上的文明分为两代，“文明冲突论”的始作俑者、美国学者亨廷顿把当代世界文明分为8类。通过分析比较，我们可以看出：由于生态环境和历史来源不同，不同文明的价值观、人生观、道德观、衣食住行、风俗习惯、文学艺术等各不相同；民族性格、思维方式、认知方式差别也很大。

人类社会每一种文明都彰显着思想之美、生活之美、创造之美。每一种文明都有其独特意蕴，都是人类的精神瑰宝，都是历史长河中人类劳动与智慧的积淀，都在人类文明发展进程中发挥了不可替代的作用。世界各国需共同构建人类命运共同体，不同文明之间必须加强交流和互鉴，使彼此之间相互了解、相互认同、相互学习、相互尊重。正如习近平主席指出的那样：“‘万物并育而不相害，道并行而不相悖。’我们要尊重文明多样性，推动不同文明交流对话、和平共处、和谐共生，不能唯我独尊、贬低其他文明和民族。”

（二）文明因互补而互鉴

自然法则表明，异性、异质事物具有互补性。社会文化现象也一样，每一种文明都有其长处和不足，如果两种文明完全相同或相似，就不可能取长补短。文明互鉴是文明发展的本质要求，只有同其他文明交流互鉴、取长补短，才能保持旺盛的生命活力。

著名的英国哲学家和思想家罗素十分注重文明接触和互补的重要性，他曾说：“不同文明的接触常常成为人类进步的里程碑。希腊学习埃及，罗马学习希腊，阿拉伯学习罗马，中世纪的欧洲学习阿拉伯，文艺复兴时期的欧洲学习东罗马帝国。”美国著名人类学家林顿说得更直接、“美国人浴室里的各种设备是欧洲和美洲文化的混合物，肥皂是古代高卢人发明的，睡衣源于印度，软皮拖鞋是由印第安人发明的，套鞋是用中美洲印第安人发现的橡胶制成的，外套来源于亚洲草原民族，领带源于克罗地亚人，毡顶的帽子出自亚洲草原地区，雨伞来自东南亚，玻璃源于埃及人，烟草源于巴西，雪茄烟来自西班牙。”可见，人类文明的互补造就了人类的可持续发展，历史的长河才不至于断流和干涸。

（三）文明因共生而互鉴

和谐共处、共同繁荣一直是人类社会的亘古追求。美国历史学家斯塔夫里阿诺斯认为，“如果其他地理因素相同，那么人类取得进步的关键就在于各民族之间的可接近性”。

考查世界史就会发现，一部人类发展史，就是一部多元文明共生并进的历史。佛教并非源自中国，但在中国发扬光大，影响遍及世界；儒家思想源起中国，却同时受到众多西方思想家的推崇，也蕴藏着解决当代人类面临难题的重要启示；古丝绸之路的出现，方使阿拉伯世界的伊斯兰文明——天文、历法、医药、人文等传入中国。中国文明的出现和发展也并没有孤立于世界其他地区，无论是通过欧亚草原，还是中亚的巨大山脉、沙漠和绿洲，亚洲、非洲和欧洲其他文明的一些有益想法、器物和技术都跨越了千山万水，辗转传入中原，极大地推动了中国文明的发展，丰富了中国文明的内涵。可以说，中华文明里凝结着不同文明和谐发展、和平共处的基因和密码。因此，世界的文明史就是人类的共生史，丰富多彩的当代世界，正是在人类文明的交流互鉴中塑造而成的。

（四）文明因创新而互鉴

历史发展表明，人类欲迈进终极文明，必须杜绝消极成本的支付，也就是人类必须学会从文明中创新、从文明中进步，而文明多样性正是创新的源泉，文明互鉴正是进步的路径。

以文化创新为例，文明互鉴的作用是巨大的。首先，许多文化创新是在不同文明的交流中产生的。比如，现代西方流行的许多舞蹈、音乐，就是在非洲黑人和印第安等民族的舞蹈和音乐的基础上创造的。再则，相同文明内部文化的承袭和深度挖掘同样构成了文化创新的源泉。比如像莫言的红高粱系列小说、杨丽萍的孔雀系列舞蹈等民族文学、艺术等方面的创作，都根基于本民族的文化传统，同时也繁荣着本民族的文化符号体系。另外，文化繁荣发达与否受“文化多元共存”因素的影响很大。从历史上看，一个国家或地区文化越单一，保守性和排他性也越强，社会和文化发展也就越慢；而开放的、多种文化交流的地区，社会经济和文化的发展也较快。联合国教科文组织《世界文化多样性宣言》第一条指出："文化多样性是交流、革新和创作的源泉，对人类来讲就像生物多样性对维持生物平衡那样必不可少。"因此，我们"应该用创新增添文明发展动力、激活文明进步的源头活水，不断创造出跨越时空、富有永恒魅力的文明成果"。

文明互译

（一）文明因多元而互译

目前，全球应该共同面对的重要问题之一就是如何消解不同的文明、文化、国别意识形态带来的误解与障碍，超越"文明冲突论"，还世界一个美好的家园。

"文明冲突论"是美国学者亨廷顿在20世纪90年代中期提出来的，其主要思想逻辑是：世界的划分不再依照政治和经济制度的异同，今后重要的冲突将围绕不同文明的文化差异线爆发，尤其是与西方文明较远的儒家文明与伊斯兰文明。显然，这种观点是极其错误的。人类社会自形成以来，文明便呈多元发展的趋势，而且并不存在文明本身的不共戴天，或者强势文明对弱势文明的先天优越。因为文明的形成和发展与其产生的生态环境密切相关。考古发现的旧石器时代晚期至新石器时代世界各地的绘画、雕刻、泥塑、陶器和住宅等各具特色、风格迥异，说明人类文化的多样性在石器时代便已存在。纵观古今中外，每一个民族都因自己特有的生态环境和历史源流而形成与众不同的文化，而各种不同的文明体系又培育造就了性格不同、价值观念各异的民族。

五彩缤纷的世界文明各有千秋，为人们提供着精神支撑和心灵慰藉。它们彼此的区别只是"符码"的不同，我们要想超越"文明冲突"就需通过互译去解读文明密码，通过互译去领略多元文明的奥妙，通过互译从不同文明中寻求智慧，通过互译从迥异的文明因子中汲取营养，从而携手解决人类共同面临的各种挑战。

（二）世界因多色而互译

身处同一个世界，每一种文明都是世界文化大花园中的一朵花，不管明艳绚丽，还是素雅简单，它们都因自己的着色而具有存在的价值。

在这个多色的世界里，“各美其美、美美与共”是最高境界。相通则共进，相闭则各退，只有彼此欣赏和汲养，多色的世界才会永不褪色。历史的发展也充分证明了这一点，一个民族的文化成就，不仅属于这个民族，而且属于整个世界。如古代两河流域人民在法律与天文学上的成就，古代埃及人民在建筑与医学上的成就，古代中国人民的四大发明，古希腊人的哲学与艺术成就等，都以其鲜明的民族特色丰富了世界文化，共同推动了人类世界的进步和发展。

德国著名社会学家韦伯曾说过，“具有惊叹世界多样性的能力，是探索世界意义的前提”。他试图提醒我们，应该用一种新的视角观察世界、看待世界。毋庸置疑，文明互译就是看世界的眼镜：了解世界必须语言铺路，彼此的翻译能够满足相互的了解，而用对象国的语言交往就能够实现人心相通的最高境界。试想一下，在我们共同居住的这个星球上，有 200 多个国家和地区、2500 多个民族、70 多亿人口，没有语言的桥梁如何彼此沟通？如何构建人类命运共同体？因此，大道之行也，语言要领先，文明互译的主旨就是要重新共建巴别塔（通天之塔）。

（三）文化因多样而互译

文化多样性是近代以来人类追求文化平等的理想信念，它是人类社会的基本特征，也是人类文明进步的重要动力。联合国教科文组织第三十一届会议通过的《世界文化多样性宣言》第一条就指出：“文化多样性”是“人类的共同遗产”。多样的文化大致可分为显性文化和隐性文化，前者强调可视的内容，如艺术、服饰、建筑等，对此语言的作用经常是辅助性的；后者强调理念性内容，如价值观、思想等，它对人的行为影响更大，可视为最基本的文化基因，这类文化的获取往往要通过互译的方式。我们知道，语言是文化的载体，是文化的结晶。如果说，我们每个人无不生活在现存的传统文化氛围中，那么，其中最根本、最核心并能贯穿人的始终的，只能是个人所使用的一定民族、一定类型的语言。

进而言之，人类既生活在物质文化的世界中，也生活在精神文化尤其是语言的世界中。语言把人与人联系在一起，把文明与文明联结在一起，把人类的精神世界勾连在一起。人的一切生活无不跟语言相融、相连。套用英国哲学家维特根斯坦的一句话："想象一种语言就是想象一种生活形式。"我们可以说"想象一种语言就是想象一种文化、想象一种文明"，文化要联通，文明要互鉴，须臾离不开语言的先导和文明的互译。

（四）语言因多种而互译

语言和文化的关系表明，语言的多样性保证了文化的多样性，语言的类别多寡意味着世界"丰富程度"的高低。根据联合国教科文组织 2018 年的统计，世界现存约 6700 种语言；而根据美国《民族语》的分类，世界上共有 7099 个语种；如果以"一带一路"沿线国家为例，仅官方语言就多达 50 多种。倘若再加上各国的少数民族语言，总的语言数量非常可观，共涉及 9 大语系。尊重世界文明多样性，以文明互鉴超越文明冲突，语言文化交流将起到增信释疑、沟通情感、缔结友谊的担当作用。

语言是人类真正的遗传密码。由于语言的存在，人类就不再仅仅居住在"同一个生物环境中"，而是生活在"不同的、具有独立意义的现实世界中"。如果说，不同的语言意味着不同的世界，那么，多语种对人类而言就意味着更宽的视野、更多的自由和更大的空间。我们认为，文明互译的意义正在于此。相反，如果一种语言未得到保护，它与其他语言之间未进行科学有序的互译，其承载的文明必然会自然减弱或逐渐消失。比如，世界上语言消失速度最快的 5 个热点地区：澳大利亚北部地区、中南美洲、北美洲位于太平洋海岸线以北的地区、西伯利亚东部以及美国俄克拉荷马州西南部。所有这些地方都居住着使用多种语言的土著民族，但由于语言失去保护而失译，直接导致这些土著民的数量正处于减少之中。可见，每一个民族的语言都记录了本民族的历史和文化，可以说是其民族历史文化得以传承和延续的重要载体。文化的多样性，内在必然包含着语言的多样性，文明互译是促进人类发展、对话、和解、包容与和平的重要前提。

语相通是心相通的基础，推动各国共同繁荣发展，需要更好地发挥语言的独特作用，特别是要通过“文明互译”，进而实现“文明互鉴”。人类历史是一幅不同文明相互交流、互鉴、互译、融合的宏伟画卷，世界各国只要尊重世界文明多样性，以文明交流超越文明隔阂、以文明互鉴超越文明冲突、以文明共存超越文明优越，构建人类命运共同体之大业必将实现。

文献翻译

《习近平谈治国理政》中汉语习语的英译研究*

陈双双**

【摘要】《习近平谈治国理政》是一本当代中国的重要政治文献。通过对比阅读其中文版和英文版，从描写翻译学的描写法角度，本文旨在探讨汉语中的习语是如何被翻译成英语的，并试图分类和归纳相应的翻译方法或策略，以期为将来的中央文献中汉语习语的翻译提供一定的借鉴。

【关键词】《习近平谈治国理政》 汉语习语 翻译

一、引言

《习近平谈治国理政》是2014年10月出版的一部重要政治文献，收录习近平同志2012年11月15日至2014年6月13日期间的讲话、谈话、演讲、答问、批示、贺信等79篇。所选篇目分为18个专题，旨在向国际社会介绍中共新一届中央领导集体的治国理念和执政方略。该书由外文出版社用八种外语全球同步发行，是改革开放以来我国国家领导人著作海外发行量最大的一部政治文献。《习近平谈治国理政》是典型的中央文献，而中央文献的对外翻译在向国际受众传播我国政治制度方面具有至关重要的作用。王雷鸣（2014：12）指出："中央文献是关于中国发展理念、发展道路、内外政策的

* 北京高校中国特色社会主义理论研究协同创新中心（北京外国语大学）阶段性成果，项目名称"国际社会对习近平治国理政思想与实践的研究"（项目编号：YXL2016ZL022）。

** 陈双双（1986—），男，天津外国语大学中央文献翻译研究基地2017级博士生，讲师。研究方向：党和国家重要文献对外翻译研究。

最准确、最全面、最权威的阐释，对于向国际社会介绍中国道路、理论体系、制度，塑造和展示当代中国形象，有针对性地回应国际社会关切，最大限度地避免和减少误解误读，具有无可替代的权威性和影响力。”中央文献对外翻译并非易事，因为“中央文献博大精深、内容丰富、思想深刻，要求译者在不断探索外语语言规律、积累常用词汇和熟悉翻译套路的同时，更要注重提高自身的政治理论素养和综合素质，深入研究，扩大知识面，对原文有彻底的了解，从整体上把握译文，提高翻译质量”（贾毓玲，2011：78）。

汉语习语的翻译，是其中的难点之一，因为习语所蕴含的浓厚原语文化，往往是译语读者所无从知晓或难以理解的。本文仅选取《习近平谈治国理政》汉语习语的翻译进行研究。首先看一下“习语”的定义：“汉语习语又可称为熟语，就其广义而言，包括成语，俗语，谚语，典故，格言和歇后语等。”（魏志成，2006：161）《汉语知识词典》对习语的定义是：习语是指语言中相沿习用的各种定型化的固定词组或句子。而在英语中，习语则相当于 idiom，即“Idiom is an expression which functions as a single unit and whose meaning cannot be worked out from its separate parts（作为一个单位使用的，意义不能从其独立的组成部分得出的一种表达法）”（Richards，2000：78）。这些定义都充分体现了习语作为特殊语言中的独特性以及它的民族文化特色和文化信息。“引用本国经典是宣传中华文明的重要方式，也是习近平演讲中必用的话语策略之一，特别是一些可理解度高的俗语谚语和广为流传的名言诗句在他的讲话中顺手拈来，得心应手，亲民性极强。”（窦卫霖，2015：16）习语是经过长时间的使用而提炼出来的固定短语或短句，是人民智慧的结晶。习语大都具有鲜明的形象，适宜用来比喻事物，因而往往带有浓厚的民族色彩和地方色彩。本文这里所谈的汉语习语（idioms）是就其广义而言的，包括俗语、谚语、俚语、成语、典故、格言等。本文主要研究以下几个问题：《习近平谈治国理政》中习语的英译有哪些翻译方法？最常用的翻译方法是哪一个？为什么如此？

二、《习近平谈治国理政》汉语习语的翻译方法研究

本文通过对比阅读其中文版和英文版，从描写翻译学的描写法角度出发，

标记读到的每一个汉语习语及其在英译本中的翻译。关于汉语习语数量的统计，有些习语的翻译，采用统一的译法，所以就不再累积计算，但是有些习语存在两种不同的译法，有时为直译的策略，有时为意译的策略，这些则被计算为两个习语的翻译。本文将这些翻译方法归为以下 6 种：

表 1　翻译方法的归类统计（共 119 个）

翻译方法	例子总计
直译	61（占 51.2%）
文内解释说明	6（占 5%）
文外注释	3（占 2.5%）
意译	27（占 22.6%）
删减法	10（占 8.4%）
使用或套用英语中意思相对应的习语	12（占 10%）

三、《习近平谈治国理政》英译本汉语习语的翻译分析

（一）直译

直译法是指在目标语中完全保留汉语习语的比喻、意象、民族色彩和语言风格，使得内容和形式尽量相符，但前提条件是译文不违背英语文化传统，不引起目标语读者的误解或错误的联想。王雷鸣（2014：13）指出："做好中央文献对外翻译传播，就要在准确反映中央文献的思想精髓的同时，尽可能保留那些现场感强、生动活泼、富有个人风格的部分，并努力把这些鲜活生动的内容翻译好、传播好，更好地展示中央领导同志的文风和魅力，拉近与外国受众的距离，增强中央文献的吸引力、感染力。"汉语习语的运用，是习近平主席讲话中的一大特色，这有助于原语听众对习主席观点的理解，容易产生共鸣，习语通常还会给原语听众留下深刻印象。

原文 1："鞋子合不合脚，自己穿了才知道。"（p. 273）

译文 1：Only the wearer of the shoes knows if they fit or not.（p. 299）

每个人都要穿鞋子，所以对鞋子的概念和功用，都有类似的认识，只是人们脑海中想象的鞋子可能有许多不同的款式、不同的材料等。但采取直译的方法，并不影响读者对这个句子的理解，而且英语有许多与 shoes 相关的习语，比如 be in/put oneself in sb's shoes 意思是指“处于某人的境地；设身处地”，它就是一种比喻的含义，喻指“每个国家的发展道路”。而且在译文紧跟的下一句，就是“Only the people can best tell if the development path they have chosen for their country suits or not”，恰好就是对这一句的解释说明，从而确保意思的准确传递。

从例子可以看出，直译的方法得以实现，翻译必须满足下列两个条件之一。第一个条件是原文的意象具有普遍性，是人类生活中都能够认识或体验到的东西，翻译之后不会造成目标语读者的误解；第二个条件是通过上下文的语境，尤其是下文的解释说明，能够阐释清楚上文直译的习语。本文指出这两个条件，并不需要全部满足，只要满足其中一个条件，就可以采取直译。直译并不会造成目标语读者的误解，反而能够让他们了解到中国的许多形象的表达和意象，这些习语就蕴含着中国人的思维和文化，所以直译也有助于党的十七届六中全会指出的“推动中华文化走向世界”。谢天振曾谈到文化意象的翻译的两点：“一是译者的职责，即译者不应满足于传达原文文化意象的一般意义，而应把尽最大可能传达原文的文化意象也视为自己的一种自责；二是对读者的信任，即译者应该相信读者随着民族际文化交流的日益频繁，随着读者接触到的外来文化日益增多，今日的读者有能力接受带有外来文化印记的各种文化意象。不仅如此，他们对于外来的文化意象还表现出越来越浓厚的兴趣。”（谢天振，2013b：149）由此可见，谢天振也赞同尽可能选择直译的方法。

（二）文内解释说明

这种翻译方法，可以理解为是一种“显化”方式。显化（explicitation），又译“外显化”或“明晰化”，指的是“译者在翻译过程中，阐释出原文隐含的意思或内容、增添解释性短语或添加连接词，从而增强译文的逻辑性和顺畅性，也能增加译文的可读性”（Shuttleworth，M. & M. Cowie，2004：55）。

简言之，就是把原文中暗含或导致目标语读者难以理解的意思揭示出来。文内解释说明的方法，就是把那些具有中国典型色彩的意象及其背后所代表的意思，明确解释给目标语读者。卢小军（2012：41）也曾谈道："外宣翻译中，为了便于外国受众理解和接受对外传播的信息，对他们不太了解的事物、现象、概念等应做解释性翻译，添加背景材料，做到'译+释'并举，从而提高对外宣传的清晰度和传播效果。"

原文2：保持惩治腐败的：高压态势，做到有案必查、有腐必惩，坚持"老虎""苍蝇"一起打。（p. 392）

译文2：We must be tough in cracking down on corruption，and ensure that all cases of corruption are investigated and that all corrupt officials are punished，catching "tigers" as well as "flies" -senior officials as well as junior ones guilty of corruption. （p. 434）

在这一句的翻译中，"老虎"和"苍蝇"都是一种比喻，源语读者能够清楚地理解其所代表的含义，但是目标语读者无法产生这样的理解，所以就必须给出解释说明。这里采用破折号的形式，引导出同位语，给出"腐败的高级官员和基层官员"这样的明确解释，自然就避免目标语读者"不知所云"的情况。

简而言之，当直译的方法让目标语读者费解或误解的时候，而只需要很短的解释说明就可以消除这种费解或误解，那么就可以采用文内解释说明的方法。

（三）文外注释

文外注释，主要是指通过脚注或尾注的方式，把一些目标语读者难以理解的信息解释出来。徐明强曾指出："我们这本书（《习近平谈治国理政》）在编辑的过程中已经考虑到对国外宣传的需要，那么就要做好注释。用领导的话说，注释本身也是对外宣传，介绍中国的历史文化，这是很重要的一条。"（尹佳，2016：79）

"在外宣翻译中，碰到带有明显民族文化特点的信息时需要进行一番解释，但又颇费踌躇：既担心文内注释只言片语讲解不够清楚，又怕破坏文本语义和逻辑的连贯性。这种情况下，可以采取文外注释的做法，如添加脚注和尾注的做法。”（卢小军，2012：43）可见文外注释有它一定的优势和必要性。

原文 3：以韦编三绝、悬梁刺股的毅力，以凿壁借光、囊萤映雪的劲头，努力扩大知识半径。（p. 59）

译文 3：You should keep the perseverance and diligence in reading as related in stories of Confucius, Sun Jing and Su Qin, Kuang Heng, and Che Yin and Sun Kang. （p. 64）

这段译文并没有亦步亦趋地紧跟原文，尤其是其中的四个故事，而是只翻译 4 个人物的人名，随后提供了 4 个尾注，详细介绍几个相关的历史典故。这么处理如黄友义指出的：“要考虑西方对中国的知识产权保护不完善现象已有先入为主的看法，在这种情况下，如果直接翻译等于强化了这种片面的印象，而且晚上凿邻居家墙壁借光，会给人留下不尊重他人隐私的感受，所以后来我们不直接翻这些意思，而是对应几个故事就写故事主人公的人名，然后每个人后面加个注，在注解里把他生活的时代和故事阐释清楚。”（尹佳，2016：77）中西方文化方面的巨大差异，迫使译者不能直译，必须进行变通，但是译者又要传递中国的文化，而文外注释提供了一个很好的途径。

本文认为，如果解释说明的内容过长的时候，则建议使用文外注释的方法，从而尽量避免影响阅读的顺畅性。

（四）意译

意译主要是指翻译时抓住原文内容和寓意这一重要方面，然后结合上下文比较灵活地传达原意。如前所论，习语负载着浓厚的民族文化色彩和源语独特的修辞手段，而这些也正是造成习语翻译的难点所在。因此，在直译或者部分直译不能准确表达原文中的信息内涵时，完全可以采用意译法。徐明强指出：“很大部分的俗语我们不是字对字的翻译，而是把意思翻出来，让它跟上下文能够接上，外国人才会看得懂。”（尹佳，2016：77）因此，意译的方法是一种表达原作意图的良好途径。

原文 4：党的十八大精神，说一千道一万，归结为一点，就是坚持和发展中国特色社会主义。（p. 22）

译文 4：The guiding principles of the Party's 18th National Congress, in essence, boil down to upholding and developing socialism with Chinese characteristics. (p. 24)

其中所谓的“说一千道一万”，肯定不能按照字面的数字去理解。“千”和“万”无需翻译，这两个数字只是一种夸张的表达，意思是指很多。译文巧妙地避免直译可能带来的误解，而是采用英语的“in essence”，即“实际上、实质上”之意，即无论说得再多，其本质是不变的，就是后面紧跟的内容。那么这种表达存在直译的情况吗？有，是在文学作品中。Pearl S. Buck 在翻译《水浒传》时，强调保持原作的风格和特色，她“唯一的努力是尽量使译文和原文相似”（转引自：李建军，2010：149）。其中就谈到“三番五次，留得宋江，就在山寨里吃了一日酒”（《水浒传》第 36 回）的例子，译文是：There times and five times, they did try to stay Sung Chiang and so he feasted for a day in the lair.（转引自：李建军，2010：149）

由此可见，采取意译的方法，是有前提条件的——即直译或者部分直译不能准确表达原文中的信息和内涵，如果直译，反而会造成误解。

（五）删减法

“删减包括概念性删减、修辞性删减、结构性删减和逻辑性删减……汉译英时侧重概念性删减、结构性删减和修辞性删减。”（刘宓庆，2008：217—218）本文所研究的删减法，以概念性删减为主，主要是指省略了源语中的一些内容、表述或意象等。在翻译中，删减法的使用多半是出于译语的语言规范和译文可读性的考虑，如果不采用删减法，译文则会显得拖泥带水，影响译语读者的阅读。

原文 5：以猛药去疴、重典治乱的决心，以刮骨疗毒、壮士断腕的勇气，坚决把党风廉政建设和反腐败斗争进行到底。(p. 394)

译文 5：We must be firm in our determination and demonstrate great courage in carrying this campaign through to the end. Just as we would take a heavy dose of medicine to treat a serious disease, we must apply stringent laws to address disorder. (p. 437)

在这段话中，四个习语的含义，都表示要有巨大决心的意思，存在语义的重复，所以“以刮骨疗毒、壮士断腕的勇气”就没有翻译出来。如果全部翻译出来的话，会造成啰唆之嫌。所以本文总结如下一点：存在明显语义重复的情况时，这些习语可以省略不译。如果不存在语义重复，那么则建议采用文外注释的方法。

（六）使用或套用英语中意思相对应的习语

黄友义先生提出了“外宣三贴近原则”，即：贴近中国发展的实际，贴近国外受众对中国信息的需要，贴近国外受众的思维习惯。（2004：27）使用英语中意思相对等的习语，则更易实现“贴近国外受众的思维习惯”这条原则。但前提条件是习语在内容、形式和色彩上都相符或非常相近，比喻与意象又相似，那么这个时候是可以直接使用英语中相对应的习语。

徐明强指出：“我们的方法是：第一，我们要找到英文里类似的成语，比如我们将‘爱屋及乌’，那么英文里面我们说‘love me，love my dog’，要找到 equivalence，那么外国人看到时就更加亲切。”（尹佳，2016：77）这种方法也正是 Venuti 所指出的归化译法，即旨在尽量减少译文中的异国情调，为目标语受众提供自然流畅的译文。“尽量不干扰读者，请作者向读者靠近。”（Venuti，1995：19 – 20）法国哲学家 Charles Batteux 也曾明确指出：“谚语（或俗语），也就是那些流行的格言，必须要采用源语的其他谚语（或俗语）来进行翻译。”（Lefevere，2010：119）

原文 6：青年要把艰苦环境作为磨炼自己的机遇，把小事当作大事干，一步一个脚印往前走。滴水可以穿石。（p. 174）

译文 6：Young people should take a difficult environment as a challenge or test. “Little strokes fell great oaks”.（p. 194）

“滴水可以穿石”在《新汉英大辞典》中有许多不同的译法，比如“A constant dropping will wear a hole in the stone”，保留了原文的意象，属于直译法。但是在这里则直接采用了英语中意思对应的习语，这不仅有助于目标语读者的理解，而有助于拉近译文与目标语读者之间的距离。

下面举一个套用目标语中习语的例子：

原文 7：世界上的很多问题，解决起来都不可能毕其功于一役，但只要谈着就有希望。（p. 239）

译文 7：Not every problem has an ideal solution, but where there is communication, there is hope.（p. 264）

显而易见，这是套用了英语习语“Where there is a will, there is a way”（有志者事竟成）。这种套用更能反映出译者的高超素养，因为套用比直接挪用更为复杂，译者必须字斟句酌，仔细揣摩源语中的习语，然后也要透彻理解目标语中的习语，最后替换其中的意象或内容，实现套用。其效果是不言而喻的，不仅贴近目标语读者的思维习惯，而且读起来朗朗上口，能够实现非常好的信息传递效果。

然而，由于中文和英语所处的文化环境有着很大的差异，所以意思相对应的习语数量并不多。正如丁清梅所指出的那样：“世界两大主要的文化体系就是中西方文化，其差别体现在方方面面，然而中西思维模式是中西方文化之间最根本的差异。”（2013：13）那么如何做到这种方法与直译的平衡呢？本文认为，许多汉英习语已经有约定俗成的对应译法，那么就采用；如果没有约定俗称的对应译法，而且也难以想到套用，那么则依然优先考虑直译的方法。

四、结论

本文发现，汉语习语的翻译，一方面要让目标语读者理解；另一方面要尽量保留源语中的意象、文化和思维。在这双重目标的制约下，译者并非无所适从，而是可以灵活地采用多种方法来实现这双重的目标。比如通过文内解释说明、文外加脚注、解释性翻译等手段，把源语的信息传递给读者。这种保留意象的直译（以及直译 + 文内解释说明/文外注释）的翻译策略最为常见，而这种方法有助于译语读者了解原语中的文化信息、文化意象、思维形式等。其次是意象难以在英文中理解的，则以意译为主，另外涉及语义重复的情况，英译本则直接将其省略；只有在极少数的情况下，汉语习语被完全转换成为英语中已有的习语，没有留下源语的文化色彩和痕迹，只是传递信息。通过以上的梳理和归纳，本文希望能够为中央文献中汉语习语的翻译提供一定的借鉴。

参考文献

［1］丁清梅：《中西方文化背景差异下的翻译研究》，北京：中国书籍出版社，2013年。

［2］窦卫霖：《习近平国际演讲亲民话语特征及其英译特色研究》，《外语教学理论与实践》，2015年第4期。

［3］方梦之：《应用翻译研究：原理、策略与技巧》，上海：上海外语教育出版社，2013年。

［4］黄友义：《坚持“外宣三贴近”原则，处理好外宣翻译中的难点问题》，《中国翻译》，2004年第6期。

［5］贾毓玲：《对中央文献翻译的几点思考》，《中国翻译》，2011年第1期。

［6］李建军：《文化翻译论》，上海：复旦大学出版社，2010年。

［7］刘宓庆：《翻译基础》，上海：华东师范大学出版社，2008年。

［8］卢小军：《外宣翻译“译+释”策略探析》，《上海翻译》，2012年第2期。

［9］王雷鸣：《关于中央文献对外翻译传播的几点思考》，《马克思主义与现实》，2014年第4期。

［10］魏志成：《跨文化交际与英语学习》，北京：清华大学出版社，2006年。

［11］习近平：《习近平谈治国理政》，北京：外文出版社，2014年。

［12］谢天振：《译介学（增订本）》，南京：译林出版社，2013年。

［13］尹佳：《从读者接受理论看外宣翻译中的读者关照——黄友义、徐明强访谈录》，《中国翻译》，2016年第6期。

［14］Lefevere, A, ed. *Translation/History/Culture: A Sourcebook* [M]. Shanghai: Shanghai Foreign Language Education Press, 2010.

［15］Nida, Eugene. *Language and Culture: Contexts in Translating* [M]. Shanghai: Shanghai Foreign Language Education Press, 2001.

［16］Richards, Jack C., John Plat and Heidi Platt. *Longman Dictionary of Language Teaching & Applied Linguistics* [Z]. Beijing: Foreign Language Teaching and Research Press, 2000.

［17］Shuttleworth, M. & M. Cowie. *Dictionary of Translation Studies* [Z]. Shanghai: Shanghai Foreign Language Education Press, 2004.

[18] Venuti, L. *The Translator's Invisibility: A History of Translation* [M]. London and New York: Routledge, 1995.

[19] Xi, Jinping. *Xi Jinping: The Governance of China* [M]. Beijing: Foreign Languages Press Co. Ltd, 2014.

从受众角度看中央文献的日译问题*

——以《2015年政府工作报告》日译本为例

崔亚蕾**

【摘要】政府工作报告是具有代表性的中央文献。而从受众的角度针对日译本开展的实证性研究目前尚少。本文根据受众问卷调查反馈的结果，重点考察分析了在对2015年政府工作报告中的一些重要的提法、概念或表述进行日译时出现的语用问题、文化问题和语言问题，并针对具体问题提出了解决的方法。

【关键词】中央文献　日译　受众　翻译问题

一、引言

中央文献的翻译包括领袖著作、领导讲话和党代会、人代会、中央全会文件等重要文献的翻译，理论性、政策性和综合性强，具有鲜明的时代特色、实践特色和民族特色。（贾毓玲，2011）党的十八大以来，党中央高度重视加强国际传播能力和对外话语体系建设，伴随着“中国文化走出去”的国家战略，对外翻译研究特别是对于以政府工作报告为代表的中央文献的对外翻译研究热度较以往有了大幅度的提升。但是从受众接受角度开展的实证研究尚

---

* 基金项目：中央文献对外翻译与传播协同创新中心2015年度科学研究项目“从功能主义翻译目的论看政府工作报告中时政新词的日译策略”（2015XT01）；中央编译局常规科研委托项目“功能翻译理论视阈下2016年《政府工作报告》中的时政新词日译研究”（16CGWT02）。

** 崔亚蕾，女，天津外国语大学副教授，主要研究方向为党和国家重要文献对外翻译研究，日语翻译理论与实践。

少，且其研究的对象语言仍以汉译英居多，涉及小语种翻译研究的较少。政府工作报告的对外翻译，是我国外宣翻译工作中极其重要的一项。外宣翻译更需要翻译工作者熟知并运用“外宣三贴近”（贴近中国发展的实际，贴近国外受众对中国信息的需求，贴近国外受众的思维习惯）的原则。（黄友义，2004）笔者非常关注政府工作报告日译本在受众中的接受情况，于2015年4月，针对中央编译局翻译的《2015年政府工作报告》的日译本展开了受众问卷调查。

二、受众问卷调查的概要

由于政府工作报告涉及经济、社会事业、劳动等方方面面的内容，篇幅较长，所以笔者参考中央编译局发布的“中央文献重要术语译文”中具有重要意义并富有中国特色的概念和表述以及众多新闻媒体、网络媒体刊载的2015年政府工作报告中出现的新词、热词，并结合笔者自身的判断，抽取包含了这些重要表述的原文及其日译文共计82条，以开放式问卷的形式让日本受众对其中出现的重要单词或词组等的日译文进行评价。重点是请日本受众凭借作为母语者的语感指出认为翻译有误、表达不自然、很难读懂或完全不理解的地方并进行自由评述。笔者共发出问卷30张，收回28张，回收率为93%。其中男性9人，占被调查人数的32%，女性19人，占被调查人数的68%。从年龄层来看：20—29岁11人，占被调查人数的39.3%；30—39岁9人，占被调查人数的32.1%；40—49岁4人，占被调查人数的14.3%；50岁以上4人，占被调查人数的14.3%。从学历构成来看，被调查者均为大学及以上学历。从职业构成来看，主要是大学生、大学教师、公司职员和家庭主妇。通过本次受众调查可以看到绝大部分重要表述的日文译文在受众中的接受程度较好，基本不存在问题或只存在较少问题，但是仍然有一些重要表述的译法存在问题。本文将就本次受众调查所反映的具有代表性的翻译问题进行考察分析。

三、受众调查反映出的主要翻译问题

德国功能主义翻译目的论的代表人物诺德认为，翻译问题不等同于翻译困难。翻译问题指的是客观的或至少是主体间的问题，包括语用问题、文化问题、语言问题或文本本身的问题。即使译者已经学会了如何迅速、有效地处理翻译问题，这些问题还是客观存在的；而翻译困难是指主观上的困难，即译者在翻译过程中，因语言、文化或翻译能力不足、没有适合的参考资料而遇到的困难。也就是说、翻译困难是可以通过译者的主观努力克服的。（Nord，2001：64）笔者根据诺德对翻译问题的分类方式将本次受众调查反映出的主要翻译问题分成了三类，即语用问题、文化问题和语言问题，并逐一进行了考察分析。

（一）语用问题

所有的翻译过程都斡旋于源文和目标情景之间。语用问题是由这些情景的差异造成的，可以通过考察文本外因素（发送者、接受者、媒介、时间、地点、动机和文本功能）来识别。（Nord，2001：65）译者对语用问题处理不当就会导致语用失误。语用失误主要是指语言交际中导致交际者未能取得完美交际效果的语用差错。在翻译这一交际活动中具体表现为译文不得体而误导目的语接受者，令目的语接受者感到别扭、不舒服、唐突、可笑甚至侮辱等不良后果。这些都可能对正常沟通形成阻碍，影响目的语预期功能的实现。翻译实践中如果只讲“准确”不讲“自然”，只讲语法不讲语用得体，就可能导致交际失败，出现语用失误。（方梦之，2011：276）例如：

例 1：原文：继续把简政放权、放管结合作为改革的重头戏。

译文：引き続き「行政の簡素化と下部への権限委譲」と「委譲と管理の結合」を改革の「重要演目」とした。

上述原文中出现的“重头戏”原本是京剧行话，指在唱、念、做、打等方面见功夫的剧目。如《望江亭》是青衣唱工重头戏，《铁笼山》是靠把武生的重头戏。汉语中常用来比喻工作或活动中最重要、最艰巨的环节。原文的意思应该是指继续把简政放权、放管结合作为转变政府职能，推动改革向纵深发展的重要环节、重要课题。译文按照原文的意思，直接将“重头戏”译成了“重要演目”。本次调查发现，约有57%的被调查者对这样的译法提出了异议。因为大多数被调查者认为在日语里说到“演目”时往往只能单纯地联想到上演的戏剧剧目。因为日语中不会将“重要演目”用来比喻重要的课题、项目或事情进展的重要环节，所以感觉用在此处极其不自然。根据政府工作报告的政论性文体并结合语境，提出异议的被调查者建议，此处还是应该翻译成“重要項目”“重要課題”或干脆直接译为“重点”。在此例中，译者将原文汉语的表达直接按照字面翻译成了相应的日语，但由于日语中没有和汉语类似的比喻用法，没有引发受众相应的联想，反而使受众感觉不自然、莫名其妙，影响到了译文的可读性和可接受性。

例2：原文：着力治理<u>餐桌污染</u>，食品药品安全形势总体稳定。

译文：<u>食卓汚染</u>対策への尽力により、食品・医薬品の安全をめぐる情勢が全般的に安定した。

原文中的“餐桌污染”指食品卫生安全问题，就是有毒食品当前流行的说法。近年来由于国内食品安全问题的凸显，这一形象的说法几乎家喻户晓，妇孺皆知。但是在本次受众调查中，有约36%的被调查者对于将“餐桌污染”直译成“食卓汚染”表示感到“不自然”“意思难以理解”等。由于在日本人们对食品的各种各样的污染的关注程度也很高，所以有的被调查者建议将译文改成日本媒体、日本政府通常使用的“食の安全”这样的说法。还有的被调查者提出，如果想要突出中国特色的表达，保持和原文对应的字面形式，那么为了便于受众理解至少要在直译的译文后面加上“食品安全問題”这样的注释。笔者认为对于日语中已有现成表达法的概念，如果硬要按照汉语原文进行字面翻译势必会影响译文的可读性和可接受性。

关于上述在政府工作报告日译本中出现的语用问题，译者应了解日本受众是如何使用语言进行交际的。了解汉语和日语的各自词语中包含的语用信息，并在翻译实践中得体地加以应用，在必要时进行相应的语言调整，做到既符合日语的规范，又符合受众的接受习惯。

(二) 文化问题

每一种文化都有其自身的习惯、规范和惯例。翻译的文化问题是由于翻译所涉及的两种文化中的规范和惯例不同造成的，这些规范和惯例指导言语和非言语行为。（Nord，2001：66）翻译的文化问题往往会涉及“文化专用项”的翻译。“文化专有项”指“在对两种文化进行比较时，只在其中一种文化中以某种形式或功能存在的现象”（Nord，2001：34）。在翻译时如果对“文化专有项”处理不当，就会导致受众无法正确理解原文中想要表达的文化信息，“加大他们对目标文本的陌生感和文化距离”（范勇，2009：108）。

例 3：原文：无论财政多困难，惠农政策只能加强不能削弱，支农资金只能增加不能减少。

译文：財政がどんなに困難な状態にあっても、「恵農」政策は強めるだけで絶対に弱めてはならず、「支農」資金は増やすだけで絶対に減らしてはならない。

原文中的“惠农政策”是指政府为了支持农业的发展、提高农民的经济收入和生活水平、推动农村的可持续发展而对农业、农民和农村给予的政策倾斜和优惠。译文在翻译时将其直译成了“恵農政策”。本次受众调查结果显示，有 32% 的被调查者不理解“恵農”的意思，几乎都提出应将该政策加入注释进行说明或者意译为“農業優遇政策”等便于他们可以直接理解的表达。众所周知，中国是农业大国，中国政府对农业发展极为重视，几乎每年都会出台一系列和农业发展相关的政策措施。笔者认为在这样的国情和社会背景提出的“惠农政策”可以说是中国特有的，属于上文所说的“文化专有项”。日本受众所处的社会背景和国情与中国受众不同，所以如果不加注释直接翻译势必会造成他们在阅读和理解上的障碍。

例 4：原文：加强雾霾治理，淘汰黄标车和老旧车指标超额完成。

译文：スモッグ対策を強化し、黄標車（排ガス基準をクリアしていないことを示す黄色いラベルが貼られている車）や旧型車の目標廃棄台数を超過達成した。

在原文中出现的“黄标车”一词，通常是指尾气排放污染量大、浓度高、排放稳定性差的车辆。具体来讲是新车定型时排放水平低于国Ⅰ排放标准的汽油车和国Ⅲ排放标准的柴油车的统称。因其贴的是黄色环保标志，因此称为“黄标车”。显然，该词也属于上文所说的“文化专有项”。译者在翻译时在“黄標車”后面加入原文没有的注释，对其含义进行了解释。本次调查中有近30%的被调查者对此译法提出了异议。主要原因在于被调查者反映，虽然为“黄標車”一词加了注释，但是注释表达不够简洁精炼，类似词典式的冗长解释反而阻碍了他们的理解。部分被调查者建议将注释的内容简化为“排ガス基準をクリアしていない車”或“排ガス基準未対応車”。笔者认为，对于必须要加注释解释的“文化专有项”，注释内容不可过于繁琐冗长、完全采用像词典似的解释方式。最好是尽可能简洁地告诉受众原文想要表达的意思，否则即使加了注释，依然会影响受众的阅读和理解。

从上述的例子可以看出，由于中国和日本两国的国情存在差异，在对政府工作报告进行日译的过程中常会遇到一些在中国特有的社会文化背景下产生的“文化专有项”。对于这样的“文化专有项”，不能只是单纯地字面直译，通常可以采用直译加文中注释的翻译方法帮助受众理解其含义，但是一定注意加入的注释也要尽可能地简洁凝练，不可过于繁琐冗长。

（三）语言问题

由于两种语言中词汇、句法和超语段特征方面的结构差异，也会产生翻译问题。（Nord，2001：66）译者在处理语言问题不当导致的语言性翻译失误主要是指在译文中出现的词法、句法、语法和语篇结构等的语言方面的错误。根据本次受众调查的具体内容，本文主要讨论2015年的政府工作报告日译本在词法上出现的问题。

例5：原文：着力培育新的增长点，促进服务业加快发展，支持发展移动互联网、集成电路、高端装备制造、新能源汽车等战略性新兴产业，互联网金融异军突起，电子商务、物流快递等新业态快速成长，众多“创客”脱颖而出，文化创意产业蓬勃发展。

译文：経済の新たな成長分野の重点的育成として、サービス業の発展加速を促し、モバイルインターネット、集積回路、ハイエンド設備製造、新エネルギー自動車など戦略的新興産業の発展をサポートした。インターネット金融が新興形式として急速に普及し、電子商取引、物流・宅配業などの新業態が急成長した。多くの「創客[ハッカー]（クリエイティブ人材）」が頭角を現し、文化クリエイティブ産業が大いに発達した。

原文中的“创客”是2015年度的国内流行语。本指勇于创新，努力将自己的创意变为现实的人。这个词译自英文单词“Maker”，源于美国麻省理工学院微观装配实验室的实验课题。此课题以创新为理念，以客户为中心，以个人设计、个人制造为核心内容，参与实验课题的学生即“创客”。“创客”特指具有创新理念、自主创业的人。在中国，“创客”与“大众创业，万众创新”联系在一起，特指具有创新理念、自主创业的人。译文中在“創客”上面标注了片假名读音“ハッカー”并同时加了“クリエイティブ人材”这样的注释。本次调查结果显示有约36%的被调查者对这样的译法提出了异议。意见主要集中在对“ハッカー”一词的理解上。原本“ハッカー”一词是指精通计算机技术的人，本身没有负面意义，是对拥有高超技术的人的尊称。但是目前该词在日语中通常用来指擅自进入第三方的网络进行犯罪的工程师即汉语所说的“黑客”。对该词的译法提出异议的被调查者也是将“ハッカー”按常用的意思理解成了“计算机非法侵入者”，导致对译文整体的表达产生了困惑。所以为了避免造成误解和歧义，综合被调查者的意见，笔者认为应该将“ハッカー”的注音假名去掉，只保留后面括号注释里的“クリエイティブ”人材，或是根据英文原意，译成“メイカーズ”。

例6：原文：所有行政审批事项都要简化程序，明确时限，用政府权力的“减法”，换取市场活力的“乘法”。

译文：すべての行政審査・認可事項は、手続きを簡素化し、処理にかかる時間を明確に定めることとし、政府の権限を「削減」することで市場の活力を「倍増」させなければならない。

原文中“政府权力的‘减法’”翻译成了“政府の権限を『削減』する”，约有18%的被调查者认为这样的说法是不正确的。主要原因在于被调查者认为在日语中“削減”一般是针对数值而言的。而这里谈到的是“権限”，说到“権限”的话，后面的动词应搭配“減少させる”或“縮小させる”这样的表达。而其后的“倍增”是指变成原来的2倍。根据语境，原文想表达的应是增加使其变大的意思，因此有的被调查者认为此处应翻译成“増大させる”。类似这样的语言问题，笔者认为主要还是与译者对于译入语的语法规则和语言表达习惯的理解和掌握程度相关。译文应当符合译入语的语法要求和表达习惯，尤其要重点区分一些意思相近但用法不同的近义词语的搭配使用。

在功能主义翻译目的论中，和其他类型的翻译失误相比，语言性失误被认为是相对较轻的一种失误。（范勇，2009：156）诺德认为：“人们常常对不能熟练使用自己国家语言的人有一种自然而言的谅解。”（Nord，2001：79）但是笔者认为在政府工作报告日译本中出现的语言性翻译失误不容小觑，因为它必然会损害日译文的流畅和自然，破坏译文的可读性和可接受性，甚至会引起受众对译本的可靠性质疑。

四、结语

综上所述，笔者从受众的角度考察分析了2015年政府工作报告日译本中对原文的一些重要提法、概念或表述在语用、文化、语言等方面存在的翻译问题。通过受众的反馈可以看到这些翻译问题的存在一定程度上影响了受众对于译文的理解和接受。笔者认为译者在翻译前就应该对这三类容易产生的翻译问题有较清醒的认识，而在翻译过程中对具体译法的选择和处理更要尽可能地避免这些问题的发生。只有这样才会切实提高译文的可读性和可接受性。

参考文献

［1］卞建华：《传承与超越：功能主义翻译目的论研究》，北京：中国社会科学出版社，2008年。

［2］陈大亮：《〈2012年政府工作报告〉英译本的读者意识》，《中译外研究》，2014年第1期。

[3] 方梦之:《中国译学大词典》，上海：上海外语教育出版社，2011 年。

[4] 范勇:《功能主义视角下的中国高校英文网页中的翻译问题研究》，北京：科学出版社，2009 年。

[5] 黄友义:《坚持“外宣三贴近”原则，处理好外宣翻译中的难点问题》，《中国翻译》，2004 年第 6 期。

[6] 蒋芳婧:《受众接受视角下的中央文献日译策略—基于〈2013 年政府工作报告〉日译本受众访谈调查》，《天津外国语大学学报》，2014 年第 5 期。

[7] 贾毓玲:《对中央文献翻译的几点思考》，《中国翻译》，2011 年第 1 期。

[8] 刘雅峰:《译者的适应与选择：外宣翻译过程研究》，北京：人民出版社，2010 年。

[9] 张巍然:《“目的论”视野下的外宣失误探析—以我国政府机构网站英文版翻译为例》，《三江高教》，2012 年第 2 期。

[10] Nord，C. *Translating as a Purposeful Activity*：*Functionlist Approaches Explained* [M]. Shanghai：Shanghai Foreign Language Education Press，2001.

俄罗斯学界“中国梦”思想研究述评*

姜雅明**

【摘要】 俄罗斯学界的“中国梦”思想研究具有相当的广度和深度，内容涵盖“中国梦”产生的思想渊源、“中国梦”与治国理念、“中国梦”与中俄关系、“中国梦”对世界局势的影响等多个方面。学界普遍认为，“中国梦”思想继承和弘扬了中华民族传统价值观、三民主义和“小康社会”的思想，其核心是爱国主义。在其框架下的治国理念是新时期中国特色社会主义思想的具体体现。俄罗斯学界对“中国梦”思想的研究多持肯定态度，但社会各界仍存在一些误解和质疑，需要有针对性地开展研究工作，分析解决问题，不断增进中俄政治互信，促进各领域的务实合作。

【关键词】“中国梦”　文化传统　治国理念　全球化　中俄关系

改革开放40年来，我国在政治、经济和社会生活的方方面面都取得了巨大的进步，国际地位不断提高，对此，俄罗斯学界持续关注。在俄罗斯中国问题研究机构里，对中国共产党史、党和国家重要领导人的论著、不同历史时期国家发展战略和中俄关系等问题都有长期的跟踪研究，学术成果丰硕。俄罗斯学者对中国改革开放以来一系列理论与实践问题的认识，为我们拓宽理论视野、推进和深化中国特色社会主义理论体系研究提供了重要思想资源。本文仅对近年来俄罗斯学界“中国梦”思想研究状况做一梳理和分析，为国内这一领域的研究提供一个观察的视角。

* 本文是天津市2018年度哲学社会科学规划重点委托项目“习近平新时代中国特色社会主义思想在俄罗斯的认知与传播研究”（TJWYZDWT1801－01）阶段性成果。

** 姜雅明，女，天津外国语大学教授，主要研究方向为俄语语言文化学，跨文化交际学，党和国家重要文献对外翻译与传播研究。

一、俄罗斯学界“中国梦”思想研究的主要视角

对于在习近平总书记领导下新一代中央领导集体提出的“中国梦”思想及执政理念，俄罗斯中国问题研究学者和媒体都给予极大的关注，发表了大量论著。笔者搜集了2013年以来俄罗斯有关“中国梦”研究论文和著作300余篇/部，其内容主要围绕几大主题展开：（1）“中国梦”的思想溯源研究。主要论著有：《俄罗斯学者“中国梦”起源研究》（И. Ф. Попова，2013）；《“中国梦”形成的基础—和谐社会与和谐文化》（С. Ю. Распертова，2013）；《社会学视角的中国梦分析》（М. С. Скрипарь，2013）；《习近平时期中国外交政策的演变》（И. Е. Денисов，2015），等等；（2）“中国梦”与习近平思想研究。主要论著有：《习近平的新著—意识形态输出》（Т. В. Каукенова，2014）；《习近平的“中国梦”》（Ю. В. Тавровский，2015）；《习近平现象与“中国梦”》（А. Р. Попов，2015）；《习近平的“中国梦”之路》（Ю. В. Тавровский，2015），等等。（3）“中国梦”与中国特色社会主义道路研究。主要论著有：《新一代领导集体的第一步》（С. А. Луконин，2013）；《中国特色社会主义——对中共十八大成果的思考》（М. Л. Титаренко，2013）；《中共十八大的成就：传承与创新》（Я. М. Бергер，2013）；《中共十八大与中国发展战略》（В. Г. Буров，2013）；《伟大的“中国梦”》（Т. Куприянов，2014）；《中国梦：中国发展战略新坐标——历史经验对现代发展影响》（Е. О. Богодухова，В. С. Морозова，2014）；《关于民族复兴的“中国梦”》（Л. И. Кондращова，2014）；《走向复兴之路的中国》（М. Л. Титаренко，2014）；《中国朝何处去?》（А. М. Васильев，2014）；《摆脱传统羁绊的未来——“中国梦”与领导阶层的雄心》（В. В. Михаеев и др. 2014）；《中国的复兴：中国能否成为世界领袖?》（С. Г. Лузянин，2015）；《通向“中国梦”的中国路》（К. Щепин，2015）；《“中国梦”思想与中华民族复兴》（Д. В. Кузнецов，2015），等等。（4）“中国梦”与中俄关系及地缘政治研究。主要论著有：《“中国梦”与俄罗斯的未来》（А. В. Лукин，2010）；《伟大的复兴，伟大的中华民族与俄罗斯》（Ю. М. Галенович，2013）；《“中国梦”与地缘政治，民

族主义和生存》（Т. В. Каукенова，2013）；《中国崛起后俄罗斯在全球化政治中的地位》（В. Я. Портяков，2014）；《“中国梦”与俄中合作前景》（Л. Л. Сухадольская，2014）；《中国发展前景及其对地缘政治的影响》（В. Я. Портяков，2013）；《当代中国政治话语中的中西方价值观》（И. Е. Денисов，2015）；《俄罗斯能从中国的改革经验中学到什么?》（А. В. Кива，2016），等等。不难发现，俄罗斯学界的“中国梦”研究范围广阔，内容成果丰富。以下将对其中几个研究方向的重点问题研究进行评析。

二、“中国梦”的思想渊源与现实意义分析

（一）“中国梦”与民族传统文化

研究发现，俄罗斯学界的“中国梦”思想渊源研究最重要的视角是把其放在中华民族传统文化尤其是儒家学说的大背景下去观察分析。这方面主要的观点有：第一，“中国梦”的思想主要源自以儒家学说为代表的中华民族传统价值观。俄罗斯汉学家以其对中国古典文化的深刻理解，从儒家的“家国天下、勤政为民、和谐社会、小康社会”到以《易经》为代表的古代哲学思想的剖析，深刻分析了“中国梦”与传统价值观之间的内在联系，论证了“中国梦”思想与传统文化间的传承和延续性；第二，“中国梦”思想源于孙中山提出的“三民主义”学说。“三民主义”旨在实现“民主、民权和民生”的基础上实现民族复兴，即是要掌握民族的命运，让老百姓当家做主过上好日子，这即是习近平的“中国梦”；第三，“中国梦”是中国共产党一直秉持的“中国特色社会主义”和“科学发展观”思想的发展和延续。这是中国当代的社会主义和马克思提出的社会主义及苏联的社会主义完全不是等同的概念，是真正带有中国特色的一种新理念，是传统的马克思主义和中国现实结合的一种理论创新。中国人在全球化的今天通过“中国梦”寻求对社会主义思想和社会发展更科学、更合理的阐释，即寻求民族自身的发展道路。（Смирнов，2011；Денисов，2015；Тавровский，2015；Крушинский и др. 2015）

（二）“中国梦”与治国理念

俄罗斯学者注意从当前中国国情现状出发，分析“中国梦”产生的客观原因，阐释其在治国理政方面的重要作用。这方面的主要观点如下。

1. 应对信仰模糊论

俄罗斯学者对“中国梦”思想产生的社会根源做了深入分析。他们发现，一些党员干部理想信念模糊，对共产主义信仰产生怀疑，对政府信任度有所减弱，对未来发展信心不足。20世纪的“大跃进”和“文化大革命”运动严重损害了共产党的权威，目前党内的腐败现象又严重败坏了政府的声誉。社会转型过程中贫富差距不断扩大，一些民众对国家和个人前途发展信心不足。当代中国社会在信仰、信任和信心方面的问题，已经威胁到了执政党的生死存亡。“中国梦”的提出，就是要明确未来奋斗的目标，重塑共产党的形象，树立人民的信心。

2. 应对“新常态”论

进入21世纪以来，中国社会发展出现“新常态”。国内面临调整经济结构、加快城镇化、扩大中产阶层、从制造大国迈向科技强国，进入从追求发展速度到发展质量的新阶段。社会发展转型过程中出现了很多新问题。与此同时，中国的崛起不断遭到以美国为首的一些西方国家的遏制和打压。其中，美国重返亚太战略对中国形成的威胁在不断加剧，其目的是要抑制中国在亚太地区的发展，使中国与这些地区交恶，美国因此从中渔利。“中国梦”以及在其框架下“一带一路”等具体方案的推出，就是应对国内国际社会这种“新常态”的挑战，明确国家未来一段时间在政治、经济和外交等领域发展的原则和方向，打造中国经济不断持续发展的外部空间。

3. 治国方略论

俄罗斯专家发现，“中国梦”的概念是习近平在2012年11月29日新的执政团队亮相两周、参观《复兴之路》展览后首次提出的。这充分展示了执政团队独特的战略远见。重温历史，尤其是近代鸦片战争至今170年中国复兴的历史，是为了展望未来，继而明确两个一百年奋斗目标——建成富裕、强大、民主、文明、和谐的现代中国，实现中华民族的伟大复兴。“中国梦”

是当代中央领导集体治国理念的核心体现。习近平执政团队第一次亮相后就明确提出了这样长远的目标和规划，这在以前的中央执政团队是没有的。“中国梦”的实质就是要坚定走中国特色社会主义道路。通过《习近平谈治国理政》等一系列中央文献在国内外的广泛传播，从政治、经济、文化、外交、国防等多个方面，全方位详细阐释“中国梦”的思想内涵和治国方略，描绘国家繁荣、人民幸福的中国梦想。“中国梦”这个政治术语“简洁、强大又很流行”。为了使普通老百姓理解这个抽象的政治理念，国家通过电视、广播、报纸、杂志和互联网等各种媒体广泛宣传，有遍布街头的标语口号、宣传画，还有相关专题的科研活动研讨会等。同时，把这个概念赋予通俗易懂的具体内容，如“全民小康”“和谐社会”“美丽中国”“惩治腐败”“祖国统一”，以及一些与老百姓个人生活相关的具体目标。丰富多彩的传播方式使“中国梦”家喻户晓，深入人心，极具能量。这一切都体现了中国共产党的治国方略。（Ломанов，2013；Титаренко，2014；Каукенова，2015；Лузянин，2015；Кузнецов，Буяров，2015）

（三）“中国梦”与全球化进程

这一视角的研究把“中国梦”思想提升到全球化的高度来认识其世界意义。汉学家卡乌克诺娃（Каукенова）详细研究了《习近平谈治国理政》一书，发现“价值观”（ценности）一词出现 120 次，“繁荣”（процветание）67 次，“公正”（справедливость）44 次，“道德”（мораль）24 次，“幸福”（счастье）16 次。这些词语被反复提及是在强调在治国理念中传统价值观和道德观念的主导作用。杰尼索夫（Денисов）在《现代政治话语中的中国和西方价值观》一文中，深刻分析了中国政治改革进程中对待西方价值观的态度问题。中国共产党对西方民主和多党制度既有批判也有借鉴，善于学习西方政治体制中好的东西，如：增加政府工作透明度，建立社会和政府部门的信息沟通，从体制上建立反腐败的制度及监督机制，等等。“中国梦”和“中华民族复兴”思想的提出，其核心目的就是要建立有别于西方的中国特色价值观体系，在维护中华民族认同、保持政治体制不变的前提下完成实现国家现代化的目标。“中国梦”是保持社会和谐稳定的政治基础。如今的中国模式还具有“过渡性”，中国正在探索一条适合自身的发展道路，正在逐步摆脱中西方价值观对立的局面，逐步建立起一个有别西方的中国特色价值观体系。

在这方面的研究中，不少学者把“中国梦”“美国梦”和“世界梦”联系起来研究，提出“中国梦”和“美国梦”的区别，以及“中国梦”和“世界梦”的联系。认为“美国梦”着重个人富足的物质生活和个人理想的实现，而“中国梦”强调国家和民族的共同梦想。很明显，“美国梦”和“中国梦”之间存在深层次的差异。中国共产党不仅追求自己的民族梦想，也追求国际共产主义的世界梦想。在共产党提出的“核心价值观”中就包含了“自由”“平等”“民主”等重要的普世价值观。这为“中国梦”走向世界、促进中国与世界的互动创造了积极的氛围。中国道路为其他国家实现梦想提供了一个新路径。这也从一个层面证明，西方的价值观对于重建世界未必是唯一的。中国把传统的、现代的和未来全球化时代的价值观念融为一体，把中国特色价值观体系推向一个前所未有的新高度。在这个体系的建构过程中会有曲折和斗争，各种观念取舍整合，关键取决于执政党的决策、新旧观念的有机融合以及在未来世界舞台上是否具有广泛的竞争力。毫无疑问的是，在全球化的今天，中国模式给世界提供了一个鲜明的范例，那些既有民族特色又有普世价值的观念，必然对整个世界的发展产生巨大的影响。（Романов，2013；Тавровский，2015；Денисов，2015；Щепин，2015；Каукенова，2015）

三、“中国梦”与中俄关系研究

在“中国梦”思想研究中，俄罗斯学者高度重视在其框架下的中俄关系发展走向和趋势。该方面的研究概括起来有以下主要观点：

第一，中俄关系处于最佳时期，发展前景广阔。2013 年以来，国际局势紧张复杂。乌克兰事件、西方对俄罗斯的经济制裁使俄罗斯更加重视与中国的合作。习近平上任以来与普京多次会晤，两位领导人共同参与纪念反法西斯战争胜利 75 周年等大型活动，中俄两国的关系进一步加强，中俄关系全面提升，建立了最可信任的战略合作伙伴关系，这是中俄关系历史上最好的时期。2013 年中国网针对俄语国家所做的网上调查结果一致表明，发展和加强与中国的合作不仅对中国有利，也对周边国家尤其是对俄罗斯有利。俄罗斯专家罗曼诺夫（Ломанов）指出，中俄紧密的合作已经使俄罗斯强烈感觉到中方的帮助与支持，两国有巨大的互补空间。俄罗斯长远的发展策略与“中国梦”思想不谋而合，两国应该加强合作，一定会取得互利互惠的双赢效果。这种稳定的战略合作关系十分珍贵，完全符合双方的国家利益和长远的发展，应该得到持续健康的发展。中俄应该建立牢固稳定的大国关系并保持长期的活力，需要战略性思维和策略保障双方的全面合作的正常开展。双方的关系不应该因一时局势的变化而改变，也不应该被眼前的利益得失所左右，而应该从长期互利互惠和国家发展的高度去看待和处理问题。（Ломанов，2013）目前，中国提出的“一带一路”建设思路和俄罗斯“一带一盟”战略实现对接。俄罗斯的战略疑虑逐步减弱，中俄政治互信不断加强。中俄务实合作稳步进行，政治、经济、文化、外交等各方面合作紧密，发展前景广阔。

第二，中俄合作是历史的必然。2013 年 3 月 20 日中国网俄文版发表“中国梦与俄罗斯梦相向对接”的文章中提出：当“中国梦”碰上“俄罗斯梦”，尤其是强大的俄罗斯的时候，中俄关系该如何发展？文章借用普京总统在 2012 年 6 月 5 日在《人民日报》发表的《俄罗斯与中国：合作新天地》一文中的观点：“俄罗斯非常需要一个繁荣的中国。我相信，中国同样也需要一个成功的俄罗斯。我们两国的合作不针对任何第三方，而是为实现共同发展和加强国际社会的公平和民主而努力。也正因如此，它符合时代潮流。中国有句成语—众志成城。我们愿意为了俄中两国人民的利益共同努力。而这一定能够给我们带来丰硕的成果。”（Путин，2012）专家认为，中俄需要务实合作的全面战略伙伴而非传统意义上的政治经济同盟。中俄关系进入新的发展时期——全面战略伙伴合作关系的新阶段。这一阶段的主要特点是继续深化相互信任，增加经济领域的开放度，落实签署的重大项目，尤其是 30 年期限的天然气、航天、高铁、大飞机等重大项目。这些大型项目的实施是体现中俄战略合作伙伴的最好载体。需要清醒地认识到，在中国恢复世界强国的过程中，俄中两国有共同的利益，与中国的合作意义不可限量。因此，必须调整我们的政策，使之与中国作为区域及世界强国的发展相适应。

第三，俄罗斯应该借鉴中国先进的改革经验。近年来，俄罗斯学界一直困惑，中俄两国同脱胎于马列主义的国家，且俄罗斯改革前在人才队伍、自然资源和个别经济领域（如宇宙和核能）都拥有优于中国的实力。为什么中国能在30几年间快速发展，俄罗斯却举步维艰？学者发表大量分析中国近40年改革开放经验的文章，汉学家阿·基瓦（А. В. Кива）的《俄罗斯可以在中国的改革经验中学到什么?》一文集中阐述了这一问题。他把自邓小平和戈尔巴乔夫伊始的两国改革做了对比后，分析出中国改革成功的一些主要经验，希望俄罗斯向中国学习和借鉴这些先进的经验和做法，主要包括：（1）中国共产党的理论建设能与时俱进，不断完善，继而保持了执政党的地位和国家的稳定；（2）改革的重点是根据本国国情发展经济和不断改善民生；（3）改革的动力是邓小平倡导并逐步建立起来的竞争机制，从而带动了市场经济的逐步建立；（4）近40年来中国以五年规划为标志的政府宏观规划具有重要意义，对国民经济发展起到重要的指导作用；（5）政府对中小企业的扶持和给予企业经营充分的自主权。此外还有官员不涉足经商，良好的外商投资环境，鼓励科研创新和吸引人才，政府对基层干部考核与经济效益挂钩，强有力的反腐败斗争等。（Кива，2016）

同时，俄罗斯学者也一致认为，俄罗斯不能复制中国的模式，必须走自己的发展道路。俄罗斯远东研究院的专家罗曼诺夫曾就“中国梦”和俄罗斯梦问题接受专访时谈到，虽然俄罗斯如今还没有提出“俄罗斯梦”的概念，但也正在寻求国内各民族人民都能认同的发展理念。普京总统在2013年9月提出的“国策新理念”（новая концепция государ-ственной политики），其内涵和“中国梦”有着深刻的内在联系，基本思想就是要尊重俄罗斯的文化传统，走符合俄罗斯国情的发展道路。在这方面中俄两国的发展理念是一致的。此外，两国都希望在国际舞台上占据一席之地，这些是中俄两国的共同梦想。后苏联时代的俄罗斯二十多年来一直在探索最合适自身的发展模式，然而，结果并不尽如人意。实践表明，丧失了民族精神和文化传统，缺乏对民族文化及历史的自信和自豪感，就不可能有真正的国家梦想和社会进步。而罔顾国情，盲目机械地复制别国经验的做法注定会失败。

第四，不同的政治理念和社会意识形态成为影响中俄两国关系发展的重要因素。在肯定中俄关系的发展成就和存在巨大潜力的同时，在俄罗斯学者的研究中也透漏出对中俄关系发展的忧虑。有观点认为，中俄关系发展最大的阻力在于执政党的政治理念不同，这种差异始于毛泽东和赫鲁晓夫时期并一直延续至今。中国始终坚持走中国特色社会主义道路，中国共产党不僵化地奉行马列主义，避免了苏共瓦解和苏联解体的悲剧；习近平提出的“中国梦”和两个一百年的发展目标，执政理念坚定，发展道路明确。而苏联解体后的俄罗斯当局对邓小平倡导的改革开放解放思想并不完全认同。执政党摒弃了马列主义思想，推崇西方的“新自由主义”改革模式，否定苏联社会主义制度，不顾俄罗斯历史传统、地域差别以及自身文化和经济特点，依赖效仿美国，要建立所谓的西方民主制度，盲目在俄罗斯推行全面的市场经济。此外，一味地强调俄罗斯是一个特殊国家，不愿意虚心学习其他国家的先进经验。政府官员和寡头掌控经济，对中小企业的支持严重不足。至今也没有建立起良好的外商投资环境，官僚体制和社会腐败现象盛行，科技创新能力不足导致大量优秀人才外流，等等。（Кива，2016）由此看来，政治理念决定了国家发展道路。目前的俄罗斯经济基本被新自由主义者掌控，主张“华盛顿共识”，唱衰中国经济。每年举办的“盖达尔学术讨论会”都会有很多政府官员参加。而俄罗斯 20 多年的改革实践证明，西方模式并不适用于俄罗斯。其次，从国家领导人到普通民众，俄罗斯社会对“中国梦”和以马列主义理论为基础的中国特色社会主义道路还存在怀疑态度。很多人认为，中国名义上是走社会主义道路，实际上走的是国家资本主义道路。不仅如此，面对中国改革开放以来经济的快速发展，俄罗斯社会普遍存在“中国恐惧症”和“中国威胁论”。与“中国威胁论”相对立的还有唱衰中国的“中国灭亡论”。习近平论著在引起媒体和学者广泛赞誉的同时，也出现了不少另类解读和质疑。有人甚至担忧“中国梦”背后可能隐藏着强硬和富有敌意的“民族主义”思想。一些分析者认为，中国共产党不断强化国人的屈辱感，把国家经历的所有苦难归咎于外国的侵略。如今中国的军力日益增加，中国可能利用“屈辱感”报复西方；中国不断增强军事实力，“中国梦”可能演变成军事霸权。（Кузнецов и Буяров，2015；Andrew Jones，2014）上述种种言论表明，中俄两国在意识形态领域存在较大差异和分歧。苏联解体以来俄罗斯奉行的政治、经济及社会发展理念，直接影响到对中国特色社会主义道路的认识和评价，成为妨碍中俄关系发展的一个重要原因。

四、结语

总结俄罗斯学界“中国梦”的研究现状，有几点深刻的感受。其一，尽管俄罗斯学者对苏联时期的社会主义持复杂和矛盾的态度，有诸多批判性言论，但对当代中国奉行的社会主义道路却持赞赏和肯定的态度。对中国40年来的改革评价也多是正面和积极的，这是未来中俄关系健康发展的重要思想基础。纵观俄罗斯学界“中国梦”思想的研究，既有对思想渊源的产生、发展和演变的历时性研究，也有在全球化背景下中俄及中西方价值观念对比的共时性研究。他们研究范围全面，视角独特，分析深入细致，既有从中国传统文化中挖掘的历史纵深感，有对当代领导执政理念探讨的现实感，还有从全球化视角观察分析问题的高度和前瞻性。其中，把“中国梦”思想上升到构建价值观体系的高度来认识，可以说抓住了问题的核心和本质。在当今中俄关系的研究方面，对两国治国理念差异的分析，对中俄改革现实的观察，尤其是对苏联解体后俄罗斯社会问题的反思和批判，都极其深刻和切中要害。在他们看来，尽管“中国梦”的理论还有待完善，它的普世价值和世界意义是不言而喻的。中俄两国尽管政治理念有所不同，但在传承和弘扬民族文化、走符合本国国情的发展道路、努力探索和实现国家梦想的目标是一致的。中俄两国必须加强合作，相互学习借鉴改革发展的经验，使中俄两国关系持续不断向前发展。

其二，学界的赞赏与好评和执政当局的态度尚有一定距离，学界和普通民众对“中国梦”的认知也有较大差距，对此我们需要理性看待和分析。众所周知，在俄罗斯重要的中国问题研究机构里，对中国共产党史、各时期国家领导人的论著和国家发展战略、中（苏）俄关系等都有长期的跟踪研究。研究人员分工细致明确，学术成果丰富，呈现出专业化、系列化的局面。俄罗斯的“中国梦”研究主体是俄罗斯科学院远东所、莫斯科大学、圣彼得堡国立大学、莫斯科人民友谊大学、莫斯科国际关系学院等著名科研机构和大学研究所的汉学家，还有很多是记者或独立学者。这些学者都是中国通，有非常深厚的中国文化知识基础，其研究成果丰硕，在俄罗斯汉学乃至国际汉学界都有广泛的影响力。尽管学界对“中国梦”“一带一路”等中国特色社会主义的理念和策略非常赞赏，我们从很多学者的不解和无奈的言辞中还是可以看出，在政府官员和上层决策部门异议还很多，学界的观点和官方的立场尚存在较大的差距。当前中俄关系的发展还面临不少的阻力，在俄罗斯还存在相当大的“疑中”“惧中”甚至是“反中”的阶层。有不少人对“中国梦”和“中国特色社会主义道路”的内涵不够了解，甚至质疑，认为“中国梦”不过是一个虚幻的梦想，中国只是名义上走社会主义道路，实际上是走资本主义道路。俄罗斯普通民众对“中国梦”的认知度并不高。固然，这和政治理念本身具有很强的学术性不无关系。上述种种言论和现象都提醒我们，需要不断深化中国特色社会主义理论和实践研究，加强中国特色政治理念和政策的对外传播的力度，使俄罗斯各阶层人士能通过各种渠道了解当代中国，理解中国的特色发展道路，这对中俄关系的发展是极其重要和必要的。因为“中国梦”及其框架下的中俄全面战略伙伴关系的发展，必须依靠政府间、企业间和民间的广泛共识和密切沟通与协作才能实现，需要用实实在在的合作成果取信于国际社会，仅有学界的认同还是远远不够的。鉴于此，我们认为，应该大力加强中俄学界“中国梦”思想研究，明确阐释“中国梦”及中国特色社会主义思想的内涵，及时回应俄罗斯社会各界的关切，消除误解，不断增进中俄在执政理念、核心价值观、外交政策等方面的共识和互信，为务实合作奠定思想基础。此外，要不断改进信息传播方式和渠道，提高民众对“中国梦”的认知度和认同感。

总之，通过对俄罗斯学界“中国梦”思想的研究，使我们进一步加深了对中国特色社会主义道路内涵的理解，深刻地感受和认识到这一含有中华文化基因的治国理念所具有的无限生命力、创造力和世界意义，进一步增强了我党的理论自信、制度自信和文化自信。与此同时，俄罗斯学者的研究也提醒我们，要保持清醒的头脑，准确判断俄罗斯国家意识形态及社会发展趋向，客观理性地分析和协调中俄关系，不断提高国家治理水平。

参考文献

[1] AndrewJones Китайская мечта: простая, *мощная*, *популярна*, http: //ru. gbtimes. com/novosti/kitayskaya-mechta-prostaya-moshchnaya-populyarnaya07. 03. 2014.

[2] Денисов И. Е. Эволюция внешней политики Китая при Си Цзиньпине // «Международная жизнь», № 5, 05. 2015.

[3] Каукенова Т. В. Новая книга Си Цзиньпина — идеология на экспорт // Глобальный конфликт, http: //globalconflict. ru/analytics/85617-novaya-kniga-si-czinpina-ideologiya-na-eksport03. 06. 2015.

[4] Кива А. В. Что Россия могла бы позаимствовать из опыта реформ в Китае. «Новая и новейшая история» № 5, М. : Наука, 2016. С. 104 – 118.

[5] Крушинский А. , Ломанов А. , Переломов Л. , «Китайская мечта» и категории традиционной китайской мысли. Проблемы Дальнего Востока, №5, 2015, С. 135 – 148.

[6] Кузнецов Д. В. и Буяров Д. В. Современный Китай в условиях трансформации. М. : ленанд, 2015.

[7] ЛомановА. В. Общий контур между китайской и российской мечтой-движение путем развитея, отвечающее собственной культурной специфике. URL: http//Russian/china/ org/cn, 2008 – 12 – 2013.

[8] ЛузянинС. Г. и др. Российско-китайский диалог: модель 2015// доклад РСМД № 18 М. : Спецкнига, 2015.

[9] Путин В. В. Россия и Китай: новые горизонты сотрудничества. «Жэньминь жибао», 05. 06. 2012.

[10] Романов А. Китайская мечта в глобальной кросс-культурной перспективе. http: //russian.

[11] china. org. cn/exclusive/txt/2013 – 12/10/content_30856295. htm.

[12] Смирнов Д. А. Социализм с китайской спецификой: проблема демократизации (тезисы) Общество и государство вКитае: XLI научная конференция / Ин-т востоковедения РАН. -М. : Вост. лит. , 2011.

[13] Тавровский Ю. В. Дорогой "китайской мечты"// «Завтра», Выпуск №1 (1102)/ 2015.

[14] Титаренко М. Л. Мы боролиси за Китай, а не против Китая \\ Международная процессы, М. : Изд. Научно-образовательный форум по международным отношениям. 2014.

[15] Щепин К. Китайский путь к «китайской мечте» //«Красноярское время» //http: //krasvremya. ru/konstantin-schepin-put-lenina/ 22. 06. 2015.

中央文献翻译标准体系研究

童富智*

【摘要】 翻译标准是翻译理论的核心问题，基于中央文献翻译研究实际问题，以翻译标准多元互补论和学科立体研究体系为基础，综合并重新解读之前翻译研究的构建理论体系的做法，对作为翻译理论核心问题的翻译标准问题进行分析研究，提出适用于解析中央文献翻译问题的标准体系。

【关键词】中央文献　翻译标准　研究体系

一、引言

随着我国经济社会的发展，同时也作为加强对外宣传、构建话语体系建设的需要，围绕中央文献翻译的研究趋热，可供直接收集的相关研究资料有量的增加。基于中国知网，对以“中央文献翻译”为主题的研究进行统计，可以发现研究内容主要集中在两个方面：一、强调中央文献翻译的重要性或政策性作用；二、研究中央文献翻译实践策略，选题主要涉及翻译应用和实践的内容。虽然中央文献翻译研究具备“专门性”特点，但总体而言，仍属于翻译学研究范畴。一方面，中央编译局有关中央文献翻译基本情况的资料提到中央文献翻译要求在信与达两者之间找到最佳的平衡点。这不仅指出了中央文献翻译所需要遵循的某些标准，也表明了在翻译标准方面进行研究的必要性。另一方面，根据图里依据霍姆斯的理论内容

* 童富智，男，天津外国语大学中央文献翻译研究基地博士生，主要研究方向为党和国家重要文献对外翻译研究。

所描绘的“翻译学结构图”（杰里米·芒迪，2014：10），属于“纯理论翻译学”“翻译理论研究”下的“专门理论”研究也是其中的重要内容。林克难（2003：4）指出翻译需要理论指导。所以，区别于运用已有具体翻译理论解释或解决翻译实践问题，有必要开展涉及中央文献翻译理论的系统研究。

二、翻译标准研究体系的构建

在进行翻译理论研究的过程中，有学者指出“翻译标准问题是翻译理论的核心问题”（辜正坤，2005）。根据《中国译学大辞典》的解释，翻译标准“是指翻译活动必须遵循的准绳，是衡量译文质量的尺度，是翻译工作者不断努力以期达到的目标。切实可行的标准对发挥翻译功能、提高翻译质量具有重要的意义”（方梦之，2011：68）。前面已经指出，有资料表明中央文献翻译要求在信与达“两者之间找到最佳的平衡点”。据此，可以看出这是基于严复的“信达雅”标准所进行的论述。那么，是否也可以用傅雷的“神似”、钱锺书的“化境”、许渊冲的“三美”以及国外的“对等”“等效”等翻译标准对其进行界定呢？区别于部分学者提出的具体翻译标准，谭载喜以及苏联翻译理论家科米萨罗夫分别提出了“翻译标准的层次”“翻译标准的类别”等概念。可以看出，他们或许是意识到了近乎单一的翻译标准无法更好地进行翻译理论研究以及更好地指导或解决翻译实践问题。

学者辜正坤（1989）提出“翻译标准多元互补论”。针对翻译标准这一难题，指出其原因在于人们思维方法上的单向性或定向性，从而指出了翻译标准的立体思维方式，也就是不止设定一个具体翻译标准，实现具体翻译标准多元化。同时，他也指出翻译的绝对标准就是原作本身，翻译的最高标准是最佳近似度，翻译标准系统可以以绝对标准—最高标准—具体标准的形式进行设定。通过设立多元具体标准群，以其中的各项标准参数来检验最佳近似度值。他强调了标准系统划分的重要性，论述了翻译标准系统内部的辩证关系，通过译作球形空间比较进行近似度与原作的比较。他又指出了翻译标准系统中的可变主次标准、多元翻译标准的互补性问题，表明了多元互补翻译标准的实际意义。

由此可以看出，“多元互补论”实际上就是一种从系统的角度出发为解决翻译标准的理论和实际问题而做出的全方位、多角度、多层次的立体建构。这对于中央文献翻译标准问题的研究具有启发意义。

刘宓庆（1991）首次提出语言对比研究分表层（语言表层）、中介层（表现法）、深层（思维形态/哲学机制）三个层次进行研究的思想。潘文国、谭慧敏（2006）在其著作中建构了对比语言学研究体系。他们从横向和纵向两个方面——在横向方面，基于“语言哲学—理论对比语言学—应用语言学—语言实践”对语言指导性问题进行了层级划分；在纵向方面，基于结构层、交际层、认知层对自然、社会、人文属性进行了层级划分。纵横各层级的各项交织在一起构成了立体的学科研究体系。具体如下图：

	第一层级	第二层级	第三层级	第四层级	最适宜领域
自然属性			自然角度应用对比语言学	自然角度应用对比实践	语音、教学、语法、教学翻译
社会属性	语言哲学	理论对比语言学	社会角度应用对比语言学	社会角度应用对比实践	语法、篇章、实用翻译
人文属性			人文角度应用对比语言学	人文角度应用对比实践	词汇、实际语法、修辞、文体、风格、韵律、文字、文化翻译

基于对比语言学与翻译研究的关联性，同时也鉴于翻译的适用性，他们指出了涉及翻译学研究的学科体系构建问题。潘文国、谭慧敏（2006）提出“语言哲学（翻译哲学）—翻译理论—翻译技巧—翻译实践”的建构思考。所以，我们也可以据此建构出翻译研究的框架。如下图所示：

	第一层级 哲学	第二层级 理论	第三层级 应用	第四层级 实践	最适宜领域
自然属性 结构	翻译哲学	理论翻译学	自然角度翻译技巧	自然角度翻译实践	语音、教学、语法、教学翻译
社会属性 交际			社会角度翻译技巧	社会角度翻译实践	语法、篇章、实用翻译
人文属性 认知			人文角度翻译技巧	人文角度翻译实践	词汇、实际语法、修辞、文体、风格、韵律、文字、文化翻译

结合翻译研究相关问题，可以对上图中的部分项目内容进行调整，从而更加合理地建构翻译研究一般体系。翻译研究一般体系体现为翻译理论与翻译实践的辩证统一。翻译标准问题源于翻译研究，是翻译理论的核心问题。翻译研究一般体系的建构可以为具体的中央文献翻译研究体系建构提供基础模型。中央文献翻译标准问题的研究也就不会成为无源之水、无本之木。

三、中央文献翻译标准体系的构建

（一）翻译标准研究体系再构建

基于上述翻译研究体系图示，可以发现，“应用”“实践”层级项目具体内容为翻译技巧、翻译实践。其中，实践在更加宽泛的概念范围内包括了技巧。所以，结合翻译研究实际，有必要运用翻译策略、翻译方法、翻译技巧等概念进行基于翻译研究的合理修正。“翻译策略”相对“翻译方法”而言是一个更宏观、更宽泛的概念。某种“翻译策略”的实施具体体现在某些特定的“翻译方法”的运用之中，而某种特定的“翻译方法”的运用则需依据一定的翻译策略（熊兵，2014）。“翻译方法”、“翻译技巧”与“翻译策略”、“翻译方法”也是同样关系。

综合以上，可以将翻译研究一般体系的图示进行修正，如下图所示：

	第一层级 哲学	第二层级 理论	第三层级 应用	第四层级 实践	最适宜领域
自然属性 结构			自然角度翻译策略	自然角度翻译方法、翻译技巧	语音、教学、语法、教学翻译
社会属性 功能	翻译哲学	理论翻译学	社会角度翻译策略	社会角度翻译方法、翻译技巧	语法、篇章、实用翻译
人文属性 认知			人文角度翻译策略	人文角度翻译方法、翻译技巧	词汇、实际语法、修辞、文体、风格、韵律、文字、文化翻译

可以看出，翻译研究横向体现为“翻译哲学—翻译理论—翻译应用（具体为策略）—翻译实践”（具体为方法，也包括特定、具体的翻译技巧）层级划分；纵向以“功能”替代“交际”，构成自然、社会、人文的结构、功能、认知层级划分，从而建构起符合翻译研究实际的全方位、多角度、多层次的翻译研究一般体系立体结构。

（二）中央文献翻译标准体系

基于上述翻译研究一般体系，对中央文献翻译研究标准问题进行解析。中央文献翻译的特殊性主要体现在其文本所需要展现的语义突破了基于翻译的语言、文化等层面束缚。而首先基于翻译哲学对这种现象进行合理解释的时候，意识形态必然成为首当其冲且始终不变的影响因素。“以中央文献为代表的政论体文献是意识形态的集中反映，其翻译不可避免地受到意识形态的影响。”（朵宸颉，2014）翻译要忠实于原著，做到“信”，但“这当然不是一般意义上的所谓信了”，“在政治文献的翻译中，首先就是要在政治上忠实于原文”。（程镇球，2003）所以，前面提到的“中央文献翻译要求在信与达‘两者之间找到最佳的平衡点’”中的“信”，是指基于中央文献作为有别于一般翻译类型的特殊“信”，对意识形态的“信”是超越语言、文化等层面的最高层级标准。

基于中央文献翻译开展的实践研究中，对相关翻译理论有所涉及。鉴于功能派翻译理论“在商业文本及政治文本翻译中取得较大成功”（谢天振，2008），多数学者采用该理论解释或解决中央文献翻译实践问题。也就是说，在理论层级，功能派翻译理论作为具备可操作性的翻译理论可以进入翻译研究体系。翻译标准问题是翻译理论的核心问题。在具体翻译理论层面，功能派翻译理论的具体内容可以成为具体翻译标准的内容。同时，能够被中央文献翻译实践所检验的翻译理论也可以进入该层级，可以成为翻译标准的内容。

在应用层级方面，主要围绕前述上位层级理论，在其指导下通过具体的翻译策略标准展开实践操作。同样，在实践层级方面，依据前述上位层级的翻译理论和具体的翻译策略，结合具体的翻译方法、翻译技巧展开更进一步的翻译实践操作。

在纵向层级方面，基于自然、社会、人文的属性划分分别对应结构、功能、认知的层面，以解决涉及中央文献翻译中涉及语言、交际、思维等各个层面的问题。

四、中央文献翻译标准的应用

在理论解析中央文献翻译标准的基础上，结合语篇和语汇两个层面试举几例，对标准的应用实践进行分析。

（一）语篇应用

一般而言，中央文献翻译的“中央”主要体现在发文机构、文本内容、文体形式等因素方面，而其中的因素也可能相互作用，如特定发文机构及文本内容的要求可能会引起对文体形式的要求。

例1：过去一年，我国发展面临国内外诸多矛盾叠加、风险隐患交汇的严峻挑战。/在以习近平同志为核心的党中央坚强领导下，全国各族人民迎难而上，砥砺前行，推动经济社会持续健康发展。/党的十八届六中全会正式明确习近平总书记的核心地位，体现了党和人民的根本利益，对保证党和国家兴旺发达、长治久安，具有十分重大而深远的意义。/各地区、各部门不断增强政治意识、大局意识、核心意识、看齐意识，推动全面建成小康社会取得新的重要进展，全面深化改革迈出重大步伐，全面依法治国深入实施，全面从严治党纵深推进，全年经济社会发展主要目标任务圆满完成，“十三五”实现了良好开局。

译文：昨年、わが国の発展は、国内外において多くの矛盾が重なり合いリスク要因が交じり合う厳しい試練に直面した。/こうしたなか、習近平同志を核心とする党中央の力強い指導の下、全国各民族人民は困難に立ち向かって練磨前進し、経済・社会の持続的で健全な発展を推し進めた。/中国共産党第18期中央委員会第6回全体会議は、習近平総書記の核心としての地位を正式に明確化した。/これは、党と人民の根本的利益を反映したものであり、党と国の繁栄・発展と長期的安定を保証する上できわめて重要で深遠な意義をもつ。/各地区・各部門は、政治意識・大局意識・核心意識・一致意識（「四つの意識」）を絶えず強化し、力を注いで小康社会の全面的完成に向け新たな重要な進展をもたらし、改革の全面的深化を大きく一歩前進させ、全面的な法に基づく国家統治を踏み込んで実施し、全面的な厳しい党内統治を突っ込んで推し進め、経済・社会発展の年間主要目標・主要任務をしっかりと達成し、第13次5ヵ年計画の幸先のよいスタートを切った。

以上例句原文为4句，译文通过将其中突出强调的重要内容“党的十八届六中全会正式明确习近平总书记的核心地位”单独成句，变成5句。在具备可读性和可理解性基础上，前述翻译标准对于意识形态作用下对内及对外宣传活动下译文的形成具有积极指导意义。具体应用及实践层面，通过运用代词「これ」的“照应”方式，做到体现汉语“意合”，实现了前后文的篇章衔接，达到了整体的语义连贯效果，使得整体内容重点突出，意思明确，译文文体特征也与原文文体特征相符。

（二）语汇应用

结合以上内容，一般意义上的中央文献翻译实践进行到最后，很大层面上还是将翻译问题落到了词汇、短语层面。以下试举几例，对前述标准的应用实践进行分析。

例 2：“中国梦”（「中国の夢」）

2012 年 11 月 29 日，中共中央总书记习近平在国家博物馆参观“复兴之路”展览时，首次阐释了“中国梦”的概念。他说：“大家都在讨论中国梦。我认为，实现中华民族伟大复兴，就是中华民族近代以来最伟大的梦想。”他指出：“到中国共产党成立 100 年时全面建成小康社会的目标一定能实现，到新中国成立 100 年时建成富强民主文明和谐的社会主义现代化国家的目标一定能实现，中华民族伟大复兴的梦想一定能实现。”同年 12 月，习近平总书记在视察广州军区时特别指出：“实现中华民族伟大复兴，是中华民族近代以来最伟大的梦想。可以说，这个梦想是强国梦，对军队来说，也是强军梦。我们要实现中华民族伟大复兴，必须坚持富国和强军相统一，努力建设巩固国防和强大军队。”

“中国梦”概念的提出，必定会引起外媒的多种反应。“梦”可以解释为梦想、理想甚至妄想，也可以形象地以战略、计划等进行具体阐释。对某些别有用心的外媒而言，视察军队时的特别强调不仅会引起基于国家利益考量的条件反射，而且，中国走向强大的决心，也会引起过敏式反应。但无论如何，对中国梦内涵与外延的阐释展现了中国人民热爱和平、建设国家的愿景，并且，“中国梦要实现国家富强、民族复兴、人民幸福，是和平、发展、合作、共赢的梦”（习近平，2013）。采用“中国の夢”直译的方式，“就是要堂堂正正地表明自己的立场—作为世界上历史最悠久的民族，从全体人民的利益出发设计、规划并实现自己的理想，这没有什么好顾忌的，当然也就不需要任何的闪烁其词”（范大祺，2016）。

结合翻译研究理论、应用、实践等角度，或许可以不拘泥于形式，甚至采用加注等方法对“梦”的内涵与外延进行更加全面、具体的阐释。显然，翻译过程展现了在大局意识下从国家利益、意识形态的哲学角度对核心问题进行整体推敲的思考。

例 3：“供给侧结构性改革”（「供給側構造改革」）

推进供给侧结构性改革是我国经济进入新常态的必然选择，是经济发展新常态下我国宏观经济管理必须确立的战略思路。关于“供给侧结构性改革”，在《2016 年政府工作报告》中出现 5 处，日译为“供給側の構造的改革”；在《2017 年政府工作报告》中出现 4 处，日译为“供給側構造改革”。同时，关于“供给侧改革”，在《2017 年政府工作报告》中出现 1 处，日译为“供給側の改革”。基于“百度百科”“供给侧结构性改革”和“供给侧改革”的解释完全相同。

由此可以看出，随着我国经济社会发展，汉语词条可能处在认识不断发展、深化过程之中。同样，日译表达也会随之发生变化，就同样的“供给侧结构性改革”译文而言，2017 年表述为“供給側構造改革”，去掉了其中的“の”。从代表最高国家行政机关这一出发点，该词条可以更加明确地表达国家战略意图，更好地传播中国声音，以达到相应传播效果。另一方面，在作为主管对外宣传的国务院新闻办公室下属中国外文出版发行事业局出版的《中国关键词》中，将“供给侧改革”列为词条，日译为“サプライサイド改革”，排除决定词条的时效性因素，也可以看出其面向受众考虑，以加强传播效果的实践选择。而上述事实均表明了基于最根本的意识形态决定性因素所进行的理论、应用、实践等处理方法。

例 4：“获得感”（“獲得感”）

2015 年 2 月 27 日，习近平在中央全面深化改革领导小组第十次会议上首次提出“要把改革方案的含金量充分展示出来，让人民群众有更多获得感”。“获得感”本意是获取利益后所产生的满足感。“获得感”有别于“幸福感”，它强调一种实实在在的“得到”，更加贴近民生、体贴民意，使人民得到的利好有了进行指标衡量的可能。

根据《现代汉语学习词典》的解释，“获得”一般作动词使用，主要意思为（经过努力）取得；得到（令人满意的事物）。随着词语运用的扩大，存在转移到所得到事物的名词使用现象。作为体现国家政策的中央文献词条，2017 年政府工作报告将其直译为“獲得感”，体现了政策的意识形态因素。

综合以上，在部分学者有关中央文献翻译的研究中，可以从实践角度解析出其中的翻译标准问题。如“翻译不可避免地受到意识形态的影响，这种影响集中体现在意识形态对译者及其翻译策略的操控上”（朵宸颉，2014），“译者在翻译时把‘讲政治’放在第一位”（蒋芳婧，2016）等。这些均体现出中央文献翻译的最高层级标准问题。在此标准的指导下，如前所述，相关学者在具体翻译理论探讨、翻译策略应用、具体翻译实践开展等方面进行了相关研究。

五、结语

本文基于中央文献翻译研究，对现有的翻译理论、方法和翻译标准进行了重新解读，并尝试了调整和完善翻译研究框架体系，使之适宜于中央文献的翻译和研究。分析显示，中央文献因其聚焦的主题、特定的交际目的及模式性的语言表达，其翻译过程也应根据这一文体的特征采用不同的标准。

研究认为，翻译标准的构建可以在结构、功能、认知的层级基础上按照“翻译哲学（意识形态因素）—具体翻译理论—翻译策略—翻译方法、翻译技巧”的立体建构标准上进行。这一做法的合理性也得到翻译实践的证实。研究发现可为中央文献翻译理论和实践提供重要的参照和借鉴。同时，在翻译研究框架内，对中央文献日译各具体层面的问题探讨，也对提升中央文献翻译的质量提供了一些重要的实例和数据。鉴于研究的目的，本文主要采用了对具体翻译文本进行细读的方法探讨翻译标准。今后的研究可基于大型平行语料库，通过观察中央文献文本中语言的复现特征，更系统地探讨翻译标准的构建。

参考文献

［1］程镇球：《政治文章的翻译要讲政治》《中国翻译》，2003 年第 3 期。

［2］朵宸颉：《中央文献对外翻译中意识形态的影响》，《天津外国语大学学报》，2014 年第 5 期。

［3］范大祺：《党的十八大以来一些重要概念日译时的若干思考》，《第二届中央文献翻译与研究论坛论文集》，2016 年。

［4］方梦之：《中国译学大辞典》，上海外语教育出版社，2011 年。

［5］辜正坤：《翻译标准多元互补论》，《中国翻译》，1989 年第 1 期。

[6] 辜正坤：《译学津原》，文心出版社，2005 年。

[7] 蒋芳婧：《功能翻译理论视阈下的政府工作报告日译策略研究》，《日语学习与研究》，2016 年第 3 期。

[8] 杰里米·芒迪：《翻译学导论：理论与应用》，外语教学与研究出版社，2014 年。

[9] 林克难：《翻译需要理论指导》，《上海科技翻译》，2003 年第 1 页。

[10] 刘宓庆：《汉英对比研究的理论问题》（下），《外国语》（上海外国语学院学报），1991 年第 5 期。

[11] 潘文国、谭慧敏：《对比语言学：历史与哲学思考》，上海教育出版社，2006 年。

[12] 熊兵：《翻译研究中的概念混淆——以"翻译策略"、"翻译方法"和"翻译技巧"为例》，《中国翻译》，2014 年第 3 期。

[13] 习近平：《习近平关于实现中华民族伟大复兴的中国梦论述摘编》，北京：中央文献出版社，2013 年。

[14] 谢天振：《当代国外翻译理论》，南开大学出版社，2008 年。

中央文献术语英译的信息非对应性研究

王雪莹*

【摘要】中央文献中诸多关于中国特色的改革类术语在传达语义信息时呈现信息缺省和冗余现象，造成了英译文本的信息非对应性。针对此现象，论文选取中央文献术语为研究对象，深入剖析英译过程中信息非对应性的原因，梳理了文献英译文本中的信息缺省和冗余的非对应性规律，提出以补偿性翻译弥补英汉语言体系的意识形态、价值观念形成的认知和语用信息的缺省和冗余。

【关键词】中央文献术语　缺省与冗余　信息非对应　补偿翻译

一、引言

政治术语作为思想和认识交流的语言符号，常以语音或文字形式表达某一意识形态概念，体现一个国家、民族的意识形态和价值观念。中央文献术语是党和政府在处理内政外交及有关国防、科技、教育、民生等国家事务的一系列活动中，形成具有特定含义的政治词汇。随着社会的进步与发展，新概念大量涌现，中国在与世界各国进行对外政治、经济宣传过程中，政治术语的语言形式不断变化，术语在表达严谨简明，在政策性、时代性和舆论导向性不容忽视，有关中国政治信息术语的译文定名尤其被关注。

中国特色的政治体制术语应该“用国际社会听得懂、易理解的语言宣传

---

* 王雪莹（1972—），女，天津外国语大学英语学院副教授，硕导，研究方向：实用翻译、语篇翻译研究。

中国共产党和中国政府的治国理念”（贾毓玲，2011：78）。目前，一些文化特色政策词汇存在信息与文化的非对应，难以找到相应的英译表达。西方媒体在报道中国特有的事物和概念时往往采取音译加注释，但有些文章出现完全音译而不加任何解释的（顾静，2000：56），如“不折腾”译为“buzheteng”，“山寨”译为“shanzhai”。这种音译法没有考虑译语读者的接受程度，而是以源语的文化为归宿，属于信息的非对应性。

二、中央文献术语的英汉信息非对应成因

一般来说，术语的变化频度高，涉及的领域广泛，富于概括性、时代性和通俗性等鲜明特点。（陈丽，2010：80）中央文献术语涉及广泛，诸如制度、改革、战略等，集中体现了国情的政治特色。“菜篮子”“米袋子”等术语，内涵丰富，寓意深刻，具有语义和时间的新鲜性。在语言的运用与操作中，汉语语言体系的意识形态、价值观念使政治术语不可避免地呈现术语的信息缺省和信息冗余现象。

（一）信息的缺省

从语言活动看，术语是会话，是一种与读者、译者之间特殊的会话互动。格莱斯（Grice）在会话的合作原则中提出“量”的准则，即为保证会话语言的顺利进行，所需的信息要充分。（Grice，1975：45）笔者可以阐释为术语提供的信息量既不要超额，也不要欠额。但是在中央十八大报告中可以看到大量信息不足的政治词语：兴边富民行动（Prospering Frontier and Enriching People）、两岸关系（relations across the Taiwan Straits）、老少边穷（revolutionary base areas, areas inhabited by minority nationalities, remote and border underdeveloped areas）、低小散（low efficiency, small scale, decentralized operation）、管办分开（Separation between government and institutions），农转非（change from agricultural to non-agricultural status in household registration）。这些术语文化语用内涵丰富，而字面的语义信息量不足导致语言层面的意义不能与读者所处的语境发生关联互动，因而在该语境中就会产生不连贯的效果，形成文化概念

的信息欠额，这一语言现象被称为信息的缺省。

“缺省”早期指计算机程序对某一默认过程的自动略过，语言交际中的缺省原指被交际各方共享而在交际中被默认的自动省略的文化背景知识。（王东风，2009：179）各国之间在政治、经济、文化和体制方面的差异，导致诸多政治术语的表达不尽相同，有关政治制度类、经济改革类、文化战略类的术语是依据我国国情而产生的，像双引擎、新常态、硬骨头、拦路虎、扶上马、送一程、中国制造2025，这些术语呈现的规律无一不是处于文化概念缺省状态，其语用意义和语义信息的非对应造成译入语读者的识别障碍。缺省的语义信息虽各不相同，但其共性就是语体特色鲜明，文字表达凝练。从语言交际的角度看，语义的信息缺省，是为了提高交际效率，但对于缺乏一定的背景知识的外国读者来说可能会难于理解。

（二）信息的冗余

冗余信息是人类语言中一个重要的现象，不同语言中冗余信息的表现方式并不一样。（文军，2000：20）由于西方文化和中国传统文化两者的特征、结构、价值取向不同，信息感应能力和适应性不可一概而论（刘宓庆，2007：66），因此文献术语中存在信息的修辞重复，造成了单词的双音化冗余、范畴词冗余、结构冗余。

首先是双音化冗余。汉语形成过程中一个突出的特点就是双音化，如“踏踏实实”“勤勤恳恳”“牢牢把握，牢牢立足”。这种语言形式在中央文献中屡见不鲜，虽然从修辞意义看，它弥补了由于单音词意义上的不足和节律上的不足，但双音化的语言模式形成了汉语词汇中大量的冗余信息，造成了中央文献术语的双音化冗余。

其次是范畴词冗余，汉语政策术语中经常出现“任务”“工作”“情况”“状态”“问题”“形势”“局面”“事业”“现象”“领域”“做法”等。这些词意义空泛，不具备语义信息，但是作为修辞结构在中央文献的表述中经常使用，如：现代化<u>建设</u>（modernization）、和平统一<u>事业</u>（peaceful reunification）、环境保护<u>活动</u>（environmental protection）、复杂<u>局面</u>（complexity）等，画线部分的词语只表明事物的范畴或属性，并没有实质语义，可以说它们的存在是出于汉语句法的需要，修辞上的需要，是强调、增强气势而增加的修饰词，因而形成冗余的范畴信息。

最后是术语结构冗余。为了修辞结构上的平衡，中央文献术语在表达上常使用骈文形式，如，聚精会神搞建设，一心一意谋发展（concentrate on development），海峡两岸是骨肉同胞，手足兄弟（Chinese people across straits are compatriots），同舟共济，携手合作（pull together）等。这类术语的并列结构表达了相似的概念，重复着同一语义信息，旨在刻意运用冗余方式，来增强信息的传递，以达到独特的表达效果，因而衍生了信息结构的冗余。

三、信息非对应性的补偿翻译

政治方面的术语往往具有很强的政策性，涉及党和国家的路线、方针、政策，翻译过程具有极大的严肃性，稍一疏忽，后果严重。（程镇球，2003：18）翻译时一定要避免因信息缺省或是信息冗余而产生术语语义和语用认知的非对应。很明显，汉语表达注重主体思维，措辞讲究，术语的信息没有局限于语义文字，而是延伸到认知和语用的层面。但是英汉语言呈现出不同的意识形态，英汉语读者对术语意识形态的接受程度也不相同，因此文献术语翻译应充分考虑目标读者群体，译文既要准确体现特色术语意义潜势，又不能超越目标文化的语言容忍极限。

（一）补偿缺省的信息

原文读者具有自动提供缺省信息的能力，缺省的成分虽然不在话语中出现，但被特定的语境激活于话语接受者的记忆之中。话语中的实际语义真空会由接受者记忆中的文化知识而获得填充，接受者连贯的语义理解便由此而来。（王东风，2009：183）由于语言与文化差异的客观存在，汉语政治术语文本与汉语读者之间的这种默契不可能存在于汉英语言读者之间，而信息缺省的表达方式留给译文读者的便往往是意义真空或语义疑团。在译文中如果不把这一缺省成分做一定的显性处理，读者很难建构连贯的语言交际。

例 1：五个统筹

译文：balance urban and rural development, balance regional development, balance economic and social development, balance harmonious development between human and nature, balance domestic development and opening to the outside world

术语“五个统筹”应该归为信息的缺省，实际信息为：统筹城乡发展、统筹区域发展、统筹经济社会发展、统筹人与自然和谐发展、统筹国内发展和对外开放。该术语是党中央对发展内涵的深化和创新，蕴含着全面发展、协调发展、均衡发展、可持续发展和人的全面发展的科学发展观，翻译时必须表达完整。

例 2：三期叠加的新常态

译文：simultaneously deal with the slowdown in economic growth, make difficult structural adjustments, and absorb the effects of previous economic stimulus policies

“三期叠加”是当前中国经济的阶段性特征，该词频频出现，指的是中国当前的经济位置，“三期”所缺省的语义信息即：经济增长速度换挡期、结构调整阵痛期、前期刺激政策消化期。它体现了中国经济的基本特征，也说明了在新常态下党和政府领导全国人民要逐步完成的目标。术语经常以数字表达语义信息，虽然凝练却违反了“量的准则”，呈现一种文化背景缺省。译文如果以简单的数字方式对应，那么中国经济的意识形态和价值观难以体现，西方读者无法真正明白数字所代表的语用意义。此类术语英译过程中会因为译语读者的文化认知障碍，形成语用信息的非对应。

例 3：宅基使用权

译文：farmers' right to the land on which their houses sit

“宅基使用权”是指在农村集体所有的土地之上形成的，用于建造、保有用于居住为目的的建筑物。如果译者缺乏对术语操纵形式的预判，仅依靠术语的字面信息进行判断，便无法使译语读者明了文本背后的语用信息，缺少了“farmers”术语译文势必造成认知及语用信息的非对应。

例 4：统一思想

译文：to achieve common understanding

“统一思想”是中国特有的表达形式，如果直译为“to unify thinking”，会使译语读者误会中国没有自由，连思想都要统一。译者需要制订相应的翻译策略，将缺省的意识形态和价值观的信息量补足，使术语中重要理论概念的内涵显现出来。

例5：保基本、兜底线、建机制

译文：build up a basic safety net，ensure there is a cushion in place for those most in need，and make due institutional arrangements

该术语属于改革类术语，其思想含义是通过建立一个完善的体系保障民众的基本生活，提高民众的生活质量，要健全困难群众的基本生活保障体系。术语英译中的划线部分恰好弥补了原文中文化潜势信息的缺省，译者通过对译文量的准则预判，调整交际策略，补足语义的信息量。

上述政策术语中所省略的文化背景或是意识价值观原本是为提高交际效率设置，但原文中被默认的缺省成分对于另一文化空间的译语读者群来说，并不存在共享这种知识而产生的文化默契和交际效率。鉴于原文术语的语义和语用信息量的缺省，而无法提供其蕴含的社会文化背景认知，这种信息的缺省对于目标读者意味着语义及语用关系的断裂、意义的空白甚至扭曲。对于不符合交际目的的信息缺省，翻译时译者需要给目标读者提供足够的认知和语用信息量。为使文本、译者、目标读者三方交际成功，译者必须对原文术语中合作原则的操纵方式重新调整，采取变通的手段为读者提示所缺省的信息成分。

这种补偿性的翻译方式是通过解释将信息从隐含的层面提升到显豁的层面（Nida，1964：165），其中的信息添加并不是译者随心所欲增加原文没有的信息，译者需要精准判断缺省的信息，通过提示相应的成分将缺省成分做显性处理，否则，西方读者将无法了解中国政府的国情国策。

（二）简化信息的冗余

尤金·奈达也认为由于两种语言本身的文化差异、语言编码和表达习惯的不同，冗余成分的产生不可避免。（1964：172）中央文献翻译工作者在处理术语中的冗余信息时，应从语义角度针对汉语的范畴词、修饰词、对称结构中所含的冗余信息进行简约化的英译。（廖七一，1996：48）以文献中范畴词和并列结构为例，译文采取隐性翻译方法针对原文和译文间信息冗余做出平衡。

例 6：提高扶贫开发水平

译文：make poverty reduction more effective through development

例 7：走上安康富裕的广阔道路

译文：ove toward prosperity and happiness

例 8：尊重人民首创精神

译文：spect the people's initiative/creativity

政策术语存在一些没有实际意义但语法或语气上不可或缺的词——“水平”“道路”“精神”等，这些范畴在语义上相对笼统、模糊，而表达上富有弹性，对于汉语文化下的读者来说属于适度的冗余。若将这些冗余成分照搬到英语中势必会使信息冗余过多，造成英语译文的晦涩难懂或表达不当，译文读者不知所云。为避免信息冗余而采用隐性翻译策略，将划线词语省略不译，使得译文顺应译语行文习惯，信息简洁，表达方式得体。以下三例中文献术语均呈现修辞结构的信息冗余：

例 9：全面把握科学发展观的科学内涵和精神实质

译文：fully understand the essence of the Scientific Outlook on Development

两个并列结构“科学内涵”和“精神实质”表达相似的语义概念，英译时只用“essence”一词与之对应避免啰唆，提高了译文与原文的信息等效度。

例 10：攻无不克，战无不胜

译文：Invincible

这种冗余信息虽然增加语义交际的信息量，但同时强化语言的修辞信息，突出要表达的中心意思，强调感情。但是在英译时一味地采用反复的形式，表达强烈的感情，会造成重复累赘，应该避免。

例 11：中国人民的面貌、社会主义中国的面貌、中国共产党的面貌发生历史性变

译文：Historic changes have taken place in the Chinese people, socialist China and the CPC

汉语语言通过重复语义的近义结构来表示强调、增强气势，是汉语修辞上的需要，因而“面貌”一词反复了三次以凸显感情效果。汉语出现冗余的地方，英语并不一定出现。译文中避免了一味地反复而做出简化处理。

从事中央文献对外翻译的译者，一方面作为读者与术语进行交际；另一方面作为二度作者，与目标读者进行交际。在这个双重交际的过程中，译者具有双重任务：一是让目的语译文符合源语文本中的主流价值观，准确无误地对外传播宣传党和国家的路线、方针和政策以及改革成就；二是需要审视语符转换过程中的英汉语言结构、思维意识、文化背景、接受反应等方面的巨大差异，使译入语读者对源语文本的信息一目了然。因此，客观、全面地探讨上述术语在英汉信息表达时所产生的非对应性语言现象，是为了降低因原文的信息缺省和冗余造成的非对应障碍，以保证信息传递的等效性，力求实现对外交流和宣传目的。

四、结语

文献术语反映了政党、社会组织、国家权力机关等为发展社会和经济结构进行的活动。带有中国特色的政策术语是中国政治形象的代表，让世界从不同角度认识中国，要克服认知和语用的信息缺省对术语翻译带来的障碍，提高英译的准确性。译者在处理原文信息时，出于交际目的，对原文中某些不足的信息量要补足，多余的信息要删除。（王东风，2009：157）政治术语的信息的语义、语用内涵与国家的政治文化和政策路线密切关联，如果将原文的信息缺省或信息冗余照搬到英语语言中，会造成翻译不足或翻译过度，影响信息传递的准确性和有效性。文献翻译工作者在大量的翻译实践的基础上，不断总结经验，提出了许多有关翻译的原则、标准、方法、条件等问题的真知灼见。（黄振定，2008：15）中国特色的政策术语无论用何种方法翻译，目的都是让外国人明白我国的方针政策，因此必须全盘考虑语言因素、文化因素、政治因素通过分析汉语政治术语的信息缺省和冗余的规律、构成手段、表现特点，有效地制订相应的补偿性翻译策略，才能从内涵到外延真正实现政治术语翻译的信息既忠于原文的意义潜势又符合译文的表达。

参考文献

［1］ Grice, H. P. *Logic and Conversation* ［C］. Cole, P. & Morgan, J. L. Eds. Speech Acts. London: Academic Press, 1975.

［2］ Nida, E. A. *Toward A Science of Translation* ［M］. Leiden: E. J. Brill, 1964.

［3］ 陈丽:《中国特色政治术语的特点及其英译》,《重庆科技学院学报》(社科版), 2010 年第 10 期。

［4］ 程镇球:《政治文章的翻译要讲政治》,《中国翻译》, 2003 年第 3 期。

［5］ 顾静:《透视美国新闻期刊对中国特色词汇的翻译》,《上海翻译》, 2005 年第 1 期。

［6］ 黄振定:《翻译学: 艺术论与科学论的统一》, 上海: 上海外语教育出版社, 2008 年。

［7］ 贾毓玲:《对中央文献翻译的几点思考》,《中国翻译》, 2011 年第 1 期。

［8］ 刘宓庆:《文化翻译论纲》, 北京: 中国对外翻译出版公司, 2007 年。

［9］ 廖七一:《论翻译中的冗余信息》,《外国语》, 1996 年第 6 期。

［10］ 王东风:《语言学与翻译: 概念与方法》, 上海: 上海外语教育出版社, 2009 年。

［11］ 文军:《冗余信息与翻译中的省略》,《中国翻译》, 2000 年第 6 期。

当代中国话语世界表达方式的探讨

——以《中国关键词》（第一辑）翻译为例

周　薇*

【摘要】《中国关键词》（第一辑）是“中国关键词多语对外传播平台”的重要项目成果之一。通过细读研究本书中关键词的选择和翻译，以及对关键词阐释部分的翻译，作者认为《中国关键词》（第一辑）的翻译选择了既强调精准发声、主动发声，又兼顾译文接受程度的翻译策略，采用了“直译为主、意译为辅”的翻译方法，既体现了政治话语的严肃准确性，又敢于采用活泼鲜活的表达，为构建融通中外的政治话语体系提供了有益的示范。

【关键词】《中国关键词》（第一辑）　对外传播　翻译策略

一、前言

“中国关键词多语对外传播平台”是中国外文局及中国翻译研究院组织实施的国家重点项目，主要围绕以习近平同志为核心的党中央治国理政的新理念、新思想、新战略，进行中文词条专题编写、解读以及多语种编译。通过平面、网络和移动社交平台等多媒体、多渠道、多形态及时持续对外发布，旨在以国外受众易于阅读和理解的方式，阐释中国理念，解读中国思想、中国政策和中国发展道路。《中国关键词》（第一辑）是“中国关键词多语对外传播平台”重要的项目成果之一。

中国外文局局长、中国翻译研究院院长周明伟局长曾指出：“当前中国的

* 周薇，女，天津外国语大学英语学院副教授，主要研究方向为翻译教学、翻译实践。

对外话语体系还不够完善，影响力与我国现有的国家实力和国际地位还不匹配。”（李倩，2015：27）中国译协常务副会长、中国翻译研究院副院长唐闻生认为：“中国的发展越来越引起世界的关注，但国外媒体及受众并未真正读懂中国，我们迫切需要对外解读与阐释，特别是一些政治词汇。”（李倩，2015：28）正是在这样的背景下，《中国关键词》（第一辑）应运而生。中国外文局副局长、中国翻译研究院执行院长王刚毅在“传播平台”发布会上介绍，“中国关键词”多语平台项目在实施过程中有诸多创新之举，具有三方面鲜明特点：一是在编写方式上使用关键词加核心思想解释的方式，以碎片化对外阐释中国的发展理念、发展道路和内外政策，大大降低了外国读者认知的门槛和难度，有利于提升传播效果；二是在编写过程中，引入了国内外权威专家学者和资深翻译团队，最大限度地保证了内容的权威性和准确性；三是在发布渠道上采用了全媒体发布的策略和手段。（中国广播网，2014）

《中国关键词》（第一辑）共分五个专题，即综合篇、党建篇、政治篇、经济篇、外交篇。以中外文对照的方式呈现，是中国外文局和中国翻译研究院围绕话语体系建设、创新对外话语实践进行的一次有益尝试。书中的翻译实例集中体现了中国声音世界表达的翻译智慧，无论核心关键词的选择和翻译，还是关键词文本阐释部分的翻译，都为我们翻译中国政策话语提供了范例。

二、关键词的翻译

《中国关键词》（第一辑）共选择了 90 个中国政策关键词，分五个主题。关键词涵盖面广，提纲挈领地勾勒出了中国的发展和治国理念。关键词既含有庄重严肃的政治词汇、富有中国文化内涵的典雅字词，也不乏轻松幽默的表达；既包括传播历史较长、国外读者接受程度较高的高频词汇，也有反映中国最新政策的新提法。在中文起草时，为了保证词条解读的权威性，特别邀请中央政策研究室、中共中央党史和文献研究院、中央党校等单位的权威专家。在翻译时，也是请国内外长期从事对外翻译的资深翻译家、外文定稿人组成专家团队，形成了翻译、改稿、核稿、定稿四道工序，并多次组织翻译团队就翻译中的共性和各种特色问题进行了集体研讨。（孙敬鑫，2016：43）如何以最有效的翻译方法、最简略得当的译文语言，保证内容的权威性和准确性，又能提升传播效果，需要合理有效的翻译策略。通过对 90 个关键词翻译方法的研究认定：关键词翻译采取了直译为主、意译为辅的翻译方法；强调精准发声，同时注意降低译文阅读负担，与国际话语接轨。

（一）直译为主、意译为辅

十八大以来，中国声音世界表达的核心之一便是精准发声。任何扭曲或随意的翻译解读方式均非正法。因此，在翻译时，尤其是当原文中不包含晦涩难解的文化信息时，直译应当是翻译的首选策略。下面的表格中统计了直译在本书关键词翻译中的使用情况。

篇章	综合篇	党建篇	政治篇	经济篇	外交篇	合计
关键词数量	16	5	19	27	23	90
直译使用次数	14	4	17	25	22	82
直译所占比例	88%	80%	89%	93%	96%	91%
意译使用次数	2	1	2	2	1	8
意译所占比例	12%	20%	11%	7%	4%	9%

在外交篇、经济篇、政治篇和综合篇的翻译过程中，直译的使用频率都在 88% 以上，全书中关键词直译使用频率为 91%。从图表中不难看出，意译方法的使用频率相对较低，90 个关键词，使用意译方法的仅占 9%。直译为主、意译为辅的翻译策略无疑确保了党和国家政策向世界传达的准确性，最大程度降低了国外媒体和读者误读中国政策的可能性，这也应该成为中国声音走出去的主要翻译模式。

（二）降低阅读负担，提升翻译传播效果

由于 90 个关键词涵盖范围十分广泛，表达方式活泼多样，这就决定了在选择翻译策略时，首先要分析原文中是否含有令外国读者困惑的文化信息和缩略表达等。如果遇到这类原文，还坚持采用直译法，不仅会造成读者的极大的阅读负担，也给错误解读中国政策留下了空间。通过研究《中国关键词》

（第一辑）可以发现，译者在以下三种情况下，会适当使用意译方法，实现翻译传播效果的最大化。

1. 增补、解释中国文化信息

书中所选的关键词中不乏引自中国典籍和诗词的词句，这些表达富含中国历史知识、文学典故等文化信息。

例1：治大国若烹小鲜（政治篇）

译文：Governing a large state is like cooking a small fish：it must be handled with great care.

“治大国若烹小鲜”一语出自老子的《道德经》。意思是治理大国，如同烹煮小鱼，要掌握好火候、调和好味道，不可以不断翻搅。习近平主席2013年3月接受巴西媒体采访时，引用了这句古语，意思是领导者要深入了解复杂的国情和人民的多元需求，要以“烹小鲜”的态度治理国家，丝毫不敢懈怠。这句话如果直译，不增加任何解释，就给错误偏差的理解留下了空间。国外读者就无法深入理解烹小鲜和治理大国之间的类比关系，甚至可能误解中国领导人的治国理念。通过增加解释，不仅让意义显豁，避免歧义，还有助于向国际读者推广中国古典文化。因此，翻译中国古语时，增加适当的解释成分，不仅是必要的而且是有益的。

2. 解释中国缩略语

缩略语是为便利使用，由较长的语词缩短省略而成的语词。许多中国政策方针的缩略语经过多年的传播使用，已经被中国读者很好地接受了，但对于国外读者，仍是理解的难点。因此在翻译中国缩略语时，必须进行必要的语义补充，避免造成理解的困难甚至谬误。下例中划线部分即是翻译中为帮助读者理解而增加的部分。

例2：瀛台会晤

译文：The <u>Xi-Obama</u> Meeting at Yingtai

“三严三实”

译文：The Three Guidelines <u>for Ethical Behavior</u> and the Three Basic <u>Rules of Conduct</u>

3. 与国际话语接轨

中国话语的世界表达既需要精准发声，又需要扩大读者群，提高传播效果，塑造良好的世界形象。因此，使用国际化程度较高、被广泛使用的国际话语是十分必要的翻译策略。

例 3： 打好扶贫攻坚战

译文： Alleviating Poverty

让权力在阳光下运行

译文： Greater Transparency in the Exercise of Power

翻译中，去掉了“打……攻坚战”“阳光下”的中文修辞方式，而是只传译了“扶贫”“权力透明”的实际语义，既避免了译文的冗赘，又提高了传播效率。

三、关键词释义文本的翻译

劳伦斯·韦努蒂在研究中曾将广义互文性运用到翻译实践中，认为在目的语中建立新的互文关系十分必要，即用目的语新的互文关系替代源语的互文关系，重构语境。（Venuti，2009：163）通过研读译文，不难发现直译为主、意译为辅的翻译策略不仅指导着关键词的翻译，也是指导关键词词条释义文本的一以贯之的原则。翻译中基本以句子为单位，对原句进行了直译。但由于原文中有大量含有中国语言特色、文化特色、政治特色的表达方式，因此，意译便成为必不可少且为译文大为增色的翻译方法。下面就意译方法的使用原因、使用方法和效果做一阐释。

（一）简化处理汉语重复的同义词语

重复使用同义词语，形成并列排比的词序和句序，阅读起来语气强烈，有对称排比的美感，是汉语行文中的常用方法。英文公文体用词准确直接，很少在句中重复同一词语。因此，在翻译时应适当简化汉语重复的表达，选择语义对等、表达简练精准的英文进行传译。

例 4：努力创造经得起实践、人民、历史检验的实绩。

译文：...and strive to achieve the real results that can stand the test of time.

例 5：由此开始，这一概念迅速走进公众视野并受到广泛关注。

译文：……, which soon caught public attention.

（二）大胆使用英谚

此次《中国关键词》（第一辑）翻译中，不乏大胆使用英文谚语的译例。这不仅与原文使用中文谚语的风格保持了对等，还会让读者在阅读中产生共鸣，拉近与译文读者的距离，提高中国话语的传播效率，是汉译外实践中十分积极可取的翻译尝试。

例 6：……意思就是要从自己做起，以身作则，言传身教，率先垂范。

译文：It means that only by conducting yourself honorably can you expect others to do the same, or in other words, only a good example can serve as the best sermon.

例 7：做人要实，就是要做老实人、说老实话、干老实事。

译文：Good faith in interacting with others calls for honesty in our daily life and work. We should always talk the talk, and walk the walk.

（三）断句

中文公文体句式较长，解释性部分内容较详细复杂，还会有大量的并列句和复句，这不免会成为本就对中国政策比较陌生的外国读者的阅读负担。必要的断句，如在总句和解释性成分处断句，在具体说明和总结处断句，在转折处断句，使上下文衔接更合理，主语选择更合理，都会提高译文的可读性，减低阅读理解的负担。

例 8：“三严三实”是习近平对各级领导干部改进作风提出的要求，//即严以修身、严以用权、严以律己，谋事要实、创业要实、做人要实。

译文：The initiative to implement the three guidelines for ethical behavior and the three basic, rules of conduct (the 3 + 3 Initiative) was proposed by Xi Jinping. // It calls upon officials at all levels to be strict with themselves in self-cultivation, in the exercise of power, and in self-discipline, and act in good faith when performing official duties, taking initiatives, and interacting with others.

例 9：严以用权，就是要坚持用权为民，按规则、按制度行使权力，//把权力关进制度的笼子里，任何时候都不搞特权、不以权谋私。

译文：Prudence in the exercise of power emphasizes the importance of using power in the interests of the people, and in accordance with rules and regulations. Officials are expected to keep the exercise of power within the confines of institutional checks, and neither seek privileges nor abuse power for personal gain at any time.

上面翻译实例中，均使用了断句的方法，大大提高了译文的可读性，将中国政策中的特有概念，从容轻松地进行传译。让译文以轻松可读的姿态进入读者的阅读视野，以此改变外国读者对中国政治话语刻板冗长的偏见。

（四）灵活处理汉语重复句式

中文公文体中还大量使用重复句型，形成排比句式，既体现了政策的严谨性，又表达了政策的严肃性。但在转化成英文时，有时并列句式的逻辑主语、谓语部分等并不相同，并不能使用同样的英文重复句式。因此，翻译中，还应该以保留原文语义为主，灵活地选择主语，灵活选择衔接连贯方式，来处理重复句式，而非机械复制重复句式。

例 10：严以修身，就是要加强党性修养……严以用权，就是要坚持用权为民……严以律己，就是要心存敬畏……

译文：Through self-cultivation officials are expected to……Prudence in the exercise of power emphasizes ……Self-discipline promotes……

例 11：把权力关进制度的笼子里，就是要加强对权力运行的制约和监督，形成不敢腐的惩戒机制、不能腐的防范机制、不易腐的保障机制。

译文：The move to confine the exercise of power within an institutional cage is meant to strengthen oversight of the work of the government and deter possible misuse of power by government officials. It entails establishing a mechanism that prevents, deters and punishes corruption.

（五）重建篇章衔接连贯方式

由于英汉两种语言篇章的衔接连贯方式不同，在翻译中，想要保留原文的逻辑关系和文本肌理，就要充分尊重两种语言的差异，使用英文篇章写作的方式，重新构建英文的文本衔接方式。

例 12：把权力关进制度的笼子里，就是要加强对权力运行的制约和监督，形成不敢腐的惩戒机制、不能腐的防范机制、不易腐的保障机制。这三个机制实际上就是标本兼治、惩防并举的反腐倡廉体系的制度化标准。围绕三个机制建设，中国已建立纲纪严明的制度规范，让制度发挥其应有的作用。真正做到：任何人都没有法律之外的绝对权力，任何人行使权力都必须为人民服务、对人民负责并自觉接受人民监督。

译文：The move to confine the exercise of power within an institutional cage is meant to strengthen oversight of the work of the government and deter possible misuse of power by government officials. It entails establishing a mechanism that prevents, deters and punishes corruption. Such a mechanism should provide institutional firepower to fight corruption and promote integrity, by addressing both the symptoms and root causes of corruption with combined measures of punishment and prevention. To this end, China has established an effective framework of accountability with institutional checks on corruption. It is designed to ensure that no official enjoys absolute power above the law and that all officials exercise power to serve the people, are accountable to them and accept their oversight.

上面的翻译实例中，通过使用指示代词、关系词和连词等，重建了更符合英文表达的衔接连贯方式。只有这样，译文读者才能真正了解我国政策制订和执行的逻辑思路，深入理解中国政策，增强对中国政策的认知。

四、结语

《中国关键词》（第一辑）是国际社会更好地了解当代中国的发展理念、

发展道路、内外政策、思想文化核心话语的重要窗口。为了保证这些“关键词”的准确性、权威性，项目组从筛选到确立目录，从释义到翻译，从发布到传播，都有专门、权威的专家团队参与其中，并遵循严格的标准和规范。通过细读研究本书的翻译，发现本书采用的“直译为主、意译为辅；既要精准发声，又要兼顾译文接受程度”的翻译策略。在使用意译方法时，主动简化汉语重复表达，大胆使用英谚，使用更为符合英文句法和篇章写作手法的表达方式，为构建融通中外的政治话语体系提供了有益的示范。本书应该成为翻译院系培养学生汉译外能力的重要辅助材料，总结翻译成功经验，梳理翻译思路，形成翻译合力，为中国话语的世界传播做出贡献。

参考文献

［1］李倩：《“中国关键词”：创新对外话语实践的有益尝试》，《对外传播》，2015 年第 1 期。

［2］卢敏：《如何做好中央文献翻译工作》，《中国翻译》，2002 年第 5 期。

［3］罗列、杨文瑨：《论作为国家文化战略的翻译政策——以京师同文馆的翻译活动为例》，《山东外语教学》，2015 年第 4 期。

［4］孙敬鑫：《借“中国关键词”讲好中国故事》，《对外传播》，2016 年第 2 期。

［5］滕梅：《翻译政策研究及其对当下中国的借鉴意义》，《上海翻译》，2014 年第 2 期。

［6］《中国关键词》（第一辑），北京：新世界出版社，2016 年。

［7］Venuti，L. *Translation*，*Intertextuality*，*Interpretation*［J］. *Romance Studies*，2009，27（3）：157 – 173.

文学翻译

“舍”与“不舍”之间

——《老舍翻译文学研究》的多维解读

冯智强　崔静敏*

【摘要】本文以《老舍翻译文学研究》一书为研究对象，从结构、内容以及对中译外研究的贡献等维度全面分析评价了该书的价值和意义。特别是围绕作者对译本的生存性、生产性及其文化主体性等方面的辩证取舍进行了深入探讨。并以该书为基础，结合中国译介学发展的现状，深入思考了其对中国文化“走出去”所带来的启示。

【关键词】《老舍翻译文学研究》　研究特色　价值和意义

一、引言

近代以来，中国与世界的文学交流一直在一种不平等状态中进行，如何扭转中国文学海外译介的僵局，提升国家文化影响力，这是中国文化“走出去”背景下亟待解决的一个问题。老舍曾言：“我们也是世界的一环，我们必须要使美国朋友们能够真正了解我们的老百姓，了解我们的文化。”（老舍，1999：451）在此背景下，《老舍翻译文学研究》一书的出版可谓恰逢其时。该书以老舍翻译文学为研究对象，针对老舍的“译”与“被译”进行了全面

* 冯智强（1970— ），男，教授，博士，硕士生导师，天津外国语大学中央文献翻译研究基地专职研究员，研究方向：中央文献翻译，英汉对比与翻译，中西文化比较与交流。崔静敏（1993— ），女，天津南开中学教师，研究方向：外语教学，翻译理论与实践。

考察，并从个案研究出发进而上升到译介整体的高度，提出了译本的“生产性”“生存性”等独到见解，提倡在“不舍”文化主体性的前提下兼顾译本的“生存性”和“生产性”两个重要方面，从而为中国文学译介研究开辟了一个崭新的视野，充分体现了对中国文化传播密切关注的学者担当。

二、《老舍翻译文学研究》的特色

《老舍翻译文学研究》一书深入系统，条理清晰，见解独到，发人深思。本文将从结构框架、内容以及译出研究等多个层面进行研究，深入剖析《老舍翻译文学研究》的创新之处。

（一）逻辑清晰，以历史的视角看问题

《老舍翻译文学研究》一书对老舍不同时期的文学翻译活动展开了俯瞰式介绍，框架合理，逻辑清晰，以历史的视角辩证客观地审视老舍的文学翻译活动。作者将老舍的文学翻译活动总结为“自译”和“被译”两个方面，并进一步将“自译”活动细化为国内时期和国外时期两个阶段。通过对老舍翻译文学的发展脉络进行概括总结和线性梳理，从而使读者对老舍的文学翻译活动有了更加全面清晰的把握。以老舍国内时期所译的叔本华的《论学者》为例，这一时期老舍正因为没有学历而受到齐鲁大学国学研究所同事的排挤，因此作者参照时空坐标指出“结合老舍当时的工作环境，他的翻译行为，客观上是配合教学，主观上是在借叔本华之口，回应学院体制的合法代言人对他的排挤”（张曼，2016：38）。这就使得老舍这一时期的翻译活动及其意图清晰可见，从而引导读者借助历史语境更好地理解老舍的翻译行为。同时，作者围绕老舍的“译”与“被译”这条主线展开了深入系统的多维阐释，即事穷理，凿凿有据，给译介发展带来诸多启示。例如，作者将《离婚》的老舍译本和伊文·金（Evan King）译本进行对比分析，深入思考翻译中“政治”与“审美”因素的双向制约作用，并以此为基础剖析两译本接受状况的差异，呼吁译者关注译本内在构成的“双重意义”以及“文学的外在诠释性指称”，从而实现译本的预期效果。（张曼，2016：85）

不同时期的文学被赋予不同的历史使命和特点，因此对学者活动的评价也应放置在具体的时代背景下进行考量。该书作者从历史的角度出发，结合时代语境全面客观地审视研究对象，力求对老舍的文学翻译活动做出公正合理的阐述。针对老舍不同时期的翻译实践，作者不断变换历史视角进行全面分析，定位准确，说理性强。例如在论及老舍在抗战时期创作的缺乏艺术性的“口号式宣传品”时，作者并未一味批判，而是站在历史的高度指出这种“应景”的翻译选择“决然不是跟风，而是其家国情怀所致”（张曼，2016：49）。这种论断颇为独到，同时又不失其客观公允，以历史之视角还老舍一公正合理的评价。

（二）深入浅出，深刻性与通俗性的巧妙结合

从内容构架角度来看，《老舍翻译文学研究》一书说理显而不浅，内容深而不涩，成功实现了深刻性与通俗性的完美结合。该书广泛回顾了海内外老舍翻译文学的研究成果，系统梳理了老舍 1925 年至 1955 年长达 30 年的翻译实践活动，深入阐释了时间、空间、语境以及身份等因素对老舍文学翻译所产生的影响。语言不枯燥、不僵硬，以通俗易懂的方式深刻剖析了其中所折射的问题。以本书第二章为例，该章节的研究重点是老舍国内时期的自译文学翻译，作者在多视角审视翻译文本的基础上，围绕老舍借助翻译争取汉语改造的话语权、体现个人身份、传达个人文学主张、响应时代号召等行为进行辩证分析，充分体现了作者的剖析之深、眼界之广。同时作者在此基础上进行了进一步深化和升华，高屋建瓴地将老舍的翻译个案上升到宏观理论层面，提出了保障“间性诗学”得以建构的“正义”和“团结”两大原则，强调文学的开放型特色以及中西共通的诗学意义；并深入浅出地阐述了译本的“生产性”“生存性”等独到见解，提倡在保留文化主体性的前提下对译文进行合理的调试，从而使译本在新语境中的“生存性”得以保障、“生产性”得以发挥，充分呈现中国文化“走出去”背景下一名学者的时代性思考。

衡量译介研究的深刻性一般有两项指标：一是对研究对象的挖掘深度；二是对研究问题的拓展宽度和广度。《老舍翻译文学研究》一书并没有把视野局限在老舍文学翻译本身，而是以个案为基础透视中国译介整体，从而淘沥

有益中国译介发展的箴言。本书第五章围绕老舍文学的“译”与“被译”进行全面总结，着重论述了老舍为传播中国刚性文化所进行的思想和形式上的调试，并将个案上升到理论层面，针对中国译介事业的发展开出了自己的一剂“药方”——“译者为了更好地传播中国文化，并且保持文学文本的文学性，除了以静态或者以‘接触地带’翻译理论方法看待原文与译文的关系之外，还可以把交往认知与生存性结合起来。”（张曼，2016：160）因此，翻译研究中要“既会以自己已有的图式理解和解释，又会根据他者文本的新情况调适或重建自己现有的图式”（Piaget，2003：8）。该部分将老舍文学翻译研究与中国翻译研究现状相结合，以解决现实问题为归宿，一系列远见卓识在浅显之语中娓娓道来，大大拓展了译介研究的广度和深度。

（三）打破思维定势，正视翻译的生存性

《老舍翻译文学研究》以敏锐的学术眼光、严谨的思维逻辑以及宽广的眼界视角，对老舍翻译文学实践进行全面梳理，打破了译介研究对改译行为一味批判、忽视译本在新语境中的生产性等思维定势，提出许多颇有见地的新观点，有力地填补了译介研究的空白。例如，针对伊文·金对老舍《骆驼祥子》《离婚》两部作品的改译行为，国内一直质责不断，不少学者从后殖民主义视角出发，将其视为文化霸权主义对弱国文化的侵略与操纵。然而本书作者却在肯定文化主体性的前提下，慧眼独具地为伊文·金译本进行“拨乱反正”，独辟蹊径地分析了译本改写下的善意成分，有力地弥补了中国文化“走出去”过程中所被忽略的一项思维空白——特殊条件下对翻译策略进行合理化调试的必要性问题，也就是翻译的生存性问题，称其“在知识框架之外，与有效意识形态紧密联系，不注重原则，但有自己的原则；不遵循普遍价值而遵循具体价值”（张曼，2016：162）。同时，作者还借助《骆驼祥子》中与美国梦相背离的悲剧性成分进行说理，指出伊文·金对译文的改译“一方面与美国华裔个人奋斗主题相呼应……另一方面在隙缝间积极传播汉语民族文化，即使得文本陌生化，从而引起读者的阅读兴趣”（张曼，2016：114），提倡以动态辩证的眼光考量伊文·金的改译行为。不可否认，作者的这一论述是颇具胆识和见地的。廖七一曾提出“文化准则总会使原文文本结构发生

迁移。任何一篇具体的译文永远也不可能兼顾两极，达到两个抽象极端的理想准则”（廖七一，2000：69），因此作者关于伊文·金改译行为必要性的论述是颇具启发意义的。中国文化不仅需要“走出去”，更需要“走进去”，因此在中国文学对外传译过程中，译本的主体性和生存性都是不可忽视的重要条件。在尊重文化主体性的前提下对二者进行辩证取舍，是中国文化海外传播的必由之路。此外需要说明的是，作者对伊文·金改译行为的解释并非故意为其开脱，而是在理性思考的基础上得来的，除去译本生存性的考量，作者还从译文的艺术逻辑、原文批判社会现实色彩的保留等层面进行分析论证，客观分析了伊·文金译本的合理之处。“译文必须为译语读者所接受，翻译才有意义”（赵彦春，2009：81），缺乏文化主体性的文学对于世界文学而言是累赘，而忽略对方文化准则墨守陈规的译文则是注定是早夭的苦命儿。因此出于译本生存性和读者接受性的考虑，作者对伊文·金译本的“平反”具有重要启发意义。

与此同时，作者创造性地提出了“政治里的审美”与“审美里的政治”两种观点，将政治、审美与文学的关系做了系统的阐述，并从政治与审美的辩证视角出发重新审视老舍的翻译活动，从而打破了先前研究活动的思维定势，使人们对译介发展中的政治因素有了更加客观公正的认识。此外，在本书的第三部分第三节，作者还提到了“怪译的文化性”这一问题，详细阐释了蒲爱德服务于读者的翻译行为，并对翻译中的“忠实”进行重新定位，建构了“怪译”与文化多样性的双向推动作用，在拓展译介研究视野的同时，充分展现了作者广阔的视野和缜密的洞察力。

（四）拓宽研究视野，从“走出去”到“走进去”

《老舍翻译文学研究》以老舍翻译研究为切入点，紧扣中国文化“走出去”的主题，深入翻译现象背后透视中国译介整体，对中国译出研究具有深刻启迪。中国拥有深厚的文学文化资源，但近代以来中国文学对外传播的总体效果却不甚理想，中国文化走向世界仍面临着重重阻力，这是中国文化“走出去”过程中亟待解决的一个重要问题。面对这一现状，作者以老舍翻译个案为切入点，结合中国文学海外译介现状提炼出翻译的“生存性”这一观点，指出“原文与译文并不是两个截然对立而要缩小差别的存在，而是统一于翻译实践的一体两面…因此，在翻译中得以阐明的东西既非仅仅是原文的意见，也非仅仅是翻译者的意见，而是一种共同的意义”（张曼，2016：155）。每个翻译文本都存在着“生存”这一基本诉求，译文不立，何以传声？因此在翻译过程中，“就促进语言和文化的发展而言，采取开放的态度无疑是明智的”（冯智强，2009：109）。在中国文化对外传播的过程中，作者并非一味追求对原文的“忠”，而是在合理范围内兼顾译本的具体语境和实际效果，从而使中国文化真正融入异国文化中去，在异域扎根发芽。从中国文化“走出去”到中国文化“走进去”，作者的这一观点无疑具有重要战略意义。同时，作者还指出“译者的文化前理解虽然常常会阻碍译者对异域文化的理解，从而降低了译本的生产性”（张曼，2016：131），但是文化前理解也存在积极的一面，即产生“使生产得以可能的生产性前见”（Gadamer，2004：294）。在文化多元的今天，两种文化语境的差异时刻在考验着译者的功底和操守，稍有不慎便有可能影响到翻译的整体效果。也正是这种差异给译者提供了更多互动和张力的可能性，使两种文化共同滋养出的新鲜血液源源不断地注入译文之中。因此在中国文化“走出去”的过程中，作者的这一论述无疑具有重要借鉴意义。

作者还以《离婚》和《四世同堂》两部作品的对比作为论据，充分诠释了译本的“生存性”对翻译整体的重要影响，发人警醒，惹人深思。翻译固然要体现译者的主体性，但译本的生存性也是不可忽略的一项重要因素。当文学作品辗转旅行到一个新的文化空间，就在译入语文化中拥有了新的文学生命。如同客人要入乡随俗一般，译文必须将译入国的文化语境考虑在内。如果译文超出了译入国读者的接受程度，其在译入国的生存状况可想而知。因此作者建议译者“从生存性认知层面看待原文和译文的关系”（张曼，2016：160），对二者进行合理调配，在传播中华文化和译本生存性之间找到最佳平衡点，从而实现原文、译文以及译入语语境的和谐相处。中国有句老话叫“入乡问俗”。中国文学“走出去”的过程也要充分考虑到译入国的社会和文化因素，打破对原文译文关系的纯粹化认识，在保证体现文化主体性的前提下实现译文本土化，从而使译文的生存性得以保障，进而将中国文化更好地传播出去。在致力于讲好中国故事的今天，这一观点拓宽了翻译研究的视野，兼具学术价值和战略意义，不失为“文化转向”主导下翻译研究转型的重要体现。

（五）从老舍的世界，到世界的老舍

《老舍翻译文学研究》针对老舍的翻译文学活动展开了全方位多角度的立体阐述，打破了先前学术界重老舍创作研究轻翻译研究的局面，完整真实地再现了老舍的翻译文学成就。作者对老舍主张建构中国刚性文化、体现译者主体性、推动中国文学融入世界文学整体以及借翻译争取现代汉语改造话语权等行为进行深入探讨，将老舍的翻译世界全面客观地呈现在读者面前。作者高屋建瓴地指出：“在中国比较文学史上，老舍一直没有一席之地……但是他对中西文学相互交往的见识，及其翻译行为细枝末节所折射复杂关系与力量的权衡却超越了时代，或者说走在了同时代其他作家或批评家的前面。”（张曼，2016：6）老舍翻译文学的意义已超越了翻译本身，“在效应上老舍赢得的是国家民族及其文化在海外的自尊与正气”（张曼，2016：3），高度体现了知识分子的社会担当意识。

同时作者肯定了老舍为世界文学发展做出的贡献，从微观角度转到宏观层面，全面立体地呈现一个活跃在世界文坛的老舍形象。作者探讨了老舍翻译文学为推动世界文学发展所发挥的积极作用，充分肯定了老舍在利用汉语的简洁特质改造英语繁琐语法、丰富发展世界文学等方面所做出的成绩，提倡像老舍一样“在文学的动态系统中，寻求文学交流的最大可能性”（张曼，2016：3）。从老舍的世界到世界的老舍，老舍的翻译文学活动在树立崭新国家形象、争取国际话语权等方面具有重要参考价值。

三、对中国文化“走出去”的启示

随着中国综合国力的提升，提高国家文化影响力、争取国际话语权，成为关乎国家发展的重要议题。本书以老舍翻译个案为基础，反观中国译介研究，给中国译介研究开辟了一个崭新的视野，同时也为中国文化“走出去”

带来了深刻启迪。

（一）落实文化自信，推动译介发展

文化自信是促进译介发展的内在动力，是讲好中国故事的基本保障。党的十八大以来，习近平总书记站在中华民族伟大复兴的历史高度，提出了“四个自信”的重要论述，并指出“文化自信，是更基础、更广泛、更深厚的自信”。本书作者顺应时代和历史发展的要求，肯定了老舍翻译文学实践中所呈现的文化自信，评价说：“老舍这一举动，与民国初年的文化自大不同，是建立在相互比较、知己知彼的世界性文学视野基础之上的。”（张曼，2016：6）将老舍身上所体现的文化自信勾勒了出来。同时，作者充分肯定了老舍的翻译活动和翻译动机，从作者笔下可知，老舍翻译活动的首要目的就是宣扬中国文化，通过作品外译打破西方国家对中国的偏见以及思维定势，使中国文学融为世界文学的重要组成部分。从传播中国文化的角度考量，无论作品成功与否，这种做法都是值得肯定的。如果没有讲出中国故事的底气，又怎么能讲好中国故事？讲不好中国故事，又何以奢求让中国故事走向世界？由此可见，老舍的翻译活动极具前瞻性和示范性。

作者以老舍所建构的“刚性文化”为例，指出这种刚性文化“与梁启超早期的中国文化以男性自喻不同。前者自信，根源于传统，同时接纳新的成长元素；后者自大，有根却无源”（张曼，2016：135）。因此，中国文化“走出去”更需要理性的文化自信。“一个民族的生存要不断地进行文化的自我批判，进行筛选，筛出旧的，落下的是金子。”（曾广灿 吴怀斌，1985：588）作者在书中将老舍这一自信而又虔诚的学者形象展现于读者面前，以老舍个案为基础探索中国文化传播的正确路径，积极思考如何在不引起异国文化抵触的情况下有效传播中华文化，这些无疑都是值得当今译介研究借鉴的宝贵经验。

（二）重视翻译生存性，增强译本可接受性

缺乏文化主体性的文学对于世界文学而言是累赘，忽略对方文化准则而墨守陈规的译文则是注定要早夭的苦命儿。本书作者在谈到“如何充分传播

中华文化，提升国家文化形象”这一话题时指出，“由于中国文化在美国的介绍与宣传缺乏活力，故实力无法得到真实地展现”（张曼，2016：131），因此增强中国文化影响力的关键在于“使两种文化间的距离产生生产性”（张曼，2016：131），以人们易于接受的方式推动文化的交流和传播。译入与译出两个概念具有重要差异，“前者是建立在一个国家、一个民族内在的对异族他国文学、文化的强烈需求基础上的翻译行为，而后者（译出）在多数情况下则是一个国家、一个民族一厢情愿地向异族他国译介自己的文学和文化”（谢天振，2014：7）。二者均有其意义和价值，后者对译者提出了更高要求——不仅要考虑到原文表达的充分性，更要兼顾译本的可接受性。《离婚》英译本的失败，使老舍意识到读者文化前理解的强大影响力，因此他积极根据译入国实际情况对已有图式进行合理调整，努力寻求主体性和生存性的有机结合，进而将两国之间的差异转变成一种有利资源，并取得了良好效果。此外，与《离婚》译本相对照，作者还借用《四世同堂》译本的成功来印证这一观点，并从得与失的双重维度出发来论证译本“生存性”的重要作用。作者通过一系列论述表明，翻译活动中要对读者的接受视域给予充分关照，从生存性角度出发对原文和译文进行合理调配，从而使译本在不丧失主体性的前提下更好地为读者所接受，在新语境中生产性得以充分发挥，避免做具有悲剧色彩的异域“早夭儿”。在中国文化传播处于相对弱势地位的今天，这些重大发现不失为一剂良药。

（三）加强合作翻译，提高译本生产性

针对老舍与郭静秋合作完成的《离婚》译本，作者将其失败原因归结为“没有‘设身处地’地进入他者情景与理解他者文化的法则”（张曼，2016：131），从而使译本丧失了在异域文化中的生产性；而关于《四世同堂》译本的大获成功，作者表示“蒲爱德的‘怪译’功不可没”（张曼，2016：94）。由书中可知，老舍与蒲爱德的合作关系是属于分离甚至抵抗式的。作为一名外籍译者，蒲爱德深谙美国的文化语境以及思维观念，因此在翻译中她坚持自己的“怪译”手法，本着服务读者的翻译理念，“尽可能体现语言间的差异，译文和原文之间形成共生，而非模仿与被模仿”（张曼，2016：94）。作

者的这一论断对传播中国故事具有巨大启发作用——翻译的理想状态并非是迎合读者，而是服务读者，在生产性、生存性以及主体性的辩证取舍间使译本在异国语境中的生产性得到充分发挥，从而达到传播中华文化的理想效果。查明建在论述“译者的文学视野与文学接受者的文化心态”这一话题时曾指出，“一旦个体的文学观、审美情趣和倾向与自身文化语境和接受者主体相冲突，前者往往要屈从于后者，并以接受者主体的眼光来解读自己所译介的作家作品”（查明建，1999：137）。所以在中国文化“走出去”的背景下，翻译不仅意味着文字层面的转换，更包含着文化层面的交流与融合，需要对译本进行合理调试从而实现文化交流的最佳状态，这就对翻译组织和个人提出了新的更高要求。因此，通过设立中外联合翻译机构或者采取个人间合作翻译的方式，能够有力地弥补因国籍、文化语境、经验等因素所造成的个人视野的不足，促进译者思维图示的调整，提高译本在异国语境中的生产性和价值度，从而呈现更多高质量的译文，使中国文化更好更快地传播出去。

四、结论

本书对老舍翻译文学活动进行了深入剖析，全面系统，见解独到，为读者提供了一次与老舍深入对话的机会。同时以老舍翻译个案反观译介研究整体，结合中国文化“走出去”的问题以及现实需求，提出了翻译的“生存性”“生产性”等一系列独到见解，不失为惠泽译坛的优秀之作。从文化“走出去”到文化“走进去”，中国译介研究正在经历一个重要的转折时期，当代中国学者任重而道远。

参考文献

［1］冯智强：《中国智慧的跨文化传播》，华东师范大学，2009 年。

［2］老舍：《老舍全集》第 14 卷，北京：人民文学出版社，1999 年。

［3］廖七一：《当代西方翻译理论探索》，译林出版社，2000 年。

［4］习近平：《在庆祝中国共产党成立 95 周年大会上的讲话》，《人民日报》，2016 年。

[5] 谢天振：《中国文学走出去：问题与实质》，《中国比较文学》，2014 年第 1 期。

[6] 曾广灿、吴怀斌：《老舍研究资料》，北京：北京十月文艺出版社，1985 年。

[7] 查明建：《译者的文学视野与文学接受者的文化心态——王向远对一种奇特的文学接受现象的剖析》，《中国比较文学》，1999 年第 1 期。

[8] 张曼：《老舍翻译文学研究》，上海：上海交通大学出版社，2016 年。

[9] 赵彦春：《翻译学归结论》，上海：上海外语教育出版社，2009 年。

[10] Gadamer, H. *Truth and Method* [M]. London: Continuum, 2004.

[11] Piaget, J. *The psychology of Intelligence* [M]. London: Routledge, 2003.

《凤凰涅槃》英译的对等策略研究[*]

金春岚[**]

【摘要】 郭沫若诗歌集《女神》的代表作《凤凰涅槃》是当代白话诗歌的先锋及楷模，这首诗的英译文于1978年发表在以对外传播为目的的《中国文学》（*Chinese Literature*）英文版上，在国内外获得了较好的评价。为了保存原诗的气韵，译者更多地采取了"阐释"的方法，在翻译上力求达到风格、内容及形式上的对等，更重要的是保留了诗性的特点，既符合目的语诗歌的音韵特点，也有效探索了白话诗歌翻译的节奏及诗韵。

【关键词】《凤凰涅槃》英译　英汉对照

一、引言

郭沫若是中国伟大的诗人及剧作家之一。作为现代诗歌的开拓者，他在诗歌的翻译和创作的理论与实践等方面都值得后人研究。从1917年起，郭沫若翻译了《泰戈尔诗选》《海涅诗选》《雪莱诗选》，直到1924年的《鲁拜集》，可以说是打开了帮助中国读者了解西方诗歌的一扇窗，使得歌德、海涅、雪莱及华兹华斯的诗歌逐渐得以家喻户晓。根据学者的研究统计，郭沫若作品中，诗歌翻译有240多首，其中英、德、俄及波斯语诗歌分别有60多

* 本文为2014年四川省教育厅人文社科重点研究基地"四川省郭沫若研究中心"项目结题，编号是GY2014C02.

** 金春岚，女，浙江绍兴人，博士，华东理工大学外语学院副教授。研究方向为语言学、英汉对比和翻译。

首、40多首、30多首和100多首。（赵霞、李娟，2013）从这些数据看，郭沫若是有丰富的诗歌翻译经验的诗人。

《凤凰涅槃》是郭沫若诗歌集《女神》的代表作之一，这首诗的英译发表在《中国文学》（*Chinese Literature*）英文版的1978年10月刊上。作为重要国家级刊物的《中国文学》，英文和法文版于1951年创刊，2001年停刊。在中华人民共和国成立以来，此刊物一直孜孜不倦地、系统地向国外的读者翻译和推荐中国文学作品。其中作家有五四时期的鲁迅、郭沫若和当代中国的赵树理、王蒙等；内容包括诗歌、散文、喜剧、小说等。翻译家杨宪益、戴乃迭、沙博理等都曾参与该刊的翻译工作，可以说该刊为新中国文学和中华文化的对外传播做出了巨大的贡献。从某种意义上来看，这本刊物的对外传播功能可能决定了诗歌翻译的策略的选择。就诗歌的翻译策略而言，有很多的说法，如勒弗菲尔认为主要有七种翻译策略，其中阐释（Interpretation）法包括改写（Version）和拟作（Imitation）（Bassnett & Lefevere，1998），得到了很多人的推崇。在诗歌翻译上当完全等效的翻译难以达到时，“改写”和“拟作”成了不可缺少的方法。当然，改写和拟作也不能随意妄为，尤金·奈达“动态对等”的翻译理论成为理论的借鉴（“动态对等”包括四个方面：词汇、句法、语篇和文体对等）。本文以为，诗歌的对等一方面需要风格、内容和形式达到对等，此外也需要留存原有的诗性。“诗性”的实现离不开诗歌内在的属性特点和外在的抒情要求。

郭沫若的《凤凰涅槃》一诗在20世纪20年代就闻名遐迩，因此在时隔80年后以向外传播为主要目标进行翻译，为了保存原诗的气韵，译者更多采取了阐释（Interpretation）的方法，在翻译上力求达到风格、内容及形式上的对等。

二、翻译风格对等的阐释

（一）新诗翻译风格形成的背景

五四前后，白话新诗的产生表达了人们对时代进步和发展的要求，虽然秉承追求“新意境”“新思想”的理念，希望可以打破旧的体制获得全新的发展，但是因为其建立在模仿与翻译西方诗歌的实践基础上，所以真正达到与本土实践融合还是经历了相当长的历程的。本文以为，从清末谭嗣同、梁启超等人提倡的“诗界革命”开始，有四种不同种类型的“新体诗”陆续产生。最开始的“新体诗”是将佛、儒、耶经典词汇入诗，这类“新体诗”看似在寻找新思想、新诗料和新词语，但是过分堆砌“新名词”而忽略诗的艺术特点和要求，因此很快就被抛弃。接着产生了“以旧风格含新意境”的“新体诗”，代表诗人是黄遵宪的《今别离》。诗人们试图在传统诗词的格式里来呈现新思想和新意境，被梁启超等认为这才是真正的“诗界革命”，也产生了一定的社会影响。但是此类诗歌也很难发展下去，因为“旧瓶装新酒”始终不能得到大众的推崇。继而新式歌词作为另外一种“新体诗”开始登场，如黄遵宪的《军歌》《幼稚园上学歌》等。但是作者也认为问题很多，他在写信给梁启超（光绪二十八年十一月一日函）时说“此新体择韵难，选声难，着色难”，需要“拓充之、光大之”。而最后一种“新体诗”则是以郭沫若等为代表的诗人，一开始通过诗歌翻译，继而模仿西方诗歌创作。这个过程中最重要的是他们既借鉴了西方的诗歌特征，也保留了诗歌本身的主体性及对“诗性”文化的尊重。由此，诗歌的翻译及创作虽也出现了多次的转折，但因为相对有效吸取了中外诗歌的有利因素而有了逐步的发展。郭沫若代表作《女神》就是那个时代和“五四“背景下的作品。

就诗歌写作风格而言，郭沫若几乎所有诗歌（如《女神》）的语言和思想都洋溢着一种自由狂放的风格，形式类似于中国古诗的“言志”“言情”，但内容不同，与他崇拜的惠特曼、泰戈尔有相通之处。作为现代诗歌草创阶段的引领者，郭沫若为诗歌摆脱旧诗体的限制做出了榜样，也给出理论的指导。郭沫若说道：“我想我们的诗只要是我们心中的诗意诗境之纯真的表现，生命源泉中流出来的 Strain，心琴上弹出来的 Melody，生之颤动，灵的喊叫，那便是真诗，好诗，便是我们人类欢乐的源泉，陶醉的美酿，慰安的天国。”（1985：54）这些论述虽没有形成系统，却也有助于读者理解新诗的本质，因为他不仅强调了诗情和诗意，还注重诗歌内在的特点和外在形式的结合，也就是达到了本文认为的“诗性”特征，因此为更好地赏析现代的诗歌做出了理论的铺垫。

（二）翻译风格的对等

从郭沫若在《ChineseLiterature》上发表的《凤凰涅槃》，英译基本保存了原文的风格——浪漫主义诗性风格并达到了托物言情的阐释目的。

《凤凰涅槃》原文写作于五四运动落潮时期，“五四前期”疾风骤雨式的思想启蒙式微，社会愈加黑暗，人们普遍充满苦闷和彷徨的情绪，比起前期改造社会的理想，很多有识之士转入寻求新的蜕变和重生，因此可以说《凤凰涅槃》反映了当时知识分子的思想状态和精神寄托。

《凤凰涅槃》语言不拘于时，明快自由，并运用大量比喻、排比、夸张等修辞手法。译文也保留了原文的风格，力求在英语的平行结构中找到原文所暗含的力量和气势。如《凤凰涅槃》中的一段：

你脓血污秽着的屠场呀！	You blood-besmirched slaughter-house,
你悲哀充塞着的囚牢呀！	Hell astir with capering demons,
你群鬼叫号着的坟墓呀！	Why should you exist at all?
你群魔跳梁着的地狱呀！	Hell astir with capering demons,
你到底为什么存在？	Why should you exist at all?

原本前四句使用排比来铺垫，使末尾的诅咒显得更加有力；英译变成两个两句的平行结构，形成了一种气势的推动。在英语和汉语的诗篇中，排比、反复、叠句以及同字（同词）起句效果都很明显，在不断地强调和突出激烈的情感和主题过程中，给读者以震撼的感觉。

其中的例子还有：

五百年来的眼泪倾泻如瀑。	Five hundred years of tears have streamed like a cataract,
五百年来的眼泪淋漓如烛。	Five hundred years of tears have dripped like wax from candle.
左也是漶漫，	To the right are trackless waters,
右也是漶漫，	To the left are trackless waters,

前不见灯台，	No beacon shines ahead,
后不见海岸，	No shore is seen behind,
帆已破，	The sail is torn,
樯已断，	The mast broken,
楫已漂流，	The oars have floated away,
柁已腐烂，	The rudder has rotted away,
倦了的舟子只是在舟中呻唤，	The weary boatman merely sits and moans,
怒了的海涛还是在海中泛滥。	The angry surge rolls over in the sea.

从上面几段可以看出，中英文《凤凰涅槃》的情感在凤凰的生死过程中激烈又充沛地陈述出来，诗歌的意向非常清晰且声势浩大，读者在一次次强烈的冲击下感受到了重生之苦乐掺杂。尽管语言有差异，但诗歌的思想深刻地表现出来，成功地运用了象征手法：用“凤凰”象征“永生的中华民族”，先抑后扬，炽烈地体现了“五四”革故鼎新的精神。柯尔立治在《诗的定义》中说：“（诗的风格方面）使我产生不寻常的印象的，是那一种深刻的感觉与深奥的思想的结合；是在观察中所见到的真实，与想象力的可以修改被观察事物的那种才能，它展开音调和气氛，以及环绕着形象、事件和情境的理想的世界的深度与高度……”（1984：60）

诗歌翻译中，语言的差异导致原文和译本的音韵节奏的表现方式上有很大的差异，因此如何在译诗中弥补原诗音乐性的削减以及如何在译诗中再造新的音韵节奏，都是译诗音韵研究必须面对的问题。《凤凰涅槃》中英版本都非常讲究韵律，一方面保存了白话诗歌的节奏及特征；另一方面也重视西方诗歌的音韵特点，因此读起来朗朗上口，节奏明朗且有力。诗歌的风格不同寻常，而诗性也自然而然表现出来了。

三、翻译内容对等的阐释

（一）标题的对等

汉语的“凤凰”与英文的“Phoenix”在文化上有差异，因此为了更好地达到中英文的内容对等，在翻译的第一段译者做了解释：

> In Arabia in ancient times there lived a magical bird, the Phoenix. When it had reached the age of 500 years, it made a pyre of fragrant wood and immolated itself. Then from the dead ashes it returned to life never to die again with a fresh and extraordinary beauty.
>
> Now, this bird may well be the Feng-Huang bird of China. The Feng is the male, the Huang the female. In the Kung Yen Tu (The Sage's Interpretations of the Books of Changes) we read: " The Feng-Huang is the essence of fire; it is born on Mount Tanhsueh. " According to the dictionary KuangYa: "As to the Feng-Huang... the cry of the male bird is jig-jig; that of the female jug-jug.

《凤凰涅槃》英文版一开始，解释了西方传说中的“不死鸟”，之后再介绍中国的凤凰，以及两者可能的相似性。这样解释，是因为西方人不一定了解不死鸟与中国凤凰的关系，另外也是因为在中国古代的神话传说中并无凤凰浴火重生的说法。西方却有很多类似的记录。公元前 8 世纪希腊诗人赫西俄德说起过“不死鸟”（赫西俄德，2010）；罗马诗人奥维德（Ovid）也描述“Phoenix”为不死鸟（钱伟，2011）。因此在英文版《凤凰涅槃》中，以西方不死鸟的传说为素材，通过“凤凰涅槃，浴火重生”的故事，表达了希望革新、去旧存新的思想。凤凰的形象象征中华民族，也可以说是自然万物，也可以说是诗人自身。

此外，对“涅槃”的理解也不尽相同。“涅槃”（nirvana）源于佛教，大致可以看出是梵语的音译。随着佛教与中国文化的结合，“凤凰涅槃”也就为国人所了解。因此《凤凰涅槃》很容易被理解为期盼民族觉醒、获得新生的宣言；是获取年轻自我及自然力量的宣言。译本借助《易经》把“凤凰”和“涅槃”分别与“Phoenix”和“the essence of fire”联系到一起；还有加上的《广雅》中对凤凰发出的声音的解释——“凤凰，雄鸣曰即即，雌鸣曰足足”，为目的语的理解提供帮助。

（二）意境的对等

郭沫若《凤凰涅槃》的写作明显受到泰戈尔诗歌意境的影响，他创作

《岸上》时，就直接引用了泰戈尔长诗《吉檀迦利》中的四行诗：“无际的青天静临，不静的海水喧豗。无穷世界底海边群儿相遇，叫着，跳着。”（泰戈尔，1986：49—50）

泰戈尔诗歌意境是天地与人是同一的，如《吉檀迦利》第36首：“我的主啊，这是我对你的祈求——请铲除，铲除我心里贫乏的根源/赐我以力量，使我轻易地承受欢乐与哀伤/……赐我以力量，使我永不抛弃穷人，永不向威武屈膝/赐我以力量，使我的心灵超出于日常琐事之上。”（泰戈尔，1986：49—50）第35首：“在那儿，心灵是无畏的，头是昂得高高的／在那儿，知识是自由自在的／在那儿，世界不曾被狭小家宅的墙垣分割成一块块的／在那儿，语言文字来自真理深处／在那儿，不倦的努力把胳膊伸向完善／在那儿，理智的清流不曾迷失在积习的荒凉沙漠里／在那儿，心灵受你指引，走向日益开阔的思想和行动——我的父啊，让我的国家觉醒，进入那自由的天堂吧！”（泰戈尔，1986：49—50）在这些诗中，我们可以看到世间万物和人之心灵融为一体，表达心中清晰的完美世界和理想乐园，而这也是《凤凰涅槃》所追寻的精神。

《凤凰涅槃》全诗是六章“诗剧”形式。全文在不同的诗行中随情绪的变化，自由地组织诗句，或排比，或反复，或叠句，一任情绪的驱使，毫不顾忌旧诗词的种种约束，因此这也可以称为“诗剧”的形式的开端吧。全诗第一章“序曲”写凤凰自焚前的情形。“凤歌”一章中凤以粗犷雄壮的歌喉，带着愤恨的感情去诅咒现实世界；接着在“凰歌”中，控诉了旧世界给人们带来的痛苦；“凤”和“凰”都是旧世界的叛逆者，“冷酷如铁”“黑暗如漆”“腥秽如血”的“茫茫宇宙”是它们所不得不面对的，因此它们诅咒这旧宇宙，把它比作“屠场”“囚牢”“坟墓”“地狱”，并质问它“为什么存在”。《凤凰涅槃》英译中，宇宙的万物和自我情感是融会在一起的，也形成一种万物同源、和谐一致的场景。一方面表现诗人与国民融合为一的愿望；另一方面有与宇宙世界共存亡的气概。

英译《凤凰涅槃》中，“冷酷如铁”“黑暗如漆”“腥秽如血”的“茫茫宇宙”，旧宇宙是“屠场”“囚牢”“坟墓”“地狱”，并质问它“为什么存在”等最主要的内容几乎完全被直译过来，变成“cruel as iron”“sombre as lacquer” “rank as blood” “blood-besmirched slaughter-house” “Hell astir with capering demons”，但如下所示，其与国民同命运、与宇宙同呼吸的气势一点儿没有减少：

Vast is the universe，cruel as iron.
Vast is the universe，sombre as lacquer.
Vast is the universe，rank as blood.

You blood-besmirched slaughter-house，
Hell astir with capering demons，
Why should you exist at all?

1922年，闻一多在《〈女神〉之时代精神》一文中开篇就断定《女神》之“新”，即《女神》的独特性正在于它的惊心动魄的精神风格，使现代的诗歌与那个伟大时代相一致。闻一多认为《女神》中那个炫新耀奇的自我并“不是这位诗人独有的，乃是有生之人，尤其是青年们所同有的”（1923：6）。“五四”狂飙突进的时代精神与改革开放的年代虽相去甚远，但是仍旧契合《凤凰涅槃》的英译传播的目的，这表现在继承原诗内容的彻底的反叛旧社会的精神和发扬强烈的爱国主义思想上。

《凤凰涅槃》的中英文版都体现了诗性的内涵，如渥兹渥斯所言：“诗人的眼睛对于天上和地下的东西无所不看，他的精神特质把他的笔头所迅速描述的东西都能体现出来。对于以创造性的活动潜入对象中心的幻想，应该用什么来说明它的特点呢了想象力，按下面这一类诗的标题的意思来说，是和存在于我们头脑中的、仅仅作为不在眼前的外在事物的忠实摹本的意象毫无关联。它是一个更加重要的字眼，意味着心灵在那些外在事物上的活动，以及被某些特定的规律所制约的创作过程或写作过程。”（1984：42）

四、翻译形式对等的阐释

中国古诗的“音韵美”主要体现在平仄和押韵上，现代诗歌也有内在的音乐性。在郭沫若的诗歌里，在没有严格的旧诗格律的前提下，读者仍旧可以读出诗感和节奏，一改现代诗歌过于散漫和自由的印象。《凤凰涅槃》从内到外都整齐统一，其英译也同样表现突出。

仔细研读中英版《凤凰涅槃》可以发现，虽没有严格的格律，但起伏的节奏使之不再散漫，而变得规范。这里的节奏不是指诗歌的音乐性，而是组成诗节的每个诗行顿数相同或相近，因而使每节诗都体现了节奏的统一，使得诗行在规律的变化中产生和谐的韵律。这些与朱光潜先生在《诗论》中谈到语言的节奏与音乐的节奏（1984：132）的观点非常相似：

> “诗是一种音乐，也是一种语言，音乐只有纯形式的节奏，没有语言的节奏，诗则兼而有之。语言的节奏。它是三种影响合成的。第一是发音器官的构造。呼吸有一定的长度……呼吸一起一伏，每句话中的各字音的长短轻重也不能一样。其次是理解的影响。意义完成时的声音须停顿，意义有轻重起伏时，声音也随之有轻重起伏。这种起于理解的节奏为一切语言所公有。第三是情感的节奏。情感的起伏，声音也随之起伏，情感有往复回旋，声音也随之往复回旋。”

中英版《凤凰涅槃》语言的节奏非常明显，各种声音、顿挫等往复回旋，如《凰歌》一节的开场：

足足！足足！足足！	Jug-jug, jug-jug, jug-jug,
足足！足足！足足！	Jug-jug, jug-jug, jug-jug,
五百年来的眼泪倾泻如瀑。	Five hundred years of tears have streamed like a cataract,
五百年来的眼泪淋漓如烛。	Five hundred years of tears have dripped like wax from candle.
流不尽的眼泪，	Unceasing flow of tears,
洗不净的污浊，	Filth that cannot be washed away,
浇不熄的情炎，	Flame of passion that cannot be extinguished,
荡不去的羞辱，	Shame that cannot be cleaned,
我们这缥缈的浮生，	This shadowy life of ours,
到底要向哪儿安宿？	Towards what haven is it drifting?

下面的例子也可以读出清晰的节奏：

昕潮涨了	The tide of dawn has risen,
昕潮涨了，	The tide of dawn has risen,
死了的光明更生了。	The light that died is born anew.
春潮涨了，	The tide of spring has risen,
春潮涨了我们更生了。	The tide of spring has risen,
死了的宇宙更生了。	The cosmos that died is born anew.
生潮涨了，	The tide of life has risen,
生潮涨了，	The tide of life has risen,
死了的凤凰更生了。	The Feng and Huang that died are born anew.
凤凰和鸣	FENG AND HUANG TOGETHER
我们更生了。	We are born again,
我们更生了。	We are born again.

本文以为，“诗性”是由诗歌内在的属性和外在的抒情共同表达出来的。而其内在的属性常常存在于内在结构和音乐节奏中；而外在的抒情体现在把意象和联想附在象征和通感之上，继而产生各种不同的艺术表现手法，抒发人与外部世界的各种关系。《凤凰涅槃》的内容是狂飙突进的，但是在诗歌的形式和翻译上，诗性也体现在形式约束美和节奏的规范性上。郭沫若在1923年7月翻译了波斯诗人莪默伽亚谟的101首诗，并在译诗前加了很长的引言，阐明了他所翻译的诗歌的原则（郭沫若，1922：11）：

“‘鲁拜集’（Rubaiyat）的原名本是鲁拜（Rubai）的复数。鲁拜这种诗形，一首四行，第一第二第四行押韵，第三行大抵不押韵，和我国的绝诗相类似。‘鲁拜集’的英译，在费慈吉拉德之后，还有文费尔德（E. H. Whinfield）、朵耳（N. H. Dole）、培恩（J. Payne）等人的译本，对于原文较为忠实，但作为诗来说，远远不及费慈吉拉德的译文。原文我不懂，我还读过荒川茂的日文译品（见一九二〇年十月号的‘中央公论’），说是直接从波斯文译出的，共有一百五十八首。我把它同费慈吉拉德的英译本比较，它们的内容几乎完全不同。但是那诗中所连贯的情绪，大体上是一致的。翻译的功夫，做到了费慈吉拉德的程度，真算得和创作无异了。我的译文又是英文的重译，有好几首也译得相当满意。读者可在这些诗里面，看出我国的李太白的面目来。”

从诗人的自述中可以看出，他一直认为诗歌的翻译不是简单的内容传递。具有形式约束美的译诗，比一般的自由译体更能给中国现代诗歌的发展提供资源，只可惜《鲁拜集》翻译的影响力远没不及泰戈尔诗歌的翻译，而且当时现代诗的作者或者译者也没有很好地吸纳郭沫若等《鲁拜集》译作的形式因素，否则现代诗的艺术成就会截然不同吧。

五、结语

在诗歌翻译中，“对等”的原则非常重要。好的诗歌翻译不仅仅是语言的传达，也需要达到同等的语用和文化功能，因此诗歌翻译需要更加灵巧和敏锐的译感，才能达到动态对等，因为诗的灵魂从来就不是单单是在表层上。奈达提出“动态对等”原则要求准确地在目的语中再现源语的文化内涵的功能。卡特福德（J . C. Catford）提出了篇章等值（textual equivalence）概念，认为：“翻译可作如下定义：一种语言（原语）的篇章材料用与其等值的另一种语言（译语）的篇章材料来替换。”（Catford：1965）所谓篇章等值就是“经观察被认为是与所涉原语形式（篇章或篇章的部分）等值的任何译语形式（篇章或篇章的部分）”（Catford：1965）。根据 Bassnett 提出的文化功能等值的观点，翻译对等研究的重心逐渐从词汇句法和语篇组织层面转向语用文化层面，要求目的语文本在目的语文化中承担其功能的方式与原文本在原语文化中发挥或承担的功能方式一致。（Bassnett & Lefevere：1998）

就《凤凰涅槃》一诗而言，其产生的背景与白话新诗理论和实践是基本同步的。因此那个阶段诗歌发展的道路以外国诗歌为蓝本，这多少反映了当时中国知识分子文化心理和渴望创新的思路。但是当诗歌创作及翻译发展到一定阶段后，人们会发现，单纯地借鉴外国语言表达特点是很难实现本土化的。排除语言的差异因素，诗性的体会和把握乃至赏析是不能被忽略的，这也许就是《凤凰涅槃》英译为人称颂的原因吧。

闻一多的诗论非常有道理，他这样评价郭沫若的译文："翻译底程序中有两个确划的步骤。第一是了解原文的意义，第二便是将这意义形之于第二种（即将要译到的）文字。在译诗时，这译成的还要是'诗'的文字，不是仅仅用平平淡淡的字词一五一十地将原意数清了就算够了。"（1922：5）闻一多讨论郭沫若的译诗，不仅指出其译诗的问题，而且指出译诗的再创造性和译诗语言的诗化本质，后者也是本文认为的"诗性"所在。在他看来，译者把原本开放在异质文化土壤中的花朵移植到了译语文化中，优秀的译者更是把原作者创造的花瓣在新的文化语境中拼凑成同样美丽动人的花朵。《凤凰涅槃》的译文更重要的是保留了诗性的特点，这与郭沫若的诗歌创作讲究韵律是分不开的。因此可以说，他的译作有效探索了白话诗歌翻译的节奏及韵律特征，为"诗性"的保存做出了理论和实践的贡献。

参考文献

[1] 郭沫若：《莪默伽亚谟诗的诗·小引》，《创造季刊》，1922 年第 11 期。

[2] 郭建中：《当代美国翻译理论》，武汉：湖北教育出版社，2000 年。

[3] 赫西俄德：《神谱》，王绍辉译，上海：上海人民出版社，2010 年。

[4] 刘若端：《十九世纪英国诗人论诗》，北京：人民文学出版社，1984 年。

[5] 钱伟：《析凤凰与 phoenix 在中西文化中的异同》，《语文学刊》，2011 年第 7 期。

[6] 泰戈尔：《吉檀迦利（献诗集）》，吴岩译，上海：上海译文出版社，1986 年。

[7] 闻一多：《莪默伽亚谟之绝句》，《创造季刊》，1923 年第 2 期。

[8] 闻一多：《女神之时代精神》，《创造周报》，1923 年第 3 期。

[9] 杨匡汉、刘福春：《中国现代诗论》（上），广州：花城出版社，1985 年。

[10] 朱光潜：《诗论》，北京：生活·读书·新知三联书店，1984 年。

[11] 赵霞、李娟：《郭沫若与五四时期的诗歌翻译》，《兰台世界》，2013 年第 1 期。

[12] Bassnett, S. & Lefevere A. *Constructing Cultures-Essays on Literary Translation* [M]. Philadelphia: Multilingual Matters, 1998.

[13] Catford, J . C. *A Linguistic Theory of Translation* [M]. London: Oxford University Press, 1965.

[14] Kuo Mo-Jo. The Nirvana of the Feng and Huang. *Chinese Literature*.《中国文学》[J]. Beijing: Foreign Languages Press, 1978, (10).

文化翻译观视域下《楚辞》书名英译研究

姚钧昆　郦　青*

【摘要】《楚辞》对我国语言文学发展有着深远影响。《楚辞》翻译对于我国文化交流及传播意义深刻。近年来，许多学者纷纷对《楚辞》英译进行研究，但对《楚辞》书名及篇名的翻译研究并不多。本文选取了15种《楚辞》书名英译，在文化翻译观视域下，结合《楚辞》作品内涵，尝试探讨《楚辞》书名英译及其翻译策略，以增强《楚辞》这一典籍在译语文化中的可识别性，更好地传播中国优秀文化。《楚辞》书名英译需以译语读者为中心，音意结合，既让读者初读题目就能了解《楚辞》的内容和主题，又能尽量保留中国元素。

【关键词】《楚辞》书名英译　文化翻译观

一、引言

在全球化背景下，国际间经济与文化交流日益增多。习近平总书记在中共十九大的报告中指出要“讲好中国故事”，“让中国故事走出去”。要讲好中国故事，少不了中国典籍。中国典籍是民族价值的核心，而典籍翻译对中国文化的传播以及世界文化多样性发展有着不可或缺的意义。

《楚辞》对我国语言文学发展有着深远影响。《楚辞》的翻译已有近20个版本，包括陈君朴、李葳葳、吴洁敏、朱宏达、吕叔湘、卓振英、许渊冲、

* 姚钧昆，男，浙江工商大学外国语学院，研究生在读；研究方向：翻译理论与实践。郦青，女，浙江工商大学外国语学院，教授，博士，硕士生导师；研究方向：汉英语对比研究、典籍英译。

杨宪益和戴乃迭夫妇、孙大雨、王恩保、丁祖馨、Burton Raffel（伯顿·拉斐尔）、Burton Watson（伯顿·沃森）、Stephen Owen（宇文所安）、David Hawkes（大卫·霍克斯）和 Arthur Waley（阿瑟·韦利）等。（王宏印，2011）近年来，许多学者对《楚辞》英译进行了探讨，但鲜有人探究《楚辞》书名的翻译。

书名及篇名翻译的重要性不言而喻。“标题是文章的眼睛，是传神之笔；书名是一本书的灵魂，使之不朽。”（唐述宗，1999，2：85）“书名是识别书籍的重要标志；书名的‘音、形、意’所传递的信息共同构成一个整体，形成明确的标识，使书籍能很快从其他书籍中被识别出来。”（刘文丽，2010，11：55）鉴于此，本文搜集了15种《楚辞》书名英译，在译文对比研究的基础上，尝试运用文化翻译理论，探讨“楚辞”篇名的英译策略。

二、文化翻译观

20世纪20年代到60年代，语言学家们尝试确定翻译的最基本单位，分别有词素、字、话语、句子、段落和语篇。（李康熙，2012，6：157）80年代出现的翻译文化派理论认为，翻译应从语篇转向文化，即“文化转向”，因为语言与文化密不可分。（Lefevere，1992）

Bassnet（巴斯奈特）在Snell-Hornby观点的基础上具化了文化翻译观的含义：1）译者在进行翻译实践时，应将文化视为翻译的基本单位，切勿将思维限于语篇；2）翻译不只是一个简单的解码—重组过程，译者需意识到这是一种交流行为；3）翻译应该追求源语文本在译语文化中功能上的等值，而不拘泥于描述源语文本；4）翻译的原则与规范应随着不同时间调整变换，借此满足文化本身的需要，以及特定文化中不同群体的需要。（廖七一，2004：362，365，383。）她强调，翻译其实是文化内部与文化间的交流活动，翻译等值其实是源语与译语在文化功能上实现等值。（Bassnet，2002）本文将在文化翻译观视域下，对《楚辞》书名的英译进行对比研究。

三、《楚辞》篇名译文对比研究

屈原（公元前 339 年?—公元前 278 年?），战国时期伟大诗人，楚国大臣。因力谏君王而遭流放，自沉于汨罗江，其崇高的爱国情怀得到后世人民的缅怀。“楚辞”被认为是战国时期以屈原为代表的诗人创作的一种文体。作为一种新文体，它具有独特的内容、结构、写作技巧、语言形式和措辞。（褚斌杰，2002：163）我们将分别从“楚”和“辞”两字入手，对“楚辞”的英译展开讨论。

（一）“楚”的定义及其英译比较

西汉时期，刘向将屈原、宋玉等人的作品选辑成集并命名为《楚辞》。在《东观余论 · 校定楚辞序》一书中，黄伯思有言：“盖屈宋诸骚，皆书楚语、作楚声、纪楚地、名楚物，故可谓之《楚辞》。”（林家骊，2015：2）“楚”与《楚辞》故事的发生地息息相关。楚国早于秦国，全盛期疆域覆盖了今湖北全省和陕西、四川、河南、湖南、江西、安徽、江苏、浙江、山东等省部分地区，政治影响更及于广西、云南等省，为列国之首。（黄德馨，1980：92）《楚辞》强烈的抒情效果受益于楚地音乐的影响，让读者沉浸于其美妙的韵文与诗体中。

根据所收集的译作，“楚”的英译主要有以下几种：

（1）音译

译文	译者
Words of Ch'u（1984）	Burton Watson
The Chu-ci："Lyrics of Chu"（1996）	Stephen Owen
The Elegies of Ch'u（2002）	吕叔湘
The Verse of Chu（2006）	卓振英
Songs of Chu（2007）	吴洁敏、朱宏达
Chu Songs（2012）	陈君朴
the Songs of Ch'u（2012）	李葳葳

作为书名，翻译应尽量简洁，音译无疑是最合宜的处理方式，但音译本

身存在的不足也是显而易见的。Chu 或 Ch'u 到底是什么，指朝代、国家还是其他？英语读者恐怕无法识别其指称意义，甚至还会产生曲解。因此，专有名词仅仅音译似乎是不够的。

（2）凸显“楚”的地理位置

译文	译者
Ch'u Tz'u, the Songs of the South（1959）	David Hawkes
Poetry of the South（1994）	许渊冲

以上两种译文均突出了楚国的地理位置。霍译用叠加法对“楚”进行翻译：一个音译为 Ch'u，另一个用意译 the South，对前者做进一步的阐释。许译直接意译为 the South，其地理位置指称相对较宽泛。

（3）凸显“国”之政治概念

译文	译者
Elegies of the Land of Ch'u（1919）	Arthur Waley
Elegies of the State of Chu（2001）	杨宪益、戴乃迭

如果说，上一译文侧重“楚”的地理概念，那么，此译文更侧重“楚”的政治概念。《楚辞》散发着强烈的爱国情感。译文中“楚”这一国家载体与《楚辞》主题不谋而合。Arthur Waley 和杨宪益、戴乃迭夫妇分别用了 land 和 state。在指称“国家”概念时，两个单词的内涵意义不同。land 包含一种浪漫的诗情，也更具文学色彩与艺术表达力。而 state 则更侧重政治或者国家机构意义的表达。《楚辞》充满了屈原浓厚的家国情怀，“楚”不仅仅是政治上的国家概念，同样也是作者抒情的对象，是作者笔下的“家园”。因此，land 一词的选用与《楚辞》的浪漫主义、高度的爱国情怀更为契合。

从上述三种情况来看，“楚”的译法可分为三类：音译、音译加意译、意译。这也是专名常用的几种翻译方法。

（二）“辞”的定义及其英译比较

“楚”是《楚辞》故事的发生地，而“辞”是一种文体，强调诗体，包括句子结构以及独特的韵律。（陈巧萍，2014：25）荀子曰：“辞也者，兼异实之名以论一意也。”辞指组合可以表达相异名实的字，成文以表达意思。先秦时期，“辞”还不是一种文体，仅代表那些包含楚地风格的文学作品。西汉时期，刘向为屈、宋诸人作品集定名为《楚辞》。（林家骊，2015：2）在“楚辞”这一书名中，“辞”是通名。

《楚辞》的作者屈原、宋玉等人生活在秦朝吞并包括楚国在内六个诸侯国的时代，对楚国的毁灭充满了悲愤。他们为人刚正不阿，怀才不遇，最终落得仕途不顺、悲凉凄惨的下场。《楚辞》的主题既昭示了诗人悲惨的命运，也表达了他们“对国家前途的担忧、对楚国黑暗政治的愤慨、对楚军将士浴血御侮的赞颂、对自己怀才不遇的郁苦，以及对人民水深火热生活的悲叹”（王晋建，2004：16－18）。

在异域文化与文学中，“辞”这一文体并不存在。Bassnet（2002：53）指出，任何翻译中都会出现不可译现象，这主要因为译语相关文化元素的缺失。不同文化的读者会依据自身所处文化的特征来理解源语词汇，这种理解是对读者所处文化的映射。她认为（同上），读者与源语文化关联越紧密，越容易理解源语词汇的含义；反之，则越难。

根据所收集的译本，“辞”的英译主要有以下几种：

（1）译为 songs

译文	译者
Ch'u Tz'u, the Songs of the South: an Ancient Chinese Anthology (1959)	David Hawkes
The Songs of the South — An Anthology of Ancient Chinese Poems by Qu Yuan and Other Poets (1985)	David Hawkes
Songs of Chu (2007)	吴洁敏、朱宏达
Chu Songs (2012)	陈君朴
The Songs of Chu (2012)	李葳葳

1959 年，David Hawkes 出版了 *Ch'u Tz'u, the Songs of the South: an Ancient Chinese Anthology*；1985 年，他又通过企鹅出版社出版了改译版 *The Songs of the South-an Anthology of Ancient Chinese Poems by Qu Yuan and Other Poets*。这也是《楚辞》最早的两个全译本。书名都将“辞”译作 songs。继霍克斯之后，

吴洁敏、朱宏达、陈君朴和李葳葳对“辞”英译采取了同样的方法。

有学者认为，songs 作为“辞”的处理方式有一定的道理，因为《楚辞》一书以诗歌为主，而在我国文学史上，“诗”与“歌”常常互换使用。尽管如此，“诗”和“歌”还是不一样。查阅陆谷孙先生主编的《英汉大词典》，我们发现，songs 不仅指歌曲，也指诗歌、韵文，主要是指“押韵短诗”（2007：1918）。《楚辞》中所收录的作品都较长，不能称为“押韵短诗”；songs 会让读者联想到音乐，而《楚辞》中诸如《离骚》《九章》等诗歌并不用于演唱，而是用来吟诵的。上述篇章摒弃了诗歌的“演唱功能”，达成“诗与乐的分离”，促使文学一步步演变为独立的艺术形态。（李炳海，2004，142：93—96）据此，songs 并非是“辞”最恰当的英译。

（2）译为 elegies

译文	译者
Ch'u Elegies（1957）	ArthurWaley
Elegies of the land of Ch'u（1919）	ArthurWaley
Elegies of the State of Chu（2001）	杨宪益、戴乃迭
The Elegies of Ch'u（2002）	吕叔湘

Arthur Waley 在 *A Hundred and Seventy Chinese Poems*（1919）和 *The Nine Songs: A Study of Shamanism in Ancient China*（1957）中选用 elegies 英译“辞”。随后，部分学者，如杨宪益与戴乃迭夫妇、吕叔湘等也选用了该英译。Elegy（挽歌）在英语中是一种严肃、正式的诗体，源于希腊，通常“颂扬英雄，追忆亡魂，沉思死亡，进而玄想，直入神明的奥堂”（张思齐，2008：133）。

维基百科认为：“楚辞风格华美浪漫、感情激越奔放，内容多写神话、个人情志与想象”；“楚辞受南方民族性的影响表达方式热情而浪漫，内容充满宗教色彩”。可见，《楚辞》中并非所有选文都表达了哀伤、惋惜之情。因此，将“辞”译作 elegies 有以偏概全之弊。

（3）译为 verse

译文	译者
The Verse of Chu（2006）	卓振英

Verse 不仅可以指一般意义上的诗行，也可以特指某类诗歌。以楚地爱国诗人屈原为核心，《楚辞》中许多篇幅都生动描述了先秦楚地的社会习俗及风土人情，无不透露出浓浓的当地方言特色，以“兮”字句见长。可见，英译 The Verse of Chu 能强调《楚辞》作为先秦楚地作品的地位标识，实为妙译。

（4）译为 words

译文	译者
Words of Ch'u（1984）	Burton Watson

Words 可以指言辞、歌词、演员的台词、争论等。如将“辞”理解为“言辞”，其意义未免太过宽泛；如解释为“歌词”似也不妥，因为《楚辞》绝大多数选文早已丧失了演唱功能；而 word 的其他含义更是与“辞”大相径庭。Burton Watson 这一英译有失考量。

（5）译为 poetry

译文	译者
Poetry of the South（1994）	许渊冲

Poetry 不失为中规中矩的译文。遗憾的是，该词无法体现《楚辞》的浪漫主义和宗教色彩，未能传达其文化上的含义。

（6）译为 lirics

译文	译者
The Chu-ci：“Lyrics of Chu”（1996）	Stephen Owen

Stephen Owen 用 lyrics 翻译“辞”，想必是因为《楚辞》是中国历史上首部浪漫主义诗歌总集。遗憾的是，这一英译虽突出了浪漫主义色彩，但仍难掩其瑕。Lyrics 一词容易造成不必要的联想，甚至误解。英语复数形式 lyrics 不仅指抒情类诗歌，也指流行歌的歌词或音乐喜剧的台词。这类歌词或台词

相对比较轻快明亮，这与《楚辞》悲伤、惋惜的主题背道而驰。读者在对《楚辞》进行深入了解之前，极有可能误认为《楚辞》是楚地一种轻快的民乐。可见，将“辞”译为 lyrics 并不妥当。

（7）音译

译文	译者
Ts'ou Tze（1996）	孙大雨
Chuci（1994）	王恩保
Chuci（1986）	丁祖馨、Burton Raffel

孙大雨、王恩保、丁祖馨和拉斐尔在“辞”的英译处理上，都选择用音译 Tze 或 ci。作为书名中通名的组成部分，音译远非意译更为妥当。在英语文学文化中并不存在“辞”这一文体，因此，应尽量选择一个与译语文化中现存的、最相似的文体词汇进行匹配，以助译语读者理解。单纯从通名翻译原则出发，poetry、lyrics、words、songs、elegies 和 verse 都是可行的。但正如上文分析，考虑到《楚辞》的主题，前五种译文都显得不尽如人意。

四、“楚辞”英译比较

如上所述，“楚”与“辞”分别具有其特定的含义和信息。每一个信息在翻译中的缺失或是误译都会造成译语读者理解上的障碍。针对“楚辞”英译，笔者将在下文着重从译词、文化信息传递及信息传递的充分性、专有名词的英译原则等方面展开对比分析。现将“楚辞”十五个英译列表如下：

译文	译者
Chu Songs	陈君朴
The Songs of Chu	李葳葳
Songs of Chu	吴洁敏、朱宏达
The Elegies of Ch'u	吕叔湘
The Verse of Chu	卓振英

（续表）

译文	译者
Ts'ou Tze	孙大雨
Chuci	丁祖馨、Burton Raffel
Elegies of the State of Chu	杨宪益、戴乃迭
Chuci	王恩保
Poetry of the South	许渊冲
Words of Ch'u	Burton Watson
The Chu-ci："Lyrics of Chu"	Stephen Owen
Ch'u Tz'u, the Songs of the South：an Ancient Chinese Anthology	David Hawkes
The Songs of the South — An Anthology of Ancient Chinese Poems by Qu Yuan and Other Poets	David Hawkes
Ch'u Elegies	Arthur Waley
Elegies of the land of Ch'u	Arthur Waley

在查阅“辞”所包含的意义后发现，verse 是其中最接近“辞”的英译，指“诗、韵文”（Hornby, 2014：1674）。根据陆谷孙先生主编的《英汉大词典》，verse 有诗体之意，也包含了音乐的成分，十分符合“辞”侧重句子结构和押韵这一特点。其他英译版本，如上文所述，都未能充分体现或未能完全体现这一信息。因此，在选词的精确性上，卓译 The Verse of Chu 更贴切，更胜一筹。

唐述宗（1999）提出，标题英译要“追求雅趣的原则”，即标题英译既应高雅，又该具备一定的情趣，万不可只重视华丽辞藻，要尽量使译文引发读者的共鸣。此外，文化翻译观也要求翻译在源语与译语中实现文化功能等值。

作为书名这一特定的名称，《楚辞》在结构上由“楚”（专名）和“辞”（通名）组成。“楚辞”是一个特定的名称，也是专名。专名用来指称独一无二的人、物、事件或地方，具有指称的唯一性。通名是指通用名称，用来指称某一类事物以及其中特定的一个。专名主要采用音译、意译或两者结合的方法，通名主要采用意译。

从信息表达的全面程度上，我们认为，《楚辞》作为中国最重要的古籍之一，也是中国诗歌与文学的来源之一，其书名的英译需包含译语读者识别的中国元素。熊欣（2014，27：39）认为，音译不仅能保留源语文化也能给受众传递真实的信息，而中国特色词的音译加上注解更利于译语读者的识记和传播，这也是《楚辞》篇名英译的目的。结合以上几个因素进行综合考量，the verse of Chu 是其中最符合《楚辞》书名意义传达的英译。因而，我们认为，作为书名，《楚辞》可以尝试在该英译后面加上更详细的副标题作为注解：*The Verse of Chu — An Anthology of Ancient Chinese Poems by Qu Yuan and Other Poets*。

五、结论

中国古籍书名的英译并不容易，既要让译名简洁明了，又要体现充足的文化信息。根据对以上 15 种英译的对比分析，我们认为，《楚辞》书名的英译较妥当的方法为音译和意译相结合。这既易于读者理解、识别中国古籍信息，又能兼顾书名英译在保留文化内涵基础上持守言简意赅的特点。希望拙文抛砖引玉，让更多热爱《楚辞》的学者共同探讨《楚辞》书名英译，让《楚辞》及中华文化更好地走向世界。

参考文献

[1] Bassnet, Susan. *Translation Studies* (3rd edn.) [M]. London: Routledge, 2002.

[2] Hawkes, David. *The Songs of the South — An Anthology of Ancient Chinese Poems by Qu Yuan and Other Poets* [M]. Harmondsworth: Penguin Books Ltd, 1985.

[3] Hawkes, David. *Ch'u Tz'u: The Songs of the South* [M]. Oxford: Clarendon Press, 1959.

[4] Hornby, A. Snell. *Oxford Advanced Learner's English-Chinese Dictionary* (*Sixth Edition*) [Z]. Beijing: Commercial Press, 2004.

[5] Lefevere, André. *Translation/History/Culture: a sourcebook* (1st edn.) [M]. USA and Canada: Routledge, 1992.

[6] Owen, Stephen. *An Anthology of Chinese Literature: Beginnings to* 1911 [M]. New York: W. W. Norton & Company Incorporated, 1996.

[7] Waley, Arthur. The Nine Songs: a Study of Shamanism in Ancient China [J]. *Western Folklore*, 1957, 16 (1): 69.

[8] Waley, Arthur. *A Hundred and Seventy Chinese Poems* [M]. New York: Alfred A. Knopf, Inc, 1919.

[9] Watson, Burton. *The Columbia Book of Chinese Poetry* [M]. New York: Columbia University Press, 1984.

[10] 陈君朴:《汉英对照宋诗绝句二百首》(*200 Chinese-English Quatrains by Song Poets*),上海:上海交通大学出版社,2012 年。

[11] 陈巧萍:《〈楚辞〉书名及篇名英译比较研究》,浙江师范大学,2014 年。

[12] 褚斌杰:《诗经与楚辞》,北京:北京大学出版社,2002 年。

[13] 谭载喜:《西方翻译简史(修订版)》,北京:商务印书馆,2009 年。

[14] 丁祖馨、拉斐尔《中国诗歌精华》,沈阳:辽宁大学出版社,1986 年。

[15] 黄德馨:《楚疆域变迁考略》,《武汉师范学院学报》(哲学社会科学版),1980 年第 4 期。

[16] 李炳海:《论楚辞体的生成及其与音乐的关系》,《中州学刊》2004 年。

[17] 李康熙:《翻译单位研究综述与反思》,《学术探索》,2012 年第 6 期。

[18] 李葳葳:《宋词》,合肥:黄山书社,2012 年。

[19] 廖七一:《当代英国翻译理论》,武汉:湖北教育出版社,2004 年。

[20] 林家骊:《楚辞》,北京:中华书局,2015 年。

[21] 刘文丽:《书名汉译英可识别性关联传递与音意并行法》,《西南交通大学学报》(社会科学版),2010 年第 2 期。

[22] 陆谷孙:《英汉大词典第二版》,上海:上海译文出版社,2007 年。

[23] 吕叔湘:《中诗英译比录》,北京:中华书局,2002 年。

[24] 孙大雨:《屈原诗选英译》,上海:上海外语教育出版社,1996 年。

[25] 唐述宗、扬绍北:《翻译英文书名与标题的十大基本原则》,《四川外语学院学报》,1999 年第 2 期。

[26] 王恩保、王约西:《古诗百首英译》,北京:北京语言学院出版社,1994 年。

[27] 王宏印:《开放视野系统开展典籍翻译事业》,《中国社会科学报》,2011 年 8 月 16 日。

[28] 王晋建:《论“楚辞”主题的战斗性》,《连云港职业技术学院学报》(综合

版)，2004 年第 2 期。

[29] 吴洁敏、朱宏达编著，许渊冲、王倜中译：《中国古诗百首读汉英对照》，北京：华语教学出版社，2007 年。

[30] 熊欣：《音译理论及音译产生的背景》，《中国科技翻译》，2014 年。

[31] 许渊冲：《楚辞》，长沙：湖南出版社，1994 年。

[32] 杨宪益、戴乃迭：《楚辞选》，北京：外文出版社，2001 年。

[33] 张思齐：《在比较的视域中从〈九章〉看楚辞的哀歌性质》，《西南民族大学学报》(人文社科版)，2008 年第 4 期。

[34] 卓振英：《楚辞汉英对照》，长沙：湖南人民出版社，2006 年。

从扩展的话语人际功能看葛浩文翻译的《米》*

郑　贞　吴　建　张韵菲**

【摘要】本文从扩展的话语人际功能角度来探讨葛浩文翻译的《米》是否传达了原文中的人际意义的功能，分别研究了《米》中作为评价资源的描写性形容词、状态性副词、语气和情态以及阐释性小句的翻译情况，并归纳出译者葛浩文在翻译这些具有人际功能的叙事元素时所采取的翻译策略及其产生的叙事审美效果。研究表明，葛浩文的译文风格简洁，删除了部分描写性形容词、状态性副词甚至是阐释性小句，改变了原文的部分语气和情态，对原文叙事审美效果的传达产生了一定的影响。

【关键词】人际功能　葛浩文　翻译《米》

一、引言

人际功能指的是语言除了传递信息之外还具有表达讲话者的身份、地位、态度，动机等功能。通过这一功能，讲话者使自己参与到某一情景语境中，

* 本文为作者主持的2017国家社科基金青年项目“中国当代先锋小说英译及其在英语世界的接受研究”（编号17CYY007）的阶段性成果。本文还为2017年度教育部人文社会科学研究一般项目“汉语小说英译母语——非母语译者词汇使用对比研究”（编号：17YJC740094）的阶段性成果，项目主持人：吴建。

** 郑贞（1982—），女，陆军工程大学副教授，博士，研究方向：翻译理论与实践；吴建（1981—），男，南京邮电大学外国语学院副教授，博士，研究方向：文体与翻译，汉语文学英译；张韵菲（1983—），女，陆军工程大学副教授，硕士，研究方向：翻译理论与实践。

来表达他的态度，并试图影响他人的态度和行为。此功能还表示和情景有关的角色关系，包括交际角色关系，即讲话者与听话者在交际过程中所扮演的角色之间的关系，如提问者和回答者之间的关系等。人际意义体现在以下几个方面：交际者之间的权力和团结关系、亲密和熟悉程度、态度和判断等。韩礼德提出情景语境和文化语境，语境的符号化结果的特征表现为语场、语式和语旨。其中语旨就是指参与者之间的人际关系，人际功能也通过选择网络在词汇语法系统中反映出来，以语气和情态等形式体现。所以系统功能语法对人际功能和人际意义进行了深入的研究，使一些原来似乎单纯的语法现象获得了从人际意义来解释的新角度。

李战子教授把语言的人际功能五分，具体体现在构建微观社会和宏观社会两个层面的人际意义模式，突破功能语法把小句范围的语气和情态作为人际意义的主要成分，并把人际意义的组成部分调整为认识论性、评价性的和互动性的。下面将主要从扩展的话语人际意义的评价性这个角度来分析中国当代著名小说家苏童长篇小说《米》的英译本。《米》代表了苏童创造从先锋转向新写实的开始。作者想通过这个故事来揭示人的痛苦：出生即痛苦。可以说是通过叙述故事表达对人生的思考。《米》在英美热销，先后由多家出版社出版。1996 年 9 月由袖珍丛书出版社（Pocket Books）出版，1996 年 11 月由企鹅出版社出版，1999 年 3 月由威廉·莫罗出版社（William Morrow）出版，2000 年西蒙与舒斯特出版公司（Simon & Schuster）出版，2004 年 7 月哈珀·柯林斯出版社（Harpercollins）也出版了该书。“中国现当代小说首席翻译家”葛浩文的译文获得了很高评价。从《米》在国外得到的好评来看，作者在原文中所要传达的主题是为西方读者所领会和接受的。这在一定程度上迎合了他们对中国的想象。从实现文章主题和作者意图的跨文化传递这个角度来说，译文做到了“掬一捧水而从不让漏掉一滴”。其中具有话语人际功能的评价性资源的有效传译对再现原文的风格和主题至关重要。《米》中的此类评价性语言可分为以下几类：描写性形容词评价、状态性副词评价、语气评价、情态评价、阐释性小句评价和译者的增译评价。

二、从扩展的话语人际功能评价性看葛浩文翻译的《米》

（一）描写性形容词评价

描写性形容词作为评价资源表达的是叙述者对人物的性格、环境等的观点、看法和态度，对读者的阅读具有某种潜在导向的作用。我们来看一个例子。《米》的开始，五龙在经过两天两夜火车的颠簸，终于来到了梦想中的城市。他走向的“密集的”街区，并不是繁华的都市。

> 五龙穿过月台上杂乱的货包和人群，朝外面房子**密集的**街区走。（苏童，2005：2）
>
> After threading his waythrough a maze of cargo and passengers，Five Dragons heads for **town**.（Goldblatt，1997：1）

这种密集的街区景象和五龙想象中的城市截然不同。这是城乡结合部，是城市最混乱肮脏的地方，也是五龙生存直到堕落的环境。“密集的”街区滋生了多少罪恶，是恶毒的摇篮。在这里人们为了生存挣扎着，也正是在这城市的边缘地带的一条街道——瓦匠街，五龙开始一步步走入城市黑暗的泥沼。译文省略了“密集的”这个描写性形容词。也就一定程度上忽略了对人物活动的典型环境的细致刻画。这条街道所在的区域其实就是整个城市的缩影。对它的细致刻画有助于人物形象的塑造，更重要的是阐明人物之所以最终堕落的原因：那就是城市的诱惑和罪恶。

（二）状态性副词评价

这一类的评价词主要是作为人物言行的伴随性状态的描写，其主要目的是进一步细致地刻画人物形象。五龙刚乘坐火车来到城市，就在码头上第一次看见了死人。他在慌乱惊恐中不停地奔跑，之后又看见了“黑压压的码头”。状态副词“冷静地”表达的是人物内心在狂乱后的平静。这并非真正的平静，而是人物在首次面对着城市的罪恶而产生的强烈情绪波动之后的平静，其中却隐含着更大的狂暴。

> 这时候五龙停止了奔跑，他站在那里喘着粗气，一边**冷静地**打量着夜晚的码头和那些夜不归宿的人。（苏童，2005：3）
>
> Stopping to catch his breath, Five Dragons sizes up thewaterfront, with its late-night occupants.（Goldblatt, 1997：3）

小说开头景象的叙事功能，对作者来说是给整个作品定下基调，是他切入故事的角度选择，这个选择和调子决定着他对整个故事的主体评价和把握。而对于读者，开端是第一印象，这个印象如何将影响他对作品的接受。（徐岱，1992：324）显然，这个故事的基调是黑暗的。主人公五龙刚来到城市的时候还是一个茫然无知的农民。他唯一的希望就是能够在城市找到出路。但是他没有想到，在家乡农村没有见到的死人景象，却让他在刚刚踏上梦想中的城市土地就碰上了。这让他心生万分恐惧。恐惧奔跑之后他又停下来“冷静地”思考，可见他在骨子里面是一个很冷酷的人。随着故事的发展，他在瓦匠街的米店发家后，无恶不作，都证明了此人本性恶的事实。这种“扁平”的人物形象也因此给人留下了深刻的印象，甚至在西方读者心中引起共鸣。因为西方人相信原罪说，人性本恶，人生来就是要赎罪的。译文省略了“冷静地”，在描写刻画人物的本性上似乎有所削弱。

（三）语气评价

《米》中的主人公五龙这个角色经历了很大的变故，从他刚到城市被人看不起，为米店做苦力，到后来慢慢成为米店的主人。这个身份的巨大转变体现在他的语气上从先前的疑问句、不完全小句居多，到后来多使用完整的陈述句和祈使句。从被动的受动者，逐渐变成了语言信息的提供者。而人物本身也从被压制的地位解脱出来。所以原文中的语气是作者身份地位巨大转变的一种体现。

第一类译文中语气改变的情况是原文中的疑问句改为陈述句或者陈述句改为疑问句。

小说中人物使用的陈述句、疑问句数量的多少，由谁来使用等，从认知的角度来说，可以体现谁是故事的主角。我们在通篇比较后发现，五龙在故事的开始多使用疑问句、反问句和不完整的小句；后来，随着社会地位的不断改变，并最终发迹成为米店的老板，他使用的则多是完整的陈述句和祈使句。最后慢慢败落的他言谈中使用的主要句式又有所不同。所以五龙使用的是陈述句还是疑问句直接和人物的身份以及人物性格的发展变化有关。我们来看两个例子，首先是原文中的肯定句在翻译中转换为疑问句：

> 没有人在乎一条人命。五龙将米箩放在肩头朝后院走，他想其实我自己也不在乎。**一条人命**。（苏童，2005：42）
>
> A human life meant nothing to them. Well, I guess I don't care either. He continued carrying baskets of rice out back. **What's one life**?（Goldblatt，1997：48）

这是五龙的心理活动。他在看见阿保他们深夜去码头抢米，并把船老大推下江的情景之后，回到米店心中所想。他想到了瓦匠街就像一条毒蛇不断分泌着毒液。没有人会在乎一条人命。他在码头遭遇阿保的侮辱，在米店受到冯老板和他女儿的歧视，把他当作要饭的乞丐，而不是讨生活的人。他的心中充满了对这个城市的恨。这种愤恨通过简短有力的陈述句“一条人命”表现出来。译文 What's one life？是一个疑问句式，其中无不透露出一种冷漠的口吻（tone）。我们可以理解为 What does one life matter？这个疑问句是对自己身份地位的不确定，也是对自己生命的怀疑。只要不是自己丧命，就与己无关。更何况他只是一个初来城市的农民，他也没有办法。这种冷漠无奈的口气在句式从肯定转换为疑问句的过程中传达了出来，而且似乎更加贴近五龙当时的心情和身份。但是，发迹后的五龙说话的语气又完全不同了。五龙在城市发迹之后成为码头帮的头头，他似乎一切顺心，连他的死对头吕六爷也死在上海的跑马场。他在码头回想起当年他初来城市的情景，一切都历历在目，尤其是当年受到阿保的胯下之辱。正在这时，他看见那个很像当年的他的青年。他让青年叫一声爹就给他银元，青年照做了。他便打他，踩他的手，教训他，并且喊出了下面的话：

为了一块肉，为了两块钱，就可以随便叫人爹吗？（五龙，2005：146）

All it takes to get you to callsomebody Daddy is a chunk of poke or a couple of coins.（Goldblatt，1997：171）

他要像阿保当年对他那样好好给这个青年上一课。让他知道城市中没有怜悯，只有恨，才能让他生存下去。这时的五龙由于成为米店的老板，黑帮的老大，可以为所欲为，真正成为城市的主人。但是，他的心里永远抹不去阿保给他的耻辱。于是，对青年的举动就是在影射自己，为自己当时因为一块肉而折腰悔恨至今。三十年河东，三十年河西。想不到历史再次重演。现在的他却是站在城市的这边，站在居高临下的位置，代表着城市的残忍和无情，向着刚从乡村来的也许是他的乡亲施以暴力。其实也是在惩罚当年的自己，更是将这种恶的种子传给又一个农村的年轻人。一个曾经的受害者变成了现在的加害人。他拥有暴力和权利，所以他的口吻是斩钉截铁的。原文“为了一块肉，为了两块钱，就可以随便叫人爹吗？”中的疑问语气在表现五龙现在作为城市主人的身份和权威上似乎要较肯定语式的译文 All it takes to get you to call somebody Daddy is a chunk of poke or a couple of coins 要弱一些。显然这类语气的变化在一定程度上可以反映人物身份的改变的。

第二类语气改变的情况是由疑问句变成反问句。这里我们主要举的是米店姐妹的例子。这时候加入了“你”这个第二人称的边缘叙述。作为介于第一人称和第三人称的第二人称，在叙述上的特点是直接面对读者、能够拉近读者，叙述者和人物三者之间的距离。You 在对话中能够直接操纵读者使之不自觉地同文中的 You 认同，积极投入故事中去。（李战子，2002：169）第二人称存在泛指和特指，这里显然是织云在特指父亲冯老板。我们来看文中的一个例子。米店的米快卖完了，冯老板正愁，妹妹绮云给父亲出了主意。

让织云找他，**这点小事怕他不帮忙？**织云不能白陪他玩呀。（苏童，2005：38－39）

Have Cloud Weave go see him. **You don't think he'd turn her down in a little matter like this，do you?** What she did for him ought to be worth something. You know what I mean.（Goldblatt，1997：44）

绮云对冯老板说让织云去找六爷帮忙弄米。原文“这点小事怕他不帮忙?”采用的是反问的句式和语气，表达肯定的意味：就是凭着绮云和六爷之间的关系，六爷肯定会帮这个忙的。译文 you don't think he'd turn her down in a little matter like this, do you 加入了 you don't think, do you 这个情态隐喻。说话的对象直指语境中的那个 YOU——冯老板。这让对话双方的距离更加靠近。而且绮云言语中的那种嘲讽、嫉妒的语气更为强烈。因为妹妹和姐姐是截然不同、水火不容的一对亲姐妹。妹妹一直看不惯织云的生活作风，对她和六爷的勾当十分厌恶。但是即使姐姐这般好吃懒做、依附男人，冯老板还是很宠她，而把店里所有的脏活累活都交给绮云去做。所以绮云也恨父亲偏心。现在店里要没有米了，生意快做不下去了，就让你的宝贝女儿去帮你想办法吧。妹妹这种坐视不管的心态在译文中很好地体现出来。

第三类译文中语气改变的情况是由陈述句改为祈使句，或反之。一般情况下，祈使句的语气要比陈述句强烈得多，目的在于说服某人接受某种观点，敦促某人采取某种行动。我们再来看一个米店姐妹的例子。她们真的是天生的冤家，都看对方不顺眼，甚至还时时提防着对方。例如下面这句姐姐织云对绮云所说的话：

你当心她朝我旗袍上吐唾沫。（苏童，2005：37）

Don't let her spit on my cheongsams.（Goldblatt，1997：42）

这是织云在离家出门之前，叫来五龙帮她看晾晒在外面的旗袍和其他衣物，她担心绮云会趁自己不在家的时候往她的衣服上吐唾沫。绮之，确实这么做过。原文“你当心她朝我旗袍上吐唾沫”是警告和提醒的语气，译文 Don't let her spit on my cheongsams 则是命令的语气。祈使句中的语气更为坚决，表明姐妹俩互相对立的关系，就好像是仇家。而且祈使句也体现了织云作为老板的身份对下人五龙行使的特权，命令他做事情。也可以看出她对五龙这种人的同情和可怜其实是多么的浅薄。我们再看一个例子，其中表达了五龙对女人的评价和看法。他无意中偷听到米店姐妹有关阿保的对话，并且看到虽然阿保因织云而死，但是她的生活却没有因此发生一点改变，更没有为他的死而悲伤。于是，他在心里得出这样的结论：

……突然对女人有了一种深切的恐惧。**想想吧，她一手葬送了一个男人的性命，到头来却无动于衷，**两种肉体的紧密关系随时会像花一样枯萎吗？（苏童，2005：48）

…he suddenly realized, terrified him. **The thought that she had caused a man's death didn't faze her.** (Goldblatt, 1997: 55)

他惊讶于织云的无动于衷，并且告诫自己要小心这个女人，因为“想想吧，她一手葬送了一个男人的性命，到头来却无动于衷”。五龙这种内心的想法是通过祈使句表达出来的，后面还有一个语气词“吧”来表达惊讶，甚至是内心的一种恐惧的心情。汉语由于没有英语动词的限定成分，因而不存在通过主语与限定成分的配列或出现或不出现来表达语气的情况。在语法层面上，汉语主要是采用语气词、某些重复结构和附加否定成分来表达各种语气的。从附加语气词的角度来说，一般来说，祈使语气要增加“吧”等语气词（胡壮麟、朱永生、张德禄、李战子，2008：157），促其行动或者思考。译文 The thought that she had caused a man's death didn't faze her 是一个名词从句引导的陈述句，更多的是说明他意识到了这个事实。但是这个认识对他的心灵到底有多大的触动，没有能够在陈述句中予以体现。

第四类译文语气改变的情况是陈述句译为感叹句。感叹句表达的语气显然比陈述句要来得强烈。语法上的标志为句末有一个感叹号。我们来看《米》中的一个例子：

管你是谁。绮云怒气冲冲地对他说，谁跟你说话？（苏童，2005：16）

I don't care what you are! Who's talking to you, anyway? (Goldblatt, 1997: 17)

这句话是妹妹绮云对五龙说的，她看见父亲雇了五龙当伙计，心里非常生气。她觉得五龙是个要饭花子。但是此时的五龙是有着自己的尊严的，他涨红了脸辩解说，自己只是出外谋生的人，不是要饭的。原文中织云说：“管你是谁。”此处用的是句号，是陈述句，说明了说话人的冷漠态度。译文 I don't care what you are! 用感叹号代替了原文中的句号。感叹号具有抒发强烈感情的作用。米店一家人一直没有把五龙当人看，而是当作廉价的劳动力，当作一条狗，甚至连和他讲话都怕脏了自己的嘴。可见这种阶级观念差别有多大。另外就是城乡之间的矛盾和冲突也从中体现出来。城市是没有温情的，城市的人都麻木不仁，充满了罪恶，连一个小小年纪的女孩都瞧不起农村人。这些矛盾的激化一步步啃噬着五龙的尊严，他选择了以恶抗恶，并最终堕入罪恶的深渊。

（四）情态评价

语气和情态只有在一起考虑的时候，对主语的选择才具有情态责任的语义：情态的主客观取向。韩礼德首先区分了两种情态，情态本身（modalization）是说话人对命题的可能性的判断，包括可能性阶（possible，probable，certain）和通常性阶（sometimes，usually，always）。意态（modulation）是说话人对命题的可希望性的判断，包括道义阶（allowed，supposed，required）和倾向性阶（willing，keen，determined）。韩礼德给这些形式赋值，在每一个阶中，第一项为低值，第二项为中值，第三项为高值。最后，他区分了情态的两种向度（orientations）：主观（例如：I think）和客观（例如：It is obvious that，与之相关的是情态隐喻）。（胡壮麟、朱永生、张德禄、李战子，2008：149—150）情态所表达的是认知的程度和主客观程度，对人物心态的把握以及人物对事件的评价和看法都有着重要的影响。我们来看《米》中的一个例子：

> 那时候他**好像**预感到了秋季的变化。（苏童，2005：38）
>
> He **had sensed** the coming of autumn and the changes it would bring.（Goldblatt，1997：43）

五龙在帮织云看她晾晒的旗袍。此时他回想起夏天在农村的生活，似乎预感到了秋天的来临，这只是人物的一种感觉。但是在《米》中秋天还是灾难的季节。而原文——那时候他**好像**预感到了秋季的变化，显然也有着什么事情要发生的不祥的预感这样的象征意义。所以使用的是表达可能性的情态“好像”。果然不久阿保就因为和织云通奸败露而被六爷杀死。译文 He **had sensed** the coming of autumn and the changes it would bring 中的过去完成时语气十分肯定，因此和原文中“好像”所要表达的情感是有所出入的。更何况从作者的创作意图来考虑，叙述者口中的历史和生活是充满了不确定性的。尤其是对于五龙这样过一天算一天的人，又怎么可能对未来抱有那么肯定的态度呢?

（五）阐释性小句评价

阐释性小句，就是在描述之后，有一段对原文进行的补充性的解释，其中也充满了叙述者的价值判断、立场和评价，有时还有强烈的反讽意味。在修辞学中，反讽意味着说反话，或者字面意义与深层意义不相符合。跟暗喻、明喻、转喻或者提喻等修辞格不同的是，反讽从遣词的角度来看没有什么特别的地方。反讽关键在于解释。（洛奇，1998：196）我们来看一个例子。这是织云在得到六爷的宠信之后，心满意足地穿上了自己想了很久的貂皮大衣。叙述者有这样一段描述和评价：

织云突然变得丰腴饱满起来，穿着银灰色貂皮大衣娉婷玉立，**俨然一个大户小姐**。（苏童，2005：22）

Suddenly she was a young woman, regal in her silver-gray mink coat. (Goldblatt, 1997: 25)

这是全知叙述者较为隐蔽的评论，充满了对织云的反讽的意味。因为织云并非大户人家的小姐，只是米店老板的女儿，但是她生来就有着强烈的欲望，要过好日子，想依靠男人得到一切。这是她的悲哀，最终她也因为这样的心理而丧命，这是对织云的命运的无情嘲笑。这种梦想和现实之间的差距，叙述者通过遣词造句创造了织云这个矛盾的人物形象：单纯又虚荣。这便在织云的思想世界里构筑了一种对比和张力。但是译文将这句极富讽刺意味的话“俨然一个大户小姐”，因此这个译文中也就不存在表达方式与所描述的内容之间的对比和张力了。

综合以上，译者在处理这些叙述者评价的资源时，都或多或少地进行了删减和改动，有的是因为两种语言本身的差别很大。一种语言的微妙之处只有通过这种语言的形式予以传递。而且即使译文和原文的形式完全对等，也无法获得意义上的完满传达。这是译者不可能完成的任务。所以译者葛浩文能做的是，与原文隔开一段距离来理解和审视原文，然后用地道的英文进行表述。他的翻译更看中的是“形似”，即让译作具有可读性和文学性，像是用英文进行的创作。

三、结论

《米》中评价信息无处不在，体现了叙述者的干预和声音，虽然都体现于形容词、副词、语气、情态和阐释性小句等这些词句的细微之处，却是微言大义。按照钱钟书提倡的循环阐释理论，可以得知文本中的细小变动足以影响、改变乃至颠覆文本的意义。葛浩文的译文显示出简洁的风格，删除了部分修饰性的成分，这有点像海明威干净利落的叙事风格。有的删除了一些阐释性小句。有些删节对故事主题的传达影响不大，有的则会有所改变。此外原文一些地方的语气情态在翻译中因为句式的改变而发生了一些变化，对原文叙事审美效果的传达产生了一定的影响。

参考文献

[1] Goldblatt, Howard. *Rice* [M]. London: Simon and Schuster Ltd, 1997.

[2] 戴维·洛奇：《小说的艺术》，孟湄译，北京：作家出版社，1998 年。

[3] 胡壮麟、朱永生、张德禄、李战子：《系统功能语言学概论》（第 2 版修订本），北京：北京大学出版社，2008 年。

[4] 李战子：《话语的人际意义研究》，上海：上海教育出版社，2002 年。

[5] 苏童：《米》，南京：江苏文艺出版社，2005 年。

[6] 徐岱：《小说形态学》，杭州：杭州大学出版社，1992 年。

典籍翻译

《尔雅·释诂》“言也”词条英译理据辨析*

李志强　张馨怡

【摘要】《尔雅》是古汉语训诂辞书，对其进行英译需要基于各词条的语义考证，明确释义项及各被释项之间的语义重合和语义差异，提供语言学意义的理据。《尔雅·释诂》“言也”词条中的术语体现了先秦时期“语言”概念的表述和区分，其英译理据分析既有语言学价值，也有翻译学价值。对其英译理据的探究，首先要基于主要注疏本及相关古籍中对“话、猷、载、行、讹”等被释项的释义，运用义素分析法，找出以上各字的共同义素及个性义素。其次通过《五车韵府》等大型汉英词典，确定释义项“言”的对应英译词（words/discourse），再依据OED（《牛津英语词典》）等大型英语词典对“words”和“discourse”所有可能的同近义词进行义素分析。通过与原文各个被释项的义素的匹配，选取匹配度最高的单词或词组作为各被释项英译词，从而完成英译词的选取。最后，本文援引数个权威典籍英译文本进行词汇替换，以验证各被释项英译的恰当性。“言也”词条的英译理据分析，可作为古汉语辞书英译的基本手段，使译文的词义选取更具合理性。

【关键词】《尔雅·释诂》“言也”词条　英译理据

* 本文是国家社科基金“英语世界中《尔雅》译介研究”的结项成果，项目编号：15BYY032。本文是大学生创新创业训练计划项目“基于《尔雅》英译的英汉词汇比较研究”的结项结果，项目编号：201910270118。

An Analysis on the Motivation for English Translation of "言也" Entry in *Shigu* of *Er Ya*

Abstract：*Er Ya* is an ancient Chinese exegesis dictionary. The translation of *Er Ya* is based on proving meanings of each terms so as to show the semantic overlap and differences between them and to provide linguistic motivation. The terms in "言也" entry of *Shigu* of *Er Ya* reflects the different expressions of "words" in pre-Qin period. The analysis of the motivation for English translation of it has both linguistic and translation value. First, the analysis should base on the explanations and descriptions of "话、猷、载、行、讹" in Kuo P'u's Annotation, Hsing Ping's Supplementary Commentary and other relevant classics. With the help of Seme Analysis, this paper finds out the common sememe and specific sememe of the terms. And then it determines that the corresponding English translation words of "言" are "word" or "discourse" with the help of *A Dictionary* of *The Chinese Language*（五车韵府）and *English and Chinese Dictionary*（华英字典）. Referring to *Oxford English Dictionary*（OED）, it makes Seme Analysis of all the possible synonyms of "words" and "discourse" and matches with that of Chinese terms, thus finding out the best translation. Finally, this paper verifies the final translation by substituting the counterparts in several authoritative English translations of classical books. The analysis of the motivation for English translation of "言也" entry can be regarded as a basic method of dictionary translation so as to make the translation more reasonable.

Keywords：*Shigu* of *Er Ya*；"言也" entry；the motivation for English translation

一、引言

辞书在我国的语言文字规范化工作中具有十分重要的地位和作用，它是语言文字规范体系的重要组成部分，是语言文字规范化最重要的工具，是社会语言文字规范的标杆。（刘宏，2019）《尔雅》作为我国最早的训诂之辞书，在唐代被列入儒家十三经，是古代解经、类名之学的经典之作。（顾廷龙、王世伟，2008：34）对《尔雅》进行英译可以提出辞书翻译新模式，推动中国典籍外译和传播，促进中国文化域外传播。

《尔雅·释诂》作为同义类聚辞书，被释项与释义项大多为同源字，而他们之间的意义区分和统摄关系，是各词条英译需要处理的重要环节。《尔雅·释诂》"言也"词条中的术语体现了先秦时期"语言"概念的表述和区分，其英译理据分析既有语言学价值，也有翻译学价值。本文以《尔雅·释诂》"言也"字条英译为例，对该词条英译进行理据分析。在"言也"词条中，"话、猷、载、行、讹"均由"言"字统摄，但各被释项之间有着不同的语义特征，因此英译过程中不可简单地以"言"的英译作为各被释项的英译。要完成英译理据分析，首先需要借助大量文献确定被释项与释义项在汉语语境中的准确含义。贾彦德（1999：127—128）认为，一个义位至少由一个共性义素和一个区别义素组成。因此，在理解释义项与被释项的含义及相互之间的关联与差异时，需利用义素分析法找到该词条原文各被释项的共性义素和区别义素。需要在英语语境中找到该共性义素的英译选词及相关语义词群，再次进行义素分析，从而与被释项的语义特征进行匹配。在语言翻译中，义素分析法的功能主要体现在对原文义位的分解和义素的重新组配形成译文义位这两个方面。（周洋，2011）对《尔雅》词条英译进行理据分析可以充分揭示各义项之间的关联，使词条的释义特点在英译文本中得到更好的传达。

二、"言也"词条语义考释

根据上海古籍出版社2010年版《尔雅注疏》，《尔雅·释诂》第82条为"话、猷、载、行、讹，言也"。该词条以"言"字作为总释义项对各被释义项进行解释，但各被释项不只有一个释义，且并不完全与"言"字的释义完全匹配。因此，需要对各被释项和释义项原文在此词条中的含义进行考释。在确定被释项的含义时，采用文献研究法，借助典籍文献、注疏文本及各类辞书确定各词在《尔雅·释言》正文中的准确意义。在确定了该词条中被释项和释义项准确的中文释义后，则需要借助义素分析法对各词的义素进行分析。义素是结构主义语义学用来描写语义的最小的意义单位，是义位的组成成分，也叫区别性语义特征。（张志毅、张庆云，2012：19）义素分析法通过对处于同一语义场下各义项的语义成分分析，可以得到这些义项在汉语语境中的语义特征和构成成分，并对义素结合式进行比较分析，发现各词词义的联系与区别，并对其所处语义词群的系统性做出具体说明，为挑选语英译选词时进行汉英词语义征比对做准备。义素分析法作为本文的基本手段，首先基于典籍注疏和各类辞书对汉字的释义来确定义素，用得到的义素组合来描写核心语义，在以此作为寻找英文相关语义词群的依据，再通过义素分析寻找和匹配对应的英文匹配词，使英译具有词汇语义依据。

郭璞《注》云："《诗》曰：'慎尔出话。'"邢昺《疏》云："话者，善言也。"《说文解字》云："话，合会善言也。"孫炎注："善人之言也。"由此可以初步推断"话"字释义为"善言"。为确保释义准确性，基于《汉语大词典》对"话"的释义项，可确定"言也"词条中"话"所取义项为"善言；话语"。由此对"话"进行义素分析可得：

话：	[类属]	[特点]
	[＋言语]	[＋善]

郭璞《注》云："猷者，道，道亦言也。"可知，本词条中的"猷"的释义为"道"。但汉语语境中"道"字含义丰富，为进一步确定"猷"和"道"在本词条中的含义，需求证更多释义。郑玄《笺》中提道："猷，道也。大道，治国之礼法"。将"道"释为治国典法和行为规范。朱熹《四书章句集注·学而第一》对"就有道而正焉"中"道"字解为"凡言道者，皆谓事物当然之理，人之所共由者也。"朱熹的释义虽与郑玄角度不同，但都有"规范、规律、道理"之义。且根据郭璞《注》"道亦言也"可知，此处"规范、规律、道理"以"言"的形式存在。根据《汉语大词典》对"猷"字的释义，可知与"言也"词条中的"猷"所取的义项匹配的为"道，法则"。在此基础上对"猷"进行义素分析可得：

猷：	[类属]	[特点]	[特点2]	[用途]
	[＋言语]	[＋有关事理规律]	[＋一般的]	[规范人]

郭璞《注》云："《周礼》曰：'作盟诅之载。'"邢昺《疏》中说："载者，载於簡策之言也。"《尚书》说："丕视功载。"孔安国《注》有如下解释："视群臣有功者记载之"，即"载"是简策记录功德的话。据此参考《汉语大词典》可知，与"言也"词条中的"载"含义相关的义项为"记录，登载"。但邢昺《疏》"言也"词条中的"载"做名词，为"记载下来的言论"，故其中可能存在词性活用现象。取词条中"载"的名词释义进行义素分析，可得：

载：	［类属］	［特点］	［用途］
	［＋言语］	［＋记载于简策的］	［记录功德］

郭璞《注》中说，"今江东通谓语为行"，可知"行"做"语"用是江东方言，因此可能未出现在常用义项中。根据《汉语大词典》，"行"的义项中确无与"言""语"匹配义项。但根据徐朝华《尔雅今注》"'行'（háng），言语"可知，"行"在"言也"词条中的释义为"言语"。由此对"行"进行义素分析可得：

行：	［类属］
	［＋言语］

郭璞《注》云："世以妖言为讹"。根据《王力古汉语字典》，"妖"字释义为"邪恶的"，由此得出"讹"字首个语义特征。"讹"，字本作"譌"，根据《说文解字》："譌，伪言也。"又"伪，诈也。从人，为声。"由此可知"譌"的释义为"人为捏造的假的言论"。"人为捏造的"这一语义特征中已经包含于"假的"语义特征之中，因此下文仅以"人为捏造的"作为"讹"的第二个语义特征。根据《汉语大词典》可知"讹"释义项中与"妖言""伪言"含义匹配的释义项为"妖言，谣言"，因此可证前文词义分析合理。对"讹"进行义素分析可得：

讹：	［类属］	［特点］	［特点 2］
	［＋言语］	［－善］	［＋人为捏造的］

根据对"言也"词条被释项的义素分析，可发现"话""猷""载""行""讹"的上位语义义素均为［＋言语］。综合《汉语大字典》《汉语大词典》《王力古汉语字典》的释义，"言"字释义为"话；言语"，与被释项

上位语义义素匹配。由此可得，“言也”词条各被释项与释义项在汉语中均由“言语”一义统摄。

三、“言也”词条英译词的匹配

在厘清《尔雅·释诂》“言也”词条各字释义，并找出及其共同义素“［+言语］”后，再将同样的义素分析法用于寻找英文语境中相应的匹配词。此法第一步需要先借助《五车韵府》等汉英词典寻找共同核心义素“［+言语］”的英文匹配词，再基于核心义素英文匹配词，通过 Thesaurus 等近义词库找到相应的近义词群。第二步再用义素分析法，根据近义词群在大型词典 OED（*Oxford English Dictionary*）中的释义及英语语料库中词汇使用的语境，对语义词群各词进行英语义素分析，然后将汉语词汇和英语词汇的义素结合式排列在一起进行比较和匹配，寻找义素结构式最为相似的汉英词汇配对组。但由于中英表达逻辑和侧重点上的差异，并不是所有的词汇在语义特征上是完全匹配的，因此需要对英译匹配词加以限定和修饰，以删减或补充相应的语义特征。最后，为了考察英译选词或是最终英译构式的合理性及准确性，需要借助不同的可靠的典籍英译版本以选词替换的方式，对所确定的各被释项英文匹配词加以替换和验证。这一验证法可以弥补义素分析法的不足，确保英译的有效性。

通过查询《五车韵府》，可初步得到共性义素“［+言语］”的英译筛选项为：To speak；to direct；direct address；to speak of difficulties，and to converse，is expressed by 语；（this idea is not strictly adhered to）a word or sentence；words；discourse；to speak；to express；to ask；to deliberate；a designation or title。根据词性对以上释义进行初步筛选后，可以从中筛选出相关义项为：“a word or sentence”“words”“discourse”。为了进一步缩小匹配词的范围，需要对以上三个释义项进行甄别，分别查询了 OED（*Oxford English Dictionary*）之后，可得到以下释义：

word	Something that is or has been said; an utterance, a statement, a speech, a remark. Now somewhat rare in general sense, except in true (also truer) word.
	In negative contexts (or with negative implied), or with every: any or the least utterance, statement, or fragment of speech; anything at all (said or written).
	A (short or slight) utterance, statement, or remark; a brief speech or conversation. Esp. as a word; similarly a word or two, a couple of words.
sentence	A series of words in connected speech or writing, forming the grammatically complete expression of a single thought; in popular use often (= period n. 16), such a portion of a composition or utterance as extends from one full stop to another.
words	Things said or stated; something expressed in verbal form, whether spoken or written; discourse, utterance.
	With possessive: that which the specified person has said or written. Also with anaphoric or cataphoric determiners, as such words, these words, etc., with reference to a particular expression or form of language.
discourse	The words exchanged by this means; speech. In later use also: the written representation of this; communication in written form.

分别对这四个英译词进行词义辨析后，发现“words”和“discourse”二词与“言语”一义更相符，因此最终将“words”和“discourse”二词作为“言也”词条的共性义素“[+言语]”的英译词。通过 Thesaurus 查询“words”和“discourse”的同近义词，尽可能多地寻找与词条中各被释项匹配的英译词，且为了确保语义词群尽可能地完备，还对“words”和“discourse”的同近义词进行整理，最终得到了以下语义词群：Words; discourse; chat; conference; discussion; talk; hearsay; rumor; calumny; defamation; slander; expression; opinion; principle; remark; record; saying; speech; verbalism; diction; locution; rhetoric; treatise; utterance; sermon; homily。为确保英文语境下义素分析的客观性及准确性，借助 OED（*Oxford English Dictionary*）给出的释义及英语语料库中该词汇使用的语境，提取出各备选英译词的语义特征，分别进行义素分析可得：

	类属		方式		特点 1	特点 2	用途 1	用途 2
	statement	action	spoken	written				
words	+		+	+				
chat		+	+		frivolous	easy		
conference		+	+		serious	formal		
discussion		+	+	+			reach a decision	exchange ideas
talk	+		+		public		exchange ideas	
talk	+		+		rumored			
hearsay	+		+		untrust-worthy	receivedby word of mouth		
rumor	+		+		unveri-fied	not based on definite knowledge		
calumny	+		+	+	malicious	false	damage one's reputation	
defamation		+	+	+			damage one's reputation	
slander	+		+		malicious	false	damage one's reputation	
expression	+		+	+			state quality, feeling	
opinion	+		+	+			state one's thoughts	
principle	+		+	+	general	funda-mental		
remark	+		+	+	brief		express opinion or criticism	
record	+			+			preserve knowl-edge or informa-tion	

（续表）

	类属			方式	特点 1	特点 2	用途 1	用途 2
	statement	action	spoken	written				
saying	+		+	+	insightful	illuminating	make comment or precept	
speech	+		+					
verbalism	+		+					
diction	+		+				express ideas	
locution	+		+	+			exchange information, knowledge	express thoughts
discourse	+		+	+			communicate	
rhetoric	+		+	+	elegant	inflated	show ostentation	
utterance	+		+	+			express thoughts	
sermon	+		+	+	serious	tedious	give religious instruction or exhortation	
homily	+		+		serious	tedious	edify the spiritual of the hearers	

通过对“言也”词条原文各被释项和备选英译词的义素结合式加以比对，根据语义特征的相似程度，最终筛选出最为匹配的英译词。匹配关系如下表所示：

	类属	方式	特点 1	特点 2	用途 1	用途 2
话	言语		善			
words	statement	spoken or written				
猷	言语		有关事理规律的	一般的	规范人	
principle	statement	spoken or written	general	fundamental	as a guide to action	show the natural world

（续表）

	类属	方式	特点 1	特点 2	用途 1	用途 2
载	言语	记载于简策			记录功德	
record	statement	written			preserve knowledge or information	
行	言语					
words	statement	spoken or written				
讹	言语		不善	人为捏造的		
calumny	statement	spoken or written	malicious	false	damage one's reputation	

通过对比中英词汇义素可发现，虽然匹配结果在语义特征上已经达到高度吻合，但“话”“载”的英译匹配词有部分语义特征未能完全匹配。“话”的英译词“words”缺少了“[+善]”这一义素。鉴于此，可通过进一步添加限定词“good/kind”的方式来补充缺失的语义特征，因此“话”字的最终英译确定为“good/kind words”。而“载”字的语义特征之一“［记录功德］”与英译匹配词中的“[+to preserve knowledge or information]”并不完全匹配，但可以发现“knowledge or information”中包含了“merits”。鉴于此，这里对英译词“record”进行限定，“载”字的最终英译为“record of merits”。综上所述，“话、猷、载、行、讹，言也”词条的翻译最终呈现如下：

话，猷，载，行 and 讹 all share the meaning of 言（words）（话：good/kind words；猷：principle；载：record of merits；行：words；讹：calumny；言：words）。

四、“言也”词条英译词的验证

以上得出的英译匹配词和词组语义相匹配，但并不能确定其在语境中运用的可行性和有效性。因此为了确保英译的准确性，也为了测试其在具体语境中是否适用，本文选取 James Legge、Arthur Waley、辜鸿铭、许渊冲、林戊荪、胡志挥、罗志野、Joseph R. Allan 等译者的五经典籍译本，用上文各被释项的英译词替换译文中对应汉字的英译，对比语义是否在替换英译词后发生变化，以此验证本词条英译选词的合理性。

原文	原译文	替换后译文
“慎尔出**话**，敬尔威仪。”（《诗经·大雅·抑》）	Be circumspect in **all you say**, and reverent bearing still display. (Legge)	Be circumspect in **your** (**kind**) **words**, and reverent bearing still display.
	Be cautious with your **utterances**. Scrupulously observe all rules of decorum. (Waley)	Be cautious with your (**kind**) **words**. Scrupulously observe all rules of decorum.
	Say rightly **what you mean**. Try to be dignified. (许)	Say rightly **your words**. Try to be dignified.
“不可教训，不知**话**言”（《左传·文公十八年》）	who would receive no instruction and acknowledge no **good words**, … (Legge)	who would receive no instruction and acknowledge no **good words**, …
	He was uneducable and did not listen to **what is good**. (罗)	He was uneducable and did not listen to **good words**.
	He would receive no instruction and hated **wholesome speech**. (胡)	He would receive no instruction and hated **good words**.
“秩秩大**猷**，圣人莫之。”（《诗经·小雅·巧言》）	Wisely arranged are the great **plans**; -Sages determined them. (Legge)	Wisely arranged are the great **principles**; -Sages determined them.
	Well-ordered is the great **plan**; The sagely ones decided it. (Allen)	Well-ordered is the great **principles**; The sagely ones decided it.
	Great **work** is planned by kings and sages. (许)	Great **principles** are planned by kings and sages.

（续表）

原文	原译文	替换后译文
“君子有徽**猷**，小人与属。”（《诗经·小雅·角弓》）	If the sovereignhave good **ways**, the small people will accord with them.（Legge）	If the sovereign have good **principles**, the small people will accord with them.
	But if you set upn**a good example**, the common people will follow it.（Waley）	But if you set up **an example of good priciples**, the common people will follow it.
	If you **do good** with ease, they'll follow you one and all.（许）	If you **follow good principles** with ease, they'll follow you one and all.
“善之，故**载**之书中而高之，故谓之高宗。”（《礼记·丧服四制》）	On this account the approval of him was expressed, and therefore it was **recorded** in the Shu, and he was styled Gao（The Exalted）, and designated Gao Zong（The Exalted and Honoured Sovereign）.（Legge）	On this account the approval of him was expressed, and therefore it was **kept as records** in the Shu, and he was styled Gao（The Exalted）, and designated Gao Zong.（The Exalted and Honoured Sovereign）.
	SoWuding was exalted and **recorded** in Shangshu, and called Gaozong.（罗）	SoWuding was exalted and **kept as records** in Shangshu, and called Gaozong.
“民之**讹**言，宁莫之惩。”（《诗经·小雅·沔水》）	The **false calumnies** of the people, How is it that you do not repress them?（Legge）	The **calumnies** of the people, How is it that you do not repress them?
	The **false words** of the people, why does no one stop them?（Waley）	The **calumnies** of the people, why does no one stop them?
	Let's put an end to **talks ill bred**.（许）	Let's put an end to **calumnies**.

（续表）

原文	原译文	替换后译文
“巧言令色，鲜矣仁！”（《论语·学而》）	Fine **words** and an insinuating appearance are seldom associated with true virtue.（Legge）	Fine **words** and an insinuating appearance are seldom associated with true virtue.
	Clever **talk** and a pretentious manner' are seldom found in the Good.（Waley）	Clever **words** and a pretentious manner' are seldom found in the Good.
	With plausible **speech** and fine manners will seldom be found moral character.（辜）	With plausible **words** and fine manners will seldom be found moral character.
“敏于事而慎于言。”（《论语·学而》）	Who is diligent in business and cautious in **speech.** （Waley）	Who is diligent in business and cautious in **words**.
	He should be diligent in business and careful in **speech**.（辜）	He should be diligent in business and careful in **words**.
	He is quick in action, but cautious with his **words**.（林）	He is quick in action, but cautious with his **words**.

可以发现，通过义素分析和匹配找到的英译词与原英译选词大多语义接近，且有些选词出现重合。在对原文英译进行替换后，该英译版本仍可传达原义，句子的含义并未发生明显语义偏差。上述语词替换验证了“言也”词条英译的准确性与合理性。

五、结语

《尔雅》作为中国古汉语辞书之祖，同时也是训诂学专书，在古汉语典籍中有着重要的地位，但英译本却屈指可数。对于《尔雅》的英译，不仅有助于突破中国传统典籍英译的术语研究，还有助于国外学者了解中国传统语言学。本文依照《尔雅》“言也”词条的英译理据分析，提出辞书翻译新路径。在古汉语辞书的英译首先要注重汉语词义的考释，将汉语词汇在中文语境下的语义特征以及内在的文化信息一并进行翻译，以达到最好的翻译效果。而义素分析法可以较为客观、详细地对英汉词汇语义特征进行比较分析。但由于中英表达逻辑和侧重点上的差异，虽然已经选用最为恰当的英译，仍可能会出现语义特征不完全匹配的情况，这会导致在英译过程中词义传达不够准确。因此在进行英语语境下的词义匹配时，可以在词汇的基础上利用短语形式补充或修改缺少的语义特征。需要注意的是，在本词条“话、猷、载、行、讹”各被释项都可由释义项“言”统摄，那么相应地英译中的各被释项的英译，也应体现出与“words”一词的关联。通过义素分析法，对各释义项和被释项的语义特征加以继续分解和匹配，寻找出各字之间的区别和共性义征，才有可能得出较合理的统摄释义项，并以此为基础，为各被释项提供合理的英译匹配。通过汉学家和译者五经文献的译本验证法英译词的准确性与适用性是本文的一种尝试，希望可以为今后术语英译词的确定提供一种方法和理据支撑。古汉语辞书英译道阻且长，对其英译的理据性研究是其重要基础。

参考文献

[1] Morrison, Robert:《五车韵府》, Shanghai: London Mission Press, 1865.

[2] 顾廷龙、王世伟:《尔雅导读》，北京：中国国际广播出版社，2008 年。

[3] [晋] 郭璞、[宋] 刑昺:《尔雅注疏》，上海：上海古籍出版社，2010 年。

[4] 汉语大字典编辑委员会:《汉语大字典》，湖北：崇文书局，2010 年。

[5] 贾彦德:《汉语语义学》，北京：北京大学出版社，1999 年。

[6] 刘宏:《在中国辞书学会第十二届年会上的讲话》,《辞书研究》，2019 年第 1 期。

[7] 罗竹风:《汉语大词典》，上海：汉语大词典出版社，1986 年。

[8]《王力古汉语字典》，北京：中华书局，2000 年。

[9] 徐朝华:《尔雅今注》，天津：南开大学出版社，1987 年。

[10] 张志毅、张庆云:《词汇语义学》，北京：商务印书馆，2005 年。

[11] 周洋:《义素分析法评述》,《和田师范专科学校学报》，2011 年第 4 期。

[12] https: //www. oed. com [OL].

[13] https: //www. thesaurus. com [OL].

英语世界的文人竹枝词译介评述*

陈珞瑜**

【摘要】 文人竹枝词在英语世界的译介研究成果散见于汉诗英译选集及汉学家专著，目前尚缺乏相关性总体研究。本文从历时的角度，将唐朝至清朝在西方被译介的文人竹枝词作品进行较为细致的梳理，对不同译者的竹枝词译作予以评述。指出已有的译介不论是作者还是作品，都存在数量稀少、理解单一、缺乏体系等问题。由此可见，文人竹枝词的英语译介迫切需要国内学者的积极介入。

【关键词】英语世界　文人竹枝词　译介

一、引言

竹枝词又名"竹枝曲""竹枝辞"等，是源于古代巴楚的一种古老民歌，为古乐府曲调之一。至唐朝，此民间艺术引起顾况等文人关注，文人竹枝词进入开创期，后刘禹锡进一步扩大其影响，使其成为一种独立的文学文体。文人竹枝词在宋、明、清等朝代持续发展，作家作品数量大幅增长，题材更为广泛。竹枝词叙述对象多为地方风物及民间习俗，志士风而详习尚，具有文学、艺术学、方志学、民俗学、历史学、文化史等多方面研究价值，成为当之无愧的中华经典文化之一，理应成为"中国文化走出去"的有机组成部

* 本文是中南民族大学中央高校基本科研业务费专项资金项目"中国经典文人竹枝词英译研究"（CSY18087）的阶段性成果。

** 陈珞瑜，女，湖北武汉人，中南民族大学外语学院副教授，研究方向为英汉语言对比、典籍翻译。

分。目前英语世界尚未见竹枝词的译介专著，国内外学界也缺乏相关译介综述。竹枝词英译作品数量较少，且分散于在英语世界出版的各类中国文学，尤其是诗歌的译作与著作中。笔者多方查找，就搜集的资料进行大致梳理，虽难免挂一漏万，仍希望借此抛砖引玉，引发后续更深层次的相关研究。

二、竹枝词简介及其译介概况

竹枝词起源很早，分别有学者认为是六朝、隋及唐以前，至今未有定论（孙杰，2014：2）。它是我国古代劳动人民创作的一种与音乐、舞蹈相结合的民歌。在唱歌时，或手执竹枝，载歌载舞；或在歌词中插入“竹枝”“女儿”等衬字，加以和声歌唱，故其名不离“竹枝”二字。（航羽，1987：1）竹枝词在体式上一般为七言四句，古体、近体皆可，风格上多有俚俗、风趣的特点，雅俗共赏。北京出版社2007年版《中华竹枝词全编》收录69515首作品，加上少量漏收之作，现存的竹枝词总数至少在七万首以上。竹枝词的题材多样，可言情、咏史、记事、风物，有巨大的民俗学价值。元代杨维桢选编我国第一本竹枝词专集《西湖竹枝词》，之后竹枝词成为地域文学发展的重要组成部分。作为中国文化史料的宝库，其在英语世界的译介可分三个部分：记录风土文化的竹枝词译介、地方竹枝词译介及经典文人竹枝词译介。

19世纪中期，介绍中国典型风土文化的竹枝词英译——采茶竹枝词初见端倪。徽商李亦青是知名茶号李祥记的主人，他的《春园采茶词三十首》英译于1840年发表在《中国丛报》（*Chinese Repository*）第八卷的《中国诗歌》栏目里。译者名为茂叟（W. T. Mercer），曾是英国驻香港总督府的高级官员，后受聘于牛津大学执教。《中国丛报》1832年创刊于广州，1851年停刊，是中国当时“第一份面向西方读者，以介绍、研究中国为主要内容的英文报刊，被学术界视为‘有关中国学术的宝藏’”（尹文涓，2003：2）。8年后，这组诗歌英译被美国首位汉学教授卫三畏（Samuel Wells Williams）全文收录其代表作《中国总论》（*The Middle Kingdom*）中。1870年，英国汉学家德庇时（Sir John Francis Davis）重译此采茶竹枝词，并收录其著作《汉文诗解》（*The Poetry of the Chinese*）。篇幅所限，本文列出其中一首诗的两个译本。（江岚，2014）

(1)

第四首	W. T. Mercer	Sir John Francis Davis
双双相伴采茶枝，	In social couple, each to aid her fellow, we seize the tea twigs,	Like fellows we each other aid, and to each other say,
细语叮咛莫要迟。	And in low words urge one another, don't delay,	As down we pull the yielding twigs, Sweet sister, don't delay;
既恐梢头芽欲老，	Lest on the topmost bough, the bud has even now grown old,	E'en now the buds are growing old, all on the boughs stop,
更防来日雨丝丝。	And lest with tomorrow, come the drizzling, silky rain.	And then tomorrow — who can tell? — The drizzling rain may drop.

总体来说，茂叟采取的是自由体异化译法，德庇时则是韵体归化译法。前者与中文字词基本对应，较为刻板，但给西方读者许多陌生化呈现；后者的遣词造句读者可能更为熟悉，更具可读性。19 世纪末至今，这组在国内默默无闻的采茶竹枝词的两个英译本不断被英语国家十多种书籍援引，对中国茶文化的普及影响深远。

作为竹枝词译介的第二个方面，地方竹枝词一直鲜人涉猎。2009 年，北美汉学泰斗韩南（Patrick Hanan）翻译的中国第一部城市小说《风月梦》（*Courtesans and Opium: Romantic Illusions of the Fool of Yangzhou*）中多次出现扬州竹枝词英译。韩南在前言如此介绍竹枝词的特点：四行诗体，多反映地方面貌和风土人情，具幽默或讽刺意味，竹枝词这种文体虽一直未受重视，但其蕴含的地方特色信息极为珍贵。（2009：X）在全文中直接或间接引用的竹枝词有《扬州烟花竹枝词》（*Bamboo Branch Songs on the Pleasure Houses of Yangzhou*）和《扬州湖上竹枝词》（*Bamboo Branch Songs on the Lake at Ynagzhou*）等。试举一例（ibid：43）。

(2)

曾记髫年买棹游，	I recall as a child howwehired a boat,
园亭十里景幽幽。	and saw miles of gardens fine and tranquil.
如今满目埋荒冢，	Ruinedgraveyardsare all you see now;
草自凄凄水自流。	Bygrasses forlorn the river runs still.

这首诗俗中含雅，诗风明快，情感充沛。韩南的翻译对译文中的特质因素基本做到不增不减，保留原意和原味。尽管这部著作并非专门的竹枝词英译研究，但韩南已充分意识到竹枝词的地域民俗价值，并为海外读者了解地方竹枝词打开一扇窗口。当然，地方竹枝词的创作者除了寻常百姓，更有名家、大家，后者的经典竹枝词作品亦在英语世界有一定程度的译介，此为本文重点，稍后详述。

三、文人竹枝词在英语世界的译介

历代竹枝词的写作主体都是文人，他们关注地域风土人情和民间歌谣，并用竹枝词体式来表现。其中原因，如鲁迅所述："唐朝的《竹枝词》和《柳枝词》之类原都是无名氏的创作，经文人的采录和润色之后，流传下来的。……旧文学衰颓时，因为摄取民间文学或外国文学而起一个新的转变，这例子是常见于文学史上的。"（2006：95）

20世纪，竹枝词译介的第三个方面：中国经典文人竹枝词英语译介陆续出现，但涉及的诗人诗作较少，以刘禹锡为主，其他有白居易、范成大、杨维桢等，介绍均点到为止，译作数量亦非常有限。

（一）唐朝及五代诗人：刘禹锡（772—842）、白居易（772—846）及孙光宪（901—968）

中唐"诗豪"刘禹锡在夔州任刺史时以诗人的慧眼和情怀，对"竹枝"产生浓厚兴趣，将原本的民歌形式改编成文人诗体。他是唐朝创作竹枝词最多的诗人，有《竹枝词九首并引》与《竹枝词二首》共11首作品。翁方纲评价"刘宾客之能事，全在竹枝词"（孙映逵，1991：503）。此后其他诗人纷纷仿效，竹枝词得以发展流传。在国外众多中国文学英译选集中，《竹枝词》作品均被视为刘禹锡的代表作收录其中。如美国印第安纳大学华人学者柳无忌（Wu-chi Liu）、罗郁正（Irving Yucheng Lo）合作编译的汉诗英译经典《葵晔集》（*Sunflower splendor*：*Three Thousand Years of Chinese Poetry*）收录《竹枝词九首并引》之"引言"及诗两首，由加拿大维多利亚大学教授白润德（Daniel Bryant）英译。有别于国内只译诗句的形式，“引言”的译文首次出现，说明译者充分意识到刘禹锡创作竹枝词背景介绍的重要性。部分译文摘录如下（1975：199）：

(3)

……昔屈原居湘、沅间，其民迎神，词多鄙陋，乃为作《九歌》，到于今荆楚鼓舞之。故余亦作《竹枝词》九篇，俾善歌者飏之，附于末，后之聆巴歈，知变风之自焉。	...Long ago, when Ch'u Yuan lived near the Yuan and Hsiang rivers, the songs with which the common people summoned the spirits were vulgar and unrefined. Then he wrote the "Nine Songs" which are still sung and danced today in the regions of Ching and Ch'u. I have likewise written these nine bamboo branch pieces, so that good singers can make them known as additions to the tradition and later men who hear songs of the districts of Pa and Yü will know from what the styles of these latter-day odes have developed.

通过译介，西方读者可以了解刘禹锡效仿屈原，继承他将粗鄙民歌改为诗歌的传统，也可看出竹枝词由何而来。需要说明的是，竹枝词本身就是诗歌的题目，所以在目前笔者发现的各英译版本中，绝大多数题为“Bamboo Branch Song”。之所以英译为“歌”，估计正是因其源于民歌的缘故。除“引”外，另译组诗的第八、九首。其中第九首英译如下（ibid：200）：

(4)

山上层层桃李花，	Up in the hills are bank on bank of blossoming peach and plum trees;
云间烟火是人家。	Amid the clouds the household smoke of families who live there.
银钏金钗来负水，	Silver armlets and golden hairpins come down to bear water;
长刀短笠去烧畲。	Long knives and low bamboo hats go out to burn over the new fields.

这首诗描绘了一幅巴东人民生活的风情画：妇女到山下汲取用水，男子上山烧荒开垦，质朴而艰辛。白润德在译文中保留了原诗中的语言特征及修辞手法，如叠字“层层”，借代“银钏金钗、长刀短笠”等。

1984年，美国汉学家华兹生（Burton Watson）的《哥伦比亚中国诗选：从早期到十三世纪》（*The Columbia Book of Chinese Poetry: From Early Times to the Thirteenth Century*）收录刘禹锡竹枝词英译一首（竹枝词九首其二）；2000年，英国汉学家闵福德（John Minford）和中国香港学者刘绍铭（Joseph

S. M. Lau）编辑的《含英咀华集》（*Classical Chinese Literature, An Anthology of Translations. Vol. 1: From Antiquity to the Tang Dynasty*）中收录刘禹锡英译诗作七首，其中包括华兹生的这首英译《竹枝词》（2000：1117）：

(5)

Bamboo Branch Song

(Patterned after a folk song of the region of Shu, present-day Szechwan.)

山桃红花满上头，	Red blossoms of mountain peach crowd the upland,
蜀江春水拍山流。	Spring waters of Shu rivers buffet the mountains as they flow.
花红易衰似郎意，	Crimson blossoms so quickly fading, like my lover's ardor;
水流无限似侬愁。	Flowing waters so endless, like the sorrow I feel.

华兹生的译笔十分精彩，不仅介绍竹枝词与蜀地民歌的渊源，而且在用词上非常考究。王国维《人间词话》中曾评论"'红杏枝头春意闹'，著一'闹'字而境界全出"（2014：51），而华兹生把第一句的"满"字翻译为"crowd"，即把枝头桃花竞相开放的情景写得别开生面。拟人与通感的修辞手法，化视觉为听觉感受，化静为动，渲染出一片盎然春意。再如第三句的"意"字，没有使用"love"，而用"ardor"表示对方的爱狂热，但可能来得快也去得快，可以说非常之准确了。需要说明的是，在书中华兹生把这首诗列在第十二章"词"中，并简介"词"原为歌女歌唱之词，后被文人吸收并发扬光大。但竹枝词的体裁亦诗亦词，且国内许多学者认为竹枝词不属于词，其理由是：其格律与词有很大的区别。词有许多词牌，不同的词牌有不同的音律特色，竹枝词却没有严格的音律限制和词调的区分。因为竹枝词与词都产生于民间，起初都是配乐舞歌唱，在音乐上具有某些相同的特质，而恰好词牌中有名为《竹枝子》，这就更加促使一些人将《竹枝》与《竹枝子》混为一谈。（孙杰，2014：17）就刘禹锡的竹枝词而言，自然都是诗体。此外，华兹生在诗歌前介绍"竹枝乃源于蜀地的民歌"，盖因此说由来已久，最早见于宋朝郭茂倩的《乐府诗集》（ibid：46），后被众多学者援引，故华兹生也采纳此说法。不过近年来，孙杰经多方考证，提出"竹枝源于楚地"，倒也是有理有据。（ibid：16）

刘禹锡的竹枝词中，九首是拗体，在格律上比较自由，而另两首则在格律上非常严格。2005 年，兰登出版社旗下分部 Anchor Books 出版了美国当代诗人，洛杉矶惠蒂尔学院（Whittier College）英文系教授巴恩斯通（Tony Barnstone）与周平编译《中国诗歌精选集：古今三千年传统》（*The Anchor Book of Chinese Poetry: From Ancient to Contemporary, the Full 3000 – Year Tradition*）一书，在与刘禹锡相关的近两百字介绍中，提及他对民歌的兴趣并改编为诗歌。书中收录刘禹锡诗歌四首，包括脍炙人口的《竹枝词》二首之一，具体如下（2005：165）：

(6)

杨柳青青江水平，	Willows are green, green and the river water flat.
闻郎江上唱歌声。	I hear a man on the river singing me songs
东边日出西边雨，	And see sun on my east, rain to my west.
道是无晴却有晴。	The sun is shying off, but I feel his shine.

最后一句话的双关，在英译中对译者提出很大挑战。国内的译法就有至少十几种，而本书的译者巧妙地采取谐音的两个词“shying”和“shine”以应对“情”与“晴”的双关，并在页脚处加注解释予以说明。只是原诗中少女对爱郎情感的担心疑虑之情在译文中并未得以诠释，因为译者也承认这种谐音的翻译“令人愉悦，但又似乎不可能完成”（ibid：165）。

2006年出版的《香巴拉中国诗歌选集》（*The Shambhala Anthology of Chinese Poetry*），由翻译家、美国北卡罗来纳大学教授杰罗姆·西顿（Jerome P. Seaton）编撰，其中收录刘禹锡诗作两首（2014：110），包括华兹生英译的那首竹枝词，但译者使用的翻译策略迥然不同。

(7)

Song of the Bamboo Stalks

山桃红花满上头，	Red blossoms: mountain peach, upon the heights.
蜀江春水拍山流。	Shu River: floods of spring caress the mountain, flowing.
花红易衰似郎意，	The flowers bloom and fade, so like his love.
水流无限似侬愁。	The waters run on endlessly: my sorrow.

译者大量运用冒号与逗号断句，使得译文在句式结构上尽量与中文对等，但没有“洋泾浜”英语的尴尬之感，令人耳目一新。以上竹枝词在西方重要的汉诗英译集中的入选，意味着西方汉学学者对刘禹锡文人竹枝词经典性的

普遍认可。

除以上英译，哥伦比亚大学学者魏玛莎（Marsha L. Wagner）的《莲舟：唐代民俗文化中词的起源》（*The Lotus Boat*：*The Origins of Chinese Tz'u Poetry in T'ang Popular Culture*）中论及刘禹锡效仿屈原创作《九歌》，改造巫傩祭祀唱词，仿作《竹枝词》九篇。其作品保留民歌之质朴，加入诗人内心情感，情景交融。（1984：112）美国汉学家梅维恒（Victor H. Mair）主编的《哥伦比亚中国文学史》（*The Columbia History of Chinese Literature*）也有关于刘禹锡竹枝词的论述：他模仿西南和南方地区民间歌谣而创作的诗歌尤为人所称道，其中最著名的包括九首七言绝句《竹枝词》。在《竹枝词序》中，刘禹锡提到四川民间歌谣是他的灵感来源。……刘禹锡诗作中的大量如音乐般甜美的作品，在情绪和韵律上都呈现了一种纯粹的明丽欢快。（2001：306）

除了刘禹锡，同时代的白居易亦创作了竹枝词四首，在西方亦有译介。在《白居易的生平与时代》（*The Life and Times of Po Chü-I*，*772 – 846 A. D.*）中，著名英国汉学家亚瑟·韦利（Arthur Waley，1889 – 1966）写道："白居易前往四川赴任忠州刺史，那里典型的音乐形式就是竹枝词，而且许多被贬至此的文人都给愁苦的竹枝调填词，但最打动人的还是当地巫师的竹枝歌唱。"（1949：131）华兹生在英译《白居易选集》（*Po Chu-i*：*Selected Poems*）中翻译了这四首竹枝词。试举一首为例：[16]

(8)

竹枝苦怨怨何人，	Bamboo Branch，bitter with rebuke，who is it rebuking?
夜静山空歇又闻。	Night hushed，mountains empty，it fades，then I hear it again.
蛮儿巴女齐声唱，	Barbarian lad，woman of Pa pair their voices in song，
愁杀江楼病使君。	Burdening with sorrow this ailing official in his tower by the Yangtze.

唐代民间流行的竹枝歌，声调凄凉悲苦。诗人身染重病，来到他乡，住在冷清的江楼上，听到哀怨动人的歌声，百感交集，愁绪绵绵。作者的语言质朴通俗、含蓄蕴藉。华兹生的英译亦用"bitter，rebuke，burden，sorrow，ailing"等词构成语义链，将这种愁苦的情绪表达得淋漓尽致。

前文提到竹枝词名称的由来，一种说法是歌词中插入"竹枝""女儿"等衬字，常被用来举例的便是唐朝五代时期诗人孙光宪的一首竹枝词："门前春水竹枝白苹花女儿，岸上无人竹枝小艇斜女儿，商女经过竹枝江欲暮女儿，散抛残食竹枝饲神鸦女儿。”此诗选自其竹枝两首之一，曾收录于晚唐五代时期出现的第一部文人词集——《花间集》。美国当代著名汉学家傅恩（Lois Fusek）首次对《花间集》（*Among the Flowers*：*the Hua－chien Chi*）进行全本英译，该译本于 1982 年问世。这首竹枝词的英译在译者笔下为（2012：426）：

(9)

门前春水	Spring waters flow by the gate.
竹枝	Bamboo branches!
白苹花	The duckweed is in flower.
女儿，	Young daughters!
岸上无人	The shores are empty of people.
竹枝	Bamboo branches!
小艇斜	The small skiff is aslant.
女儿。	Young daughters!
商女经过	The lady is gently drifting by.
竹枝	Bamboo branches!
江欲暮	Dusk is near the river.
女儿，	Young daughters!
散抛残食	She throws some crumbs of food,
竹枝	Bamboo branches!
饲神鸦	Feeding the blessed ducks!
女儿。	Young daughters!

不同于《花间集》中多数作品的绮靡之风格，孙光宪的竹枝词清疏秀朗，少浮华之气。这首词是写南方小景。前二句绘出岸边景象，“岸上无人小艇斜”，与“野渡无人舟自横”（韦应物《滁州西涧》）的意境相似，清空古雅；后二句绘出船过此处，商女喂鸦的情景，生动朴质。全词将脂粉味洗却干净，充满着浓郁的生活气息。傅恩的英译直译了竹枝与女儿的衬字，完全再现其民歌形式，同时在用词上尽量采用单音节词，体现其淳朴之风。只是译者未对“竹枝”“女儿”的形式做些许解释，恐怕读者读来会有些迷惑。

（二）宋朝诗人：贺铸（1052—1125）与范成大（1126—1193）

竹枝词发展至宋代，出现许多新的变化：作家作品、数量较唐代有了增长；创作竹枝词的文学手段日益丰富；竹枝词的词体出现变化，音律更为宽松；竹枝词的题材有所扩大。（孙杰，2014：76）在众多诗人中，笔者发现被译介的有贺铸及范成大。

竹枝词在宋代体式的主要变化，是五言四竹枝的出现。贺铸的《变竹枝》九首，可被视为当时的代表作。美国科罗拉多州立大学教授萨进德（Stuart Sargent）在《贺铸的诗歌：体裁、语境及创造力》中介绍贺铸的九首变竹枝文体特征：1098 年，贺铸于江夏变《竹枝》词代酒令。因原有的文人竹枝体都是七言四句，故其五言体式被称为“变竹枝”。前两句描绘景物，后两句则是固定模式，分别为“但闻 X，不见 Y”。X 有三种形式皆可，分别为“歌竹枝、竹枝曲、竹枝歌”；若诗歌押的是平声韵，则第三句用仄声，反之亦然。Y 只能用典。虽然前人的竹枝词大多是组诗，但不会像“变竹枝”这样，每首诗中都有重复的结构。萨进德还评论说，这组诗定在酒席上给宾客带来乐趣，因为它会在同样的结构下激起听者的兴趣，下首诗的最后一句会如何变化；而且，其特别之处不在于幽默的妙语如珠，而在于听众从辨别用典中感受乐趣，而他尚不清楚这九首诗中部分诗句的典故从何而来。作者英译其中两首，试举一例：

（10）

露湿云罗碧，	Dew is moist, the clouds gauze-cyan.
月澄江练白。	The moon is lucid, the River boiled-silk-white.
但闻竹枝歌，	I only hear the Bamboo Branch song-
不见骑鲸客。	I do not see the sojourner astride the whale. (Du Fu told a friend who was going off to the sea that he might meet Li Bo there, riding a whale.)

应该说，作为第一个将竹枝词变为酒令的文人，其作品看似戏作，实际则拓展了竹枝词的题材及表现空间，使竹枝词向士大夫文人的社交生活延伸。（孙杰，2014：77）贺铸一生怀才不遇，写下许多文学作品，但其竹枝词一直

为人所忽视，萨进德的相关译介研究实属难得。其竹枝词英译，在句法上保留中文的结构，与常规语法偏离，是译者保持东方情调化的一种尝试。

范成大的竹枝词作品有《归州竹枝歌》二首及《夔州竹枝歌》九首。在《夔州竹枝歌》九首中，“五月五日岚气开，南门竞船争看来”描述的是端午佳节，当地人民的龙舟竞渡；“白头老媪簪红花，黑头女娘三髻丫”描写的是夔州妇女的穿戴及发饰；“新城果园连瀼西，枇杷压枝杏子肥”写夔州盛产的水果；“东屯平田杭米软，不到贫人饭甑中”则叙写平原地区的农作物，继而批判官僚的不劳而获，世道不公。全诗在地方风情描绘中注入社会现实。加拿大汉学家施吉瑞（Jerry D. Schmidt）在《石湖：范成大诗学研究》中介绍了竹枝词这种独特文体，并英译刘禹锡竹枝词两首及范成大竹枝词五首。对于后者，他有如下论述：范成大的四川之行促进他山水诗的发展，同时对其田园诗的发展也是一个转折点。（1992：79）正如三个世纪前的刘禹锡，四川民歌对范亦产生影响，以其创作的竹枝歌九首其四为例：

（11）

瘿妇趁墟城里来，	Women withgoitres rush downtown to be on time for the market,
十十五五市南街。	Racing in dozens along the south street, where goods are for sale.
行人莫笑女麤丑，	Gentlemen, please don't make fun of these ugly ladies;
儿郎自与买银钗。	Just see how their young boyfriends buy them silver hairpins!

但是施吉瑞某些关于竹枝词的观点亦有失偏颇，如：范的竹枝歌有的仅仅是民歌的形式和对农家生活的描述，而缺少民歌中原有的“爱”的主题，缺乏刘禹锡般对民歌浪漫题材的延伸。范成大的竹枝词多是对四川农家生活的现实描述。脖子上长了巨瘿的妇女在路人看来或许会“低人一等”，但与常人一样，她们也爱打扮自己，而且她们的美也会得到其情郎的欣赏。（ibid：80）

事实上，不同于前朝诗人多利用竹枝词抒情，范成大的竹枝词则着重记述民情风俗。这也是宋代竹枝词发展的一大主要特点，而并非只应限定于爱情主题。此外，“瘿”是民间俗称的“大脖子病”，多因缺碘而造成。三峡地区历史上为此病高发区，范成大更以其亲眼所见，说从重庆到秭归“山水皆有瘴，而水气尤毒，人喜生瘿，妇人尤多”（《吴船录》卷下）。所以竹枝歌中的描述，是对当地妇女常见疾病的实写。同时，也有学者认为第三首中的

"日午买盐沽酒归"之所以强调买盐和酒，一是因为夔州是山区，人民喜爱喝酒，而且，四川云贵一带远离大海，食物缺盐少碘，易患瘿疾，买盐已成为当地居民的必须。诗人突出"盐"与"酒"，抓住了典型，具有山区特点，其意义非一般平原地区群众习惯说的"柴米油盐"可比。（李锦廷，1992：54）这些诗歌背后的信息，可在翻译时加上注脚予以解释，这样西方读者就不会困惑为什么范成大不写美女而要写瘿妇了。

（三）元朝诗人：杨维桢（1296—1370）、虞集（1272—1348）及倪瓒（1301—1374）

元代竹枝词的传播地域，不再局限于川鄂渝等地，开始向全国各地流传，地名加竹枝词（歌）为标题的形式，蔚然成风。此外在体裁上，吟咏爱情的竹枝词，重又回到高峰，占据了相当大的比例。在元代文人中，杨维桢的竹枝词独树一帜，甚至有学者评价为：竹枝词自元代以后，在明清得以大盛，其功不可没。（陈美亚，2004：34）

在美国汉学家宇文所安（Stephen Owen）及哈佛大学教授孙康宜（Kang-i Sun Chang）主编的《中国剑桥文学史》（*The Cambridge History of Chinese Literature*）中，编者之一的亚利桑那州立大学教授奚如谷（Stephen H. West）高度评价杨维桢的竹枝词可以比肩刘禹锡，其作有长篇组诗"竹枝词"，并编有时人常和的《西湖竹枝集》，同时译介其《西湖竹枝歌》九首中的三首（2010：608）。其中之一为：

（12）

湖口楼船湖日阴，	A boat with a cabin at the mouth of the lake, the mouth of the lake, dark,
湖中断桥湖水深。	A broken bridge in the middle of the lake, the water of the lake, deep;
楼船无柁是郎意，	The cabin boat without a rudder: this is your intent,
断桥有柱是侬心。	A broken bridge that has supports: this is my heart.

译者还对此诗进一步地进行解释：湖中楼船无舵，摇摆不航；断桥有柱，屹立不倒，暗喻情人分离时女子的坚定。另一版本"有柱"为"无柱"，则"柱"为"主"的谐音，形容女子为爱疯狂，因疑心焦虑而备受折磨。此诗

前两句连下四个“湖”字，给人复沓回还之感，译诗中的重复与对照达到此效果。只是后两句中“this is”的句式稍显呆板。

1986 年，美国当代著名汉学家、华盛顿大学中国语言与文学教授齐皎瀚（Jonathan Chaves）编译《哥伦比亚中国诗选：元、明、清》（1279—1911）（*The Columbia Book of Later Chinese Poetry*：*Yuan*，*Ming*，*and Ch'ing Dynasties*），另辟蹊径，多选择未被其他译者关注的诗人诗作，包括数首竹枝词，其中虞集一首，杨维桢两首。虞集的竹枝词如下（1986：43）：

（13）

次韵竹枝歌答袁伯长	Following the Rhymes of Bamboo Branch Songs in Response to Yüan Po-chang
沙禽东去避网罗，	Sand birds fly east，they flee the spread net；
荡舟相逐如远何，	My boat bobs in pursuitof them，no matter how far！
越山青青越女白，	TheYüeh mountains are green，green，
从此劳人魂梦多。	the Yüeh girls so white：from now on，both of them will trouble my dreaming soul.

虞集有三首竹枝歌与袁桷唱和，此为其一。写景与述情交融，真情自然，婉约旖旎，耐人寻味。而齐皎瀚的英译很好地再现了原诗风格，其音韵也类似亚瑟·韦利擅长的“弹跳节奏”，译笔生动。正如译者所言：翻译是一种文学的再创作，而且其最终目的就是要重现原作的美感。（张小溪，2014）

此外，美国亚利桑那州立大学汉学家魏世德（John Timothy Wixted）英译日本汉学家吉川幸次郎著作《中国诗歌五百年，1150—1650：元、明、清》（*Five Hundred Years of Chinese Poetry*，*1150 – 1650*：*The Chin*，*Yuan*，*and Ming Dynasties*），其中译介倪瓒的两首竹枝词借咏西湖风光寄托兴亡沧桑之感。试举一例（1989：87）：

（14）

湖边儿女十五余，	Beside the lake is a young girl，fifteen or so，
乌纱约发浅妆梳。	Hair tied with black damask，her makeup light.
却怪爹娘作蛮语，	She has qualms about mom and dad using barbarian speech，
能唱新声独当垆。	So sings the latest Chinese tunes tending bar alone.

此诗出自其《竹枝词》八首，因与杨维桢共游西湖，同赋西湖竹枝词之后。倪瓒虽生活在元朝中后期，但依然不能忘记元军南下灭宋的历史。故在其笔下，15岁的美丽少女嗔怪父母用蛮语说话，而自顾用汉语唱出新曲。魏世德将“却怪”译为“has qualms about”，意为“良心不安”，非常贴切；但“蛮语”译为“barbarian speech”似与原文的口语体不太吻合，不妨使用“barbarian words”。

（四）明朝诗人：何景明（1483—1521）

受当时政局的影响，明朝文人普遍受到压制，竹枝词的发展相对比较平淡，较有影响的诗人有李梦阳、何景明、杨慎、袁宏道等，而相关英语译介亦很少见。目前笔者只在齐皎瀚的《哥伦比亚中国诗选》中发现何景明的竹枝词一首（1986：260）。

（15）

十二峰头秋草荒，	Above the twelve mountains autumn grasses fade;
冷烟寒月过瞿塘。	cold mist, chilly moon—I pass through Ch' ü-t'ang Gorge.
青枫江上孤舟客，	A traveler in a solitary boat upon the river of green maples:
不听猿啼亦断肠。	I haven't heard the gibbons cry but my heart breaks anyway. —According to a well-known folksong, when the traveler down the Yangtze River gorges hears three cries of the gibbons, his heart is broken.

何景明是明朝著名的“前七子”之一，与李梦阳并称文坛领袖。他的竹枝词仅此一首，描写了船过高峻险阻的瞿塘峡时荒凉凄清的景象，折射出作者漂泊异乡、孤寂伤感的心情。“猿啼断肠”的出自《世说新语〈黜免〉》，后成为典故，常用来表示因思念而极度悲伤。因与竹枝词的愁苦情绪非常契合，顾况、刘禹锡等均在竹枝词中用此典故。齐皎瀚的英译亦可圈可点：虽然汉语四句诗都是七言，而英译的句长很难做到一致，但该诗的前两句与后两句句长相当，保持了音韵节奏的平衡；“冷烟寒月”的英译采用意象叠加，加深了悲凉的气氛。最后“猿啼”的典故，译者在注释中予以解释，其含义来自一首著名的民歌。为避免给予读者过多的阅读负担，民歌的出处就此省略。确实，译者提到的民歌名为《巴东三峡歌》。此歌有云：“巴东三峡巫峡

长，猿鸣三声泪沾裳。巴东三峡猿鸣悲，猿鸣三声泪沾衣。”收录于郭茂倩《乐府诗集》卷八十六《杂曲歌辞》。此注释体现了译者高深的汉学素养，为西方读者进一步呈现诗歌深层的含义。

（五）清朝诗人：王士祯（1634—1711）与黄遵宪（1848—1905）

清朝可被视为竹枝词发展的繁盛期，作品与作者数量远远超过前朝的总和，题材也更为广泛，包括婚俗、科举等。同时，竹枝词不仅覆盖各民族各地区，甚至延伸到吟咏国外风土。尽管如此，清诗在西方的译介规模远远不如唐诗，所以笔者目前发现的文人竹枝词英译的仅有王士祯和黄遵宪的作品。

王士祯是清初杰出诗人，被视为一代宗匠，与朱彝尊并称。他每到一地，都要用竹枝词记述当地风土，现存留的竹枝词有五十余首。齐皎瀚的《哥伦比亚中国诗选》中有其竹枝词英译一首，选自其《汉嘉竹枝词》五首之二。（ibid：407）

（16）

城头山色久虚无，	The mountains beyond the city fade to nothingness;
城下清波望郁姑。	The clear waves below the city reveal LakeYü-ku.
白塔红船归去晚，	White pagodas, red boats returning for the night:
嘉州也复有西湖。	Chia-chou, it seems, has a West Lake of its own.

嘉州即如今的四川乐山，苏东坡《送张嘉州》云：“颇愿身为汉嘉守，载酒时作凌云游……”之后，“汉嘉”常用来指代“嘉州”。此五首竹枝词为歌咏当地风土民俗之作，语言典雅，彰显机巧。齐皎瀚选译的这首诗常被后人引用，但包括译者在内，人们似乎对这首诗存在误解。译者将诗中第二句“望”译为“reveal”；第四句“也复有”，译为“it seems has”。由此可以判断，译者认为这里描写的是郁姑湖的美景，可与杭州西湖媲美。无独有偶，国内亦有学者对此诗做出如下评述：“此诗歌咏嘉州的郁姑湖美景，使人觉得嘉州也有西湖胜景。”（陈美亚，2004：250）但资料显示嘉州确有西湖。明《嘉定州志》载：“大西湖大二十亩，水平如镜，可以泛舟……又有小西湖，相距二百余步，大仅前湖三分之一。”由此可见，竹枝词中往往传递大量的人文地貌及民俗信息，英译中需要仔细核对。

黄遵宪是晚清诗人，有“诗界革新导师”之称，喜以新事物入诗。1877年黄遵宪赴日本进行中日外交活动，期间以日本历史、政治、景物等为题材，作《日本杂事诗》二百余首，开拓中国古典诗歌新境界。清人的“杂事诗”即仿“竹枝”体。黄遵宪在最后一首诗中写道：“未曾遍读吾妻镜，惭付和歌唱竹枝。”即作者对于这一作品也是以“竹枝”自命。（王慎之等，2009：288）施吉瑞继其范成大研究之后，又对黄遵宪的诗歌与生平进行研究，1994年出版目前英语世界关于黄遵宪的唯一英语传记《人境庐内：黄遵宪其人其诗考》（*Within the Human Realm：The Poetry of Huang Zunxian，1848—1905，Cambridge：Cambridge University Press*），书中第五、第七章介绍其《日本杂事诗》，并评价这些诗歌都用中国传统古诗中对形式要求最高的七绝写成，许多作品表现出极高的诗歌技艺；诗歌措辞方面具有显著创新，是第一部广泛应用来自国外新词语的作品，如“议院”“耶稣”之类的英译词第一次出现在中国古典诗歌中；此外，这组诗中表现出用典的高超技巧，也是第一部应用印度佛教典籍之外以外国文学和文化内容入诗的诗歌。译者英译其中15首作品。例如（1994：239）：

（17）

Mansions of the former aristocrats

新绿在树残红稀，	The trees' leaves are fresh and green，but few blossoms remain；
荒园菜花春既归。	Vegetables bolt in neglected gardens-the spring season departs.
堂前燕子亦飞去，	The young swallows fly away from the halls of their birth；
金屋主人多半非。	The old aristocrats' mansions have mostly changed masters.

组诗中的每首诗都没有标题，译者根据每首诗的主题自拟题目，便于西方读者快速领会整首诗的主旨。关于翻译方法，译者在前言中表示他早期也尝试过逐字逐句翻译黄遵宪的诗歌，但发现过于刻板；遵宪的诗很难读，部分原因在于他诗歌中大量中国文学传统中的典故。而逐字逐句的翻译，会使专家之外的大众读者感到迷惑。因此关于一些典故的翻译，他尽量使用意义相近的英文习惯表达。……如果翻译中某些细节有可能令读者感到迷惑，诗后的注脚中会附上详细解释。为追求可读性，脚注都非常简短，与理解诗意关系密切的文学和历史典故会有说明，而那些只是为了和前代作品相呼应的典

故，则基本上不做特殊标记。只有那些对诗歌理解而言必不可少的作品、地名和人名才会特别注明。（ibid：IX）

上述这首诗描写的是黄遵宪参观日本旧时贵族德川幕府别墅所感，诗中的第三句直接引自刘禹锡的《乌衣巷》，但如译者所述，为避免影响读者的阅读，此处没有任何注释。竹枝词中本来就会有大量典故，译者如此的处理方法值得效仿。

综合而言，经典文人竹枝词英译呈现以下特点：

1. 文人竹枝词虽为诗体，但在英语形式上，译者基本上采用无韵自由体；若以詹姆斯·霍尔姆斯（James Stratton Holmes）的诗歌翻译分类来看，属于有机译诗体。（1988：27）

2. 竹枝词英译的译者，多为美国、英国、加拿大等国的大学知名学者，且不乏著名汉学家，译介的质量较高；尤其是华兹生和齐皎瀚，以其流畅的句法，精妙的选词，再现了原作的艺术性与意境。

3. 语言层面上，译者的翻译策略不一，施吉瑞、魏世德等以忠实为首要目标，使用以理雅各为代表的"诠释性翻译"；杰罗姆·西顿、萨进德则使用庞德所擅长的"脱体"或"浓缩"等手段，尽量保留中国古典诗歌的句法特征和模糊性。

4. 对于竹枝词中常见的叠字、借代、双关，译者多以显性的方式予以呈现；而对于典故，则需区别对待。例如贺铸的"变竹枝"以用典为特色，必须在脚注予以说明；而其他情况下，为减少英语读者的阅读负担，可简要介绍甚至省略不译。

具体的竹枝词翻译策略分析，由于篇幅有限，作者将另文论述。

除公开出版物，海外许多诗歌爱好者亦在自建网站推介中国古典诗歌，如"诗歌的角落"（Poetry nook）和"山之歌"（Mountain songs）等，均有收录以上部分诗人竹枝词英译数首。这种利用互联网优势传播译介中国经典文学作品的方式亦值得在国内学界进行推广。国内学者可考虑建立专门的竹枝词译介网站，以促进这种独特文学作品在英语世界为更多人了解。

四、海外已有研究的局限性

总体而言，经典文人竹枝词在英语世界的译介各有特色，但相关研究仍有较大局限性。

第一，竹枝词英译作品数量少，目前被英语译介的只有以刘禹锡为代表的少数诗人的寥寥数十首作品，还有大量如苏轼、苏辙、杨万里、杨维桢、冯梦龙等经典文人竹枝词值得发掘和译介。

第二，国外研究者在论及竹枝词时，往往只注意到其发端来自民歌，不了解它是中国文化史料的宝库。如杨万里《圩丁词十解》、邝璠《采桑竹枝词》、浦映渌《采莲竹枝词》、王士恒《河工竹枝词》及顾璘《采樵歌效竹枝体》等直接描述当时社会的生产实践。作为重要的文化遗产，其社会史料的价值远胜于民歌。除了言情，竹枝词咏史、记事、风物的民俗学价值在英译中远远未被发掘。同时，英译者对竹枝词的文体认识存在误区。因名为“竹枝词”，其在英译诗集中往往被归类到“词”的章节，但文人竹枝词是介于诗与词之间的一种文学体裁，且在国内学界，认为其是诗的声势似乎更盛。（孙杰，2014：19）

第三，也是最重要的一点，目前所有竹枝词译介非常零散，也不够深入。无论是主体研究、客体研究还是翻译方法论研究等几乎都是空白。因此，更为宏观、更为系统的竹枝词英语译介研究亟待建立。

五、结语

近年来，在提倡“文化复兴”的新形势下，中华典籍译介逐步受到政府、学者及出版社的重视。在我国，竹枝词的发展历经“作为本土文化的民歌”到“作为过境文化的唐宋文人竹枝词”再到“作为共同体文化的竹枝词”三个阶段，在中华典籍中具有独特魅力。历经千百年流传下来的经典文人竹枝词，无论作为诗歌作品的艺术欣赏，还是作为研究社会历史沿革、风俗民情、地方物产、风景名胜的参考史料，都具有重要价值。本文较为详尽地对英语世界的竹枝词译介进行整理与评述，指出目前研究的局限性。作者认为，国内学者需加强文化自信，应积极总结已有成果的精华；同时，对尚未被译介的经典竹枝词作品进行英译，从而扩大这种“俗中带雅，褒中寓刺，风流骀荡”的文学体裁的民族影响，拓展其在西方社会的传播渠道，让西方汉学界了解其不仅具有文学价值、美学价值，同时具有重要的民俗学和历史学价值。

参考文献

[1] 陈美亚：《历代竹枝词鉴赏》，北京：中国文联出版社，2004 年。

[2] 航羽：《历代竹枝词选》，长沙：湖南文艺出版社，1987 年。

[3] 江岚：《苏曼殊 · 采茶词 · 茶文化的西行》，《中华读书报》，2014 年第 5 期第 21 页。

[4] 李锦廷：《历代竹枝词赏析》，南宁：广西教育出版社，1992 年。

[5] 鲁迅：《且介亭杂文》，北京：人民文学出版社，2006 年。

[6] 孙杰：《竹枝词发展史》，上海：上海世纪出版集团，2014 年。

[7] 孙映逵：《唐才子传校注》，北京：中国社会科学出版社，1991 年。

[8] 王慎之、王子今：《竹枝词研究》，济南：泰山出版社，2009 年。

[9] 王国维：《人间词话》，周锡山编校、评注，上海：上海三联书店，2014 年。

[10] 尹文涓：《〈中国丛报〉研究》，北京大学，2003 年。

[11] 赵崇祚：《花间集（II）》，傅恩、张宗友译，南京：译林出版社，2012 年。

[12] 张小溪：《翻译就是重现原作之美——访美国乔治 · 华盛顿大学中国语言与文学教授齐皎瀚》，中国社会科学报，2014 年第 2 期第 19 页。

[13] Barnstone T. and Ping Chou. *The Anchor Book of Chinese Poetry*: *From Ancient to Contemporary. The Full 3000-Year Tradition* [M]. New York: Knopf Doubleday publishing Group, 2005.

[14] Chaves. J. *The Columbia Book of Later Chinese Poetry*: *Yuan*, *Ming*, *and Ch'ing Dynasties* (*1279 - 1911*) [M]. New York: Columbia University Press, 1986.

[15] Hanshangmengren. *Trans. PatrickHanan. Courtesans and Opium*: *Romantic Illusions of the Fool of Yangzhou* [M]. New York: Columbia University Press, 2009.

[16] Holmes. J. S. Forms of Verse and the Translation of Verse Form. In Translated! *Papers in Literary Translation and Translation Studies* [A]. Amsterdam: Rodopi, 1988.

[17] Mair. V. H. *The Columbia History of Chinese Literature* [M]. New York: Columbia University press, 2001.

[18] Minford J. and Lau J. S. M. Classical Chinese Literature. An Anthology of Translations. Vol. 1: *From Antiquity to the Tang Dynasty* [M]. New York: Columbia University Press & Hong Kong: The Chinese University Press, 2000.

[19] Sargent. S. H. The Poetry of He Zhu (1052 - 1125): *Genres, Contexts, and Creativity* [M]. Leiden & Boston: Brill, 2007.

[20] Schmidt J. D. Stone Lake: *The Poetry of Fan Chengda (1126 - 1193)* [M]. Cambridge: Cambridge University Press, 1992.

[21] Schmidt J. D. Within the Human Realm: *The Poetry of Huang Zunxian, 1848—1905* [M]. Cambridge: Cambridge University Press, 1994.

[22] Seaton J. P. *The Shambhala Anthology of Chinese Poetry* [M]. Boston & London: Shambhala, 2014.

[23] Sun Chang Kang-I and Owen. S. *The Cambridge History of Chinese Literature (Volume 1)* [M]. Cambridge: Cambridge University Press, 2010.

[24] Wagner. M. L. The Lotus Boat: *The Origins of Chinese Tz'u Poetry in T'ang Popular Culture* [M]. New York: Columbia University Press, 1984.

[25] Waley, A. *The Life and Times of Po Chü-I, 772 - 846A. D.* [M]. London: George Allen & Unwin Ltd, 1949.

[26] Watson. B. *Po Chu-i: Selected Poems* [M]. New York: Columbia University Press, 2000.

[27] Wu-chi Liu and Irving Yucheng Lo. Sunflower splendor: *Three Thousand Years of Chinese Poetry* [M]. New York: Anchor Press/ Doubleday, 1975.

[28] Yoshikawa Kōjirō. Translated by Wixted. J. T. Five Hundred Years of Chinese Poetry, 1150 - 1650: *The Chin, Yuan, and Ming Dynasties* [M]. Princeton: Princeton University Press, 1989.

《易经》英译研究的新突破

——《〈易经〉英译的符号学研究》评介

杨　森*

【摘要】 王晓农《〈易经〉英译的符号学研究》是一部《易经》英译批评研究专著。该书以符号学作为主要理论资源和作者对《易经》文本的研究成果，对国内外7部《易经》英译本进行了描述性为主和规定性为主的两轮评估，考察了诸译本取得的成就和存在的问题，提出了明确评价。在规定性评析部分，作者构建了《易经》文史哲三元诠释模式，对《易经》文本寓含的诸多古史要素及其隐含叙述框架、古歌要素和哲理要素及其整体原始哲理内涵进行研究，提出了具有原始构成标记的《易经》文本拟定本，并对各译文进行了三位一体的分析。在此基础上，作者提出了《易经》复译的蓝图。该书主要的学术创新在于翻译批评研究方法、《易经》人文主义解读和提出了《易经》拟文本，代表着《易经》英译研究的新突破。

【关键词】《易经》　英译　翻译批评

一、引言

《易经》这部书，就其产生年代而言，在中国传世文献中除了《尚书》和《诗经》中的一部分可与之相比，似乎没有比它更早的典籍了。它是最能体现中国传统文化的一部古老经典，今天人们仍然在从中汲取智慧。《易经》

---

* 杨森，女，南开大学外国语学院2014级博士生，主要研究方向为典籍翻译与译论研究。

通过翻译西传始于17世纪来华的传教士，19世纪开始出现英译本。今日《易经》英译本蔚为可观，自1876年麦丽芝首次全译为英文以来，各类英译本已有近百种。（李伟荣，2017：4）经典重估和诠释，包括翻译及其批评，是当今中国学术和文化研究的一个紧迫问题。文献检索显示，国内外对《易经》翻译和英译问题的专门研究用力很不够，且现有研究多不出传统易学的套路，未能体现20世纪以来《易经》研究取得的新成就。王晓农的《〈易经〉英译的符号学研究》（2016）旨在以新眼光看待《易经》并评价《易经》诸多的英译本，是一项《易经》翻译批评的人文学术研究成果，体现了多重学术创新，代表着国内《易经》外译研究领域的新突破。本文就该书的内容进行简要介绍并试就其学术创新进行总结。

二、全书内容简介

《〈易经〉英译的符号学研究》一书是作者在其同名博士学位论文（南开大学，2015）基础上改写而成的学术专著，全书40余万字。作者的博士导师、国内典籍翻译研究泰斗王宏印教授为该书作序。从体例上而言，全书除前言、附录等部分之外，主体部分包括五章，下面对各章进行简要介绍。

第一章是绪论，作者用较长篇幅对《周易》进行了概述，包括经传及易学和《周易》版本情况，说明其研究以经为主的要旨。然后进入国内和国外"《周易》研究文献综述"，将研究置于易学与翻译学的学术背景之下，旨在建立其研究的学术背景和资料基础，同时说明在该研究论题上目前存在的主要问题。此后是"中国古代符号学与《易经》初步研究"，阐明中国古代符号学和易学的关系并对《易经》进行初步的符号学研究，由此奠定研究的理论基础，作者指出中国古代符号学不足以支撑对《易经》英译的批评研究，由此引出西方符号学的有关理论。最后是研究主体部分的研究设计。由于《易经》译本众多而该研究容量有限，因此如何筛选译本研究对象是一个首先要解决的问题。作者阐明了研究的对象即7部《易经》英译本（理雅各译本、卫礼贤–贝恩斯译本、蒲乐道译本、夏含夷译本、林理璋译本、傅惠生译本和裴松梅译本）及其选择依据，以及研究的主要问题与研究方法、研究的难点及解决思路、所依据的主要理论，厘清了有关理论概念。这样为下一步研究搭建起了基本框架。

第二章“《易经》主要英译本第一轮评析”，作者对选定的7部《易经》译本进行描述性为主的第一轮评析。首先交代7部《易经》英译本的基本情况以及首轮评析的共享标准。就本轮评估各译本共享的基本评析标准而言，作者指出对英译文的分析注重三个层面：一是在主要关乎言内意义的方面，译文包括正文及其注解应表达准确，在总体风貌上，译文应匀称、统一，具有适当的语言表达之美感，具有相当的可读性；二是在主要关乎指称意义的概念、事理方面，因文本的文化性、思想性，译文要达到客观、完整、缜密，不仅自身要在思想上完整、贯通，还要符合所据原文文本和解释资源的整体理论精神和概念体系；三是在主要关乎语用意义的原文意图意义再现方面，应符合原文、翻译意图，以及译本自身设定的翻译目标。作者针对7个个案逐一展开研究，每一个案研究包括译者研究、译本描述、翻译策略分析、译本评价四个环节，侧重译者所据原文及解读资源、译者设立的翻译目标、目标读者等进行评析。最后对7部译本进行综合评析，阐明各译本的定位、翻译成就和不足，并以《渐》卦及其7个英译文为例进行了比较分析，以弥补个案分析之不足。这部分篇幅较长，涵盖了非常丰富的研究材料，体现了作者细致严谨的研究态度。

第三章和第四章，主要对7部《易经》英译本进行第二轮评析。第三章“《易经》卦爻辞结构与文史哲三元模式的确定”，旨在建立评析的学理基础。在这一章中，作者先提出《易经》卦爻辞三元构成假设，然后从历史、诗歌和哲理三维入手对《易经》文本进行人文主义解读，识别其中的文史哲材料。古史方面侧重语义学分析，厘清所含历史事实，力图形成一个连贯历史叙事框架；古歌方面侧重句法学分析，力图以《诗经》诗歌为参照识别古歌成分，整理出多首古歌或片段；哲理方面分析断辞和部分词句所含的哲理内涵和价值取向。由此证实了上述假设，确定了《易经》64卦拟定本。例如，《姤》卦的拟定本为“姤。女壮。**勿用取女。**/ 初六：系于金柅。**贞吉。有攸往，见凶。**羸豕孚踯躅。/ 九二：包有鱼。**无咎。不利宾。**/ 九三：臀无肤，其行次且。**厉。无大咎。**/ 九四：包无鱼。**起凶。**/ 九五：以杞包瓜，含章。有陨

自天。/ 上九：姤其角。**吝。无咎。**"（第 209 页）[1]

第四章"《易经》主要英译本第二轮评析"，是对《易经》7 部译本进行第二轮评析。在这一章里，作者首先设立新的译本评价标准，要点是借鉴王宏印（2010：164）对严复信达雅的诠释和增加的二级概念，结合文史哲三类文字对真善美的不同侧重，提出三类文字译文具有不同侧重的评析标准，如历史类文字译文（包括副文本，如解说、注释等）在"信"（事理要求）整体上应客观、真实、准确；在"达"（语言要求）上要完整、贯通、鲜明；在"雅"（风貌要求）上要简约、匀称、庄重。据此对所选译本进行个别和整体研究，最后对译本进行综合比较研究。这一章内容主要分为侧重符义学的《易经》古史文字英译分析（主要是爻和卦层面）、侧重符形学的《易经》古歌英译分析（主要是爻和卦层面）、侧重符用学的《易经》哲理文字英译分析（卦爻辞中的哲理词句和部分断辞），并有《易经》文本文化词语英译分析。最后作者提出对 7 部译本的明确评价，涉及各译本存在的主要问题与译文分级。就译本分级而言，作者按照不同的分析项目，将各译本分为上中下三级。

第五章"对《易经》复译的思考"为最后一章，主要论述了《易经》符号文本的不可译性与可复译性；然后作者结合自己的译例，从符形学、符义学和符用学[2]三个层面对《易经》"理想"译本的进行思考，提出了《易经》复译的蓝图；最后以《易经》英译为例论述中国古籍外译的多样性问题。

正文之外，作者还设了附录"《易经》64 卦拟定本"，是其作者基于传本《易经》，根据对《易经》文本的研究，对卦爻辞进行断句、标点，勘定个别文字，确定了《易经》64 卦拟定本，其中以不同字体标记古史、古歌和哲理类文字。关于对各卦经文内部文史哲三类文字的识别，作者在正文第三章中列举并详细分析了若干例子，资料翔实、论述周密，可见作者厚实的学术功底。

---

① 据书中说明，拟定本中除卦号外，楷体部分为历史类文字、宋体部分为文学类文字、黑体部分为哲理类文字。

② 符号学术语"Syntactics"，"Semantics"和"Pragmatics"多年来译为"句法学"、"语义学"和"语用学"。赵毅衡（2011：171）建议译为"符形学"、"符义学"和"符用学"，以容纳非语言符号问题。

三、学术价值与创新

作为一项人文学术研究成果，这本专著的出版具有重要的意义。它为新的《易经》研究、价值重估、翻译评估及其研究奠定了基础，拓展了易学的版图，增加了相关知识量并重释了部分有关《易经》的旧知识，有益于促进中国文化典籍的价值重估、诠释、外译及其研究，促进解决《易经》英译中的一些问题。对翻译学科发展、翻译批评学科建设和翻译理论研究也具有一定的学术价值和意义。它可为《易经》研究、翻译和译本研究提供新的研究参照和资源，并有望引起一系列新的学术研究和讨论，或会对《易经》英译中存在的粗制滥造现象产生一定制动作用。同时，作者还在书中对一些《易经》研究涉及的具体问题给出了自己的解答，呼唤新的《易经》译本产生，并为其产生提供参考。

纵观全书，这是一部创新性很强的学术著作，其学术创新主要体现为四个方面，简述如下。

（一）构建了《易经》分析和诠释的文史哲三元模式

根据有关《易经》研究和作者本人的研究成果，构建了一个吸收新的研究成果的《易经》分析和诠释的文史哲三元模式。对《易经》文本寓含的诸多古史要素及其隐含叙述框架、古歌要素和哲理要素及其整体原始哲理内涵进行了三位一体的分析，并且提出了具有原始构成标记的《易经》文本拟定本，可为《易经》研究、翻译及译本研究提供新的研究参照和学术资源。其分析模式的建构建基于现代符号学的学科三分框架和人类文化知识系统的文史哲三分框架，据此分析了《易经》经文的基本构成和不同组分的主要属性，最后从分析走向综合，从而能够更好地认识《易经》，特别是作为经文主体的卦爻辞的人文性质。这一模式也可为对其他一些中国文化古籍乃至外国文化古籍的文本分析可能的路径提供借鉴。

（二）提出了描述性为主和评价性为主的《易经》英译批评两轮评估程序

在《易经》英译评论研究方面，藉符号学作为主要理论资源和该研究对

《易经》文本的分析成果，作者在书中提出了描述性为主和评价性为主的两轮评估程序，对国内外 19 世纪末特别是 1960 年以来出现的 7 部《易经》英译本进行了描述性为主和规定性为主的两轮评估，较全面、客观地考察了诸译本取得的成就和存在的问题，提出了明确的评价。基于这些分析结果，还提出了《易经》复译的蓝图并尝试对《易经》经文进行了英译。对于评价性为主的译本评析，作者确定了针对《易经》文本翻译的、反映翻译个案特殊要求的译文评价两级标准，应用于《易经》译本评析和《易经》复译本的构建。这对于中国文化古籍外译评论以及一般的翻译批评乃至翻译批评学科建设都可以提供一定的学术资源和方法论参照。

（三）提出了针对《易经》文本特征和翻译的符号学分析框架

在这本书中，符号学研究，主要涉及语言符号，特别是挂爻辞结构，涉及《易经》文本的形成、解读和翻译。在符号学应用于《易经》翻译批评方面，作者提出了针对《易经》文本特征和翻译特殊要求的符号学分析框架。这样的尝试在中国文化古籍外译评论和翻译批评领域还不多见。另外，除了对符号学基本概念和理论的应用，这本专著中的研究还涉及基于符号学文本理论、属于符用学的文化符号学文化标记理论等的《易经》文本研究，例如辟专节论述了原文文化中项偏边标出英译再现的符用学分析。据笔者所知，这一分析是前人所未做的，作者的研究为中国古籍外译评论研究和一般翻译批评提供了一个符号学模式的应用案例，是非常可贵的。

（四）阐明了关于《易经》研究的一些新观点

作者沿着 20 世纪以来新的易学研究传统，特别是古史研究传统，对《易经》符号文本的基本问题如其成书时间、编作者、编作过程进行了探讨，提出了自己的观点，尤其对《易经》卦象符号进行了新的诠释。关于《易经》卦、辞的关系演变，作者在前人研究基础上进一步指出了原始卦象系统的占筮历法身份和原始经文中卦爻辞的主体地位，以及《易传》出现以后二者地位的反转。作者通过对一些文字进行考释，给出了新的解释。如上文举例的“姤卦”之“姤”字，作者指出它很可能是“女”字和“后”字的合文。这些研究成果都有望在学界引起易学研究和讨论。

当然，该书的研究也存在一定的不足。例如，在《易经》符号文本的构成研究中，虽采用了卦爻辞构成文史哲三元模式分析，对个别卦爻辞的词句尚不能确定其问辞还是断辞归属；有一小部分卦爻辞组分的文史哲性质尚难确定，仅是据主观臆测和最大可能之判断进行了定位。在本《易经》英译的符号学研究中，主要把符号学作为统摄各种材料的框架，未能将符号学有关理论贯穿到整个研究过程。希望作者在未来的研究中，着力完善这些方面的研究，取得更多研究成果。

四、结语

王晓农的《〈易经〉英译的符号学研究》以符号学作为主要理论资源，基于作者对《易经》文本的研究成果，对国内外 7 部《易经》英译本进行了描述性为主和规定性为主的两轮评估，考察了诸译本取得的成就和存在的问题，给出了较客观、全面的明确评价。在规定性评析部分，作者构建了《易经》文史哲三元诠释模式，对《易经》文本寓含的诸多古史要素及其隐含叙述框架、古歌要素和哲理要素及其整体原始哲理内涵，进行了三位一体的分析，并提出了具有原始构成标记的《易经》文本拟定本。在此基础上，该书还提出了《易经》复译的蓝图。该书体现了多重的学术创新，主要体现在其新颖的翻译批评研究方法、《易经》人文主义解读和《易经》拟定本的提出等方面，是一部高水平的学术专著，具有很高的学术价值和实践意义，代表着《易经》英译研究的新突破。

参考文献

[1] 李伟荣：《英语世界的〈易经〉研究》，北京：中国社会科学出版社，2016 年。

[2] 王宏印：《文学翻译批评论稿》（第二版），上海：上海外语教育出版社，2010 年。

[3] 王晓农：《〈易经〉英译的符号学研究》，北京：中国社会科学出版社，2016 年。

[4] 赵毅衡：《符号学原理与推演》，南京：南京大学出版社，2011 年。

国家翻译政策

栏目：翻译政策与对外传播

进入21世纪以来，国际间的竞争越来越表现为综合国力的竞争，因此，越来越多的国家开始更加重视文化“软实力”的提升和民族文化的对外传播。文学是传承人类文明和文化最有效的载体，因而，文学作品“走出去”成为各国加强对外文化交流，推动文化外交的必然选择。翻译则不可避免地一直在文学对外传播过程中起着不可或缺的作用。

在不同的历史条件下，翻译主要受到意识形态、文化等多方面因素的限制，这些因素从政治、经济、社会地位等方面来限制和引导译者的翻译行为。其中，由政府及其相关部门等赞助人制定的翻译政策的影响更是举足轻重。“翻译政策”这一概念由霍尔姆斯在其1972年的论文《翻译研究的名与实》（Holmes，2000）中首次提出。霍尔姆斯作为早期翻译研究学派的创始人之一，他在这篇论文中对翻译学科的研究目标和性质、研究范畴及其学科框架的构建提出了系统而详细的构想，被翻译学界“普遍认为是该研究领域的成立宣言”（Gentzler，2004：93）。霍尔姆斯将“翻译政策”纳入“应用理论”的范畴，与“译员培训”、“工具制订”和“翻译批评”共同并列为“应用理论”的四大分支。不过，与其他三方面内容相比，霍尔姆斯对“翻译政策”的描述并不清晰，只阐述了翻译政策“涉及翻译在社会中的地位，包括翻译在语言教学课程中应有的位置”（Holmes，2000：181）。

事实上，“‘翻译政策’现在更多是和决定翻译的意识形态联系在一起，而非霍尔姆斯当年所描绘的情形”（芒迪，2007：34）。梅勒茨将“翻译政策”定义为“在公共领域内规范翻译的一整套法律规定”。所涵盖的内容十分广泛，包括“意识形态、译者的策略、出版商的策略、资助及奖金、译者培训等”（Meylaerts，2010：163－168）。由于翻译政策本身的特性，它既可以是

“显性的”政策，也可以是“隐性的”政策。所谓的“隐性”，是指有关“翻译政策”的相关定义或文献有时并不被国家或地区明文规定，而是常常存在于政府官方网站、国家领导人讲话或其他相关媒体。此外，翻译活动作为文化活动的一部分，经常受到政治、经济、媒体、出版等因素的影响。因此，“翻译政策”在多数情况下还体现在“政治政策”、“经济政策”、“文化政策”及“外交政策”之中。（滕梅，2009：11－12）

作为由政府或机构制定的一系列与翻译或翻译活动相关的决定，翻译政策的目的是解决具有普遍意义的语言或翻译问题；国家翻译政策则是政府或其他国家官方机构为确保国家翻译活动的方向而制定的强制实行的政策或要求。“国家和政府通过制定翻译政策，一方面为各类翻译活动指明总体的翻译方向，规范翻译秩序，使翻译活动井然有序的进行；另一方面国家通过翻译政策直接作用于某些翻译活动，使之为国家意识形态服务。”（滕梅、吴菲菲，2015：110）翻译政策为翻译机构的翻译活动提供宏观指导，翻译机构则通过自上而下的管理以及开展各项具体翻译活动将译者与国家翻译政策以及国家战略密切联系起来，为国家的政治、经济及文化发展服务。国家翻译政策决定翻译行为和翻译产品，翻译行为和翻译产品则直接影响到文学作品对外传播的效果。

目前，学界人士正在对中国文学的对外传播活动进行积极的探索，但主要集中在翻译策略的选择以及翻译产品在国外的接受情况等，而对由政府及相关机构所制定的翻译政策对翻译活动的规约或促进作用少有提及。事实上，国家翻译机构在翻译政策的指导下成立，“作用于政权与译者之间，既是翻译政策的执行者，同时又是沟通译者与政府的桥梁，在下情上达和政策制定及执行过程中起着不可或缺的作用”（滕梅，2013：136）。翻译政策为国家翻译机构的翻译活动提供宏观方向，明确翻译重点，同时国家翻译机构通过自上而下的规划和组织践行翻译政策，促进本国文学对外传播。翻译机构通过翻译政策的制订和执行这一媒介将翻译活动的外部和内部相连接，以一定规模的、有组织、有意识的翻译活动，在人类历史活动和交流中起到了重要的作用。其中，由国家政府直接发起并组织的国家翻译机构直接服务于国家政权对翻译的需求，受到国家层面上的翻译政策的制约更加明显，其翻译目的性和社会功用性更强，其翻译活动会上升至国家发展和国际交流的高度，因而更能体现国家意志和需求。

为反映翻译政策研究的最新发展，本期“翻译政策与对外传播”栏目刊登的3篇文章作为国家社科基金项目《东西方翻译政策比较研究》（项目编号：14BYY009）的阶段性成果，分别以法国、西班牙和韩国的翻译与对外传播活动为个案，探讨了翻译政策、翻译机构以及对外传播之间的内在联系及运行机制。

滕梅、焦小梅一文以20世纪初韩国制定的“深化韩国文学世界化”翻译政策为切入点，通过韩国文学翻译院开展的翻译相关活动及数据，剖析翻译政策对翻译机构活动的影响，探讨国家翻译机构如何服务于国家政治、经济、文化战略，在树立国家文化形象以及文学对外传播等方面发挥重要作用。

修文乔、徐妍一文以西班牙塞万提斯学院的运行机制和鲜明特色为案例，分别从翻译作品推广的载体、翻译书目的选择和翻译市场的调查三个方面探讨翻译机构对图书外译的推动作用，以为推进图书外译和传播中国文化提供借鉴。

法国作为传统文化大国，有着悠久的对外文化交流历史，已具备一套较为成熟和完善的文化外交机制和文化传播网络，成为其他国家开展对外文化交流与合作所效仿的对象。王吉英、苏颖一文探讨在文化全球化和文化数字化的背景下，法国如何把文化外交提升至国家战略层面，利用有形的对外文化传播机构和无形的多媒体数字技术，加强对外传播法国语言与文化，不断提高文化软实力，增强法国文化的国际影响力。

希望这些文章能引发学界对翻译政策与对外传播领域更深入的探讨，并对我国相关翻译政策的制定与实施提供参考与借鉴。

参考文献

［1］芒迪：《翻译学导论——理论与实践》，李德凤等译．北京：商务印书馆，2007年。

［2］滕梅：《A Study on Translation Policies in China since 1919》，济南：山东大学出版

社，2009 年。

［3］滕梅：《中国翻译政策研究》，北京：中国人民大学出版社，2013 年。

［4］滕梅、吴菲菲：《翻译政策作用下的国家翻译机构——以中央编译局为例》，《外语教学》，2015 年第 4 期。

［5］Gentzler, Edwin. *Contemporary Translation Theories* (*revised Second Edition*) [M]. Shanghai: Shanghai Foreign Language Education Press, 2004.

［6］Holmes, James. *The Name and Nature of Translation Studies* [A]. *L. Venuti.* (*ed.*) *The Translation Studies Reader* [C]. London/ New York: Routledge, 2000: 172 – 185.

［7］Meylaerts, Reine. *Translation Policy* [A]. Y. Gambier & L. van Doorslaer. (eds.) Handbook of Translation Studies [C]. Amsterdam/ Philadelphia: John Benjamins, 2010: 163 – 168.

从塞万提斯学院谈中国对外文化机构与图书外译[*]

修文乔　徐　妍[**]

【摘要】在文化竞争激烈的今天，图书外译在推动中国文化“走出去”、提升中国国际影响力中扮演着重要角色。而越来越多的例证表明，要想做好图书外译工作，就需要充分发挥对外文化机构的作用。本文以西班牙塞万提斯学院的运行机制和鲜明特色为例，从翻译作品推广的载体、翻译书目的选择、翻译市场的调查三方面分析该机构对我国对外文化机构特别是孔子学院推动中国图书外译工作的借鉴作用。

【关键词】塞万提斯学院　对外文化机构　孔子学院　图书外译

一、引言

中国文化“走出去”是一种新兴的民族文化发展战略，也是世界了解中国的新渠道。文化主权是大国政治的核心观念。（王沪宁，1994）将中国文化引入世界各地，可以更好地展示中华文化的独特魅力，树立良好的国际形象。要让中国的文化“在国际社会上得到认可，使文化成为真正的软实力”（李智，2008：22）。而书籍，尤其是文学书籍，往往承载着一个国家一个民族的文化精华，能够以最直接最直达心灵的方式传递文化信息。因此，书籍外译

* 基金项目：国家社会科学基金项目《东西方翻译政策比较研究》（项目编号：14BYY009）。

** 修文乔，女，中国石油大学（北京）外国语学院副教授，主要研究方向为翻译理论与实践，翻译史研究。徐妍，女，中国石油大学（北京）外国语学院研究生，主要研究方向为翻译理论与实践，翻译史研究。

是中华文化“走出去”的一条重要途径。而随着对外文化机构在各国的影响力逐渐增大，它们在图书外译中的作用也愈显突出。但就目前的情况来看，我国的对外文化机构在推动图书外译、传播中华文化方面未能充分发挥作用。本文从翻译作品推广载体、翻译书目选择、翻译市场调查三方面分析塞万提斯学院在推动西班牙语书籍外译方面的作用，以为推进图书外译和传播中国文化提供建议。

二、对外文化机构与中国图书外译

（一）对外文化机构

各国设立对外文化机构是为了在世界范围内推广本国的语言，促进与其他国家的文化交流，争取本国在国际上的话语权。法国的法语联盟、英国的英国文化协会、意大利的但丁学院、德国的歌德学院、西班牙的塞万提斯学院，以及中国的孔子学院等都属于相同性质，统称为对外文化机构。它们“以语言推广、教育和文化交流活动等为主要工作内容，着力展现自己国家和民族的文化特性、文化魅力，促进本国与世界其他国家的交流与对话，在提升自己国家的文化影响力方面扮演着极其重要的角色”（帅颖、沈壮海，2014：136）。

对外文化机构的管理模式分为两种模式：特许经营和集中管理。（帅颖、沈壮海，2014）西班牙的塞万提斯学院和中国的孔子学院都属于后者。虽然对外文化机构都是民间组织，但它们并非完全脱离政府，有些直接受“国家政府部门领导”，有些则“与国家政府部门签订协议达成合作关系”。（帅颖、沈壮海：2014）无论是否受政府直接领导，对外文化机构都服务于国家的对外文化战略，接受国家不同程度的资助。因此对外文化机构的“工作与国家总体的外交政策步调一致”（唐虹，2009：56）。从西方的对外文化机构来看，它们是本国对外文化政策非常重要的执行机构，不仅在世界范围内推广本国语言，而且借助机构优势，定期或不定期开展各种文化活动，以潜移默化的方式将本国文化推向世界。

许多在世界范围内影响力较大的对外文化机构都非常重视推动文化交流。

同样，它们会借助本身的语言优势，发挥在本国图书外译和传播方面的作用。比如歌德学院“在各国发起图书翻译资助项目”，以此将德国重要的“科学著作、优秀纯文学书籍和少年儿童书籍及有价值的通俗专业书籍介绍给非德语读者”（腾梅、赵瑞芳，2016：9）。

对外文化机构一方面与国家政府部门有着紧密的联系，积极响应国家的外交政策和对外文化策略；另一方面，它们能够深入世界各地，以语言学习为依托，最直接最方便地与当地文化交流。在这种情况下，对外文化机构在推动国家的图书外译方面有着得天独厚的优势。

（二）中国的图书外译

一个国家或民族的书籍作品是本民族思想文化、人文风俗的积累和体现。真正意义上的书籍反映了这个国家或民族的意识形态。传播好中华文化，就要从传播中华优秀书籍开始。而传播图书，首先要解决的就是书籍翻译的问题。在这种情况下，陈伟（2016：15）提出：“中国当下为推动民族文化复兴及‘中国梦’实现而实施的中华文化‘走出去’战略，就其力度与广度而言，可能昭示着我国翻译史正进入又一个高潮。”“中国文学文化的外译注定是这次高潮的主题，最终目标应该是提高中国文化的软实力。”

目前中西跨文化交流之间存在极不对等的问题，中国的书籍作品在国际上的影响力与西方文学作品在中国的影响力相比相差甚远。要想做好中国图书外译工作，必须协调各方面因素，调动各方面力量，借鉴西方国家文化外推的经验，特别是他们在利用本国对外文化机构推动图书外译方面的经验。下文将以西班牙塞万提斯学院图书外译活动为例，分析该对外文化机构在传播本国文化方面做出的努力。

三、塞万提斯学院图书外译活动

西班牙塞万提斯学院成立于 1991 年 3 月 21 日，是一所非营利性质的机构。它是西班牙外交部的下设机构，致力于促进西班牙语教学，并在全世界传播西班牙语国家的文化。西班牙政府大力支持塞万提斯学院的工作。塞万提斯学院以西班牙著名诗人塞万提斯命名，该学院的领导工作人员涉及西班牙及西班牙语美洲的学术界、文化界和文学界，通过在世界各国建立塞万提斯分院和开设塞万提斯课堂，开展西班牙语教学工作和传播西语国家的文化，让全世界更好地了解西语国家。目前，塞万提斯学院在三十多个非西语国家设有机构，分院遍及世界四大洲。一方面，它是中国政府唯一官方认证的西班牙语教学公共机构及 DELE（西班牙语水平考试）举办地，为了能够随时更新知识及教学方法，塞万提斯学院每年都会组织老师参加培训班和研讨会；另一方面，塞万提斯学院在各国与西班牙驻华大使馆和其他西班牙语国家驻华大使馆开展合作，积极推动西班牙语文化在世界范围内的传播。

塞万提斯学院“性质上虽然不是国家机关，但其理事会由西班牙国王任主席，西班牙在任总统担任副主席，主要决策部门成员由来自西班牙外交部、文体部、财政部、教育部、国内事务部等重要部门的代表组成”（帅颖，沈壮海，2014）。塞万提斯学院的地位以及它在推动西班牙文化与世界其他文化交流上的贡献可见一斑。该机构以图书馆作为翻译作品推广载体，以当代文学作为藏书主体，及时开展市场调查、了解翻译图书需求，为西班牙图书外译和文化传播做出了很多努力。

（一）以图书馆作为翻译作品推广载体

作为西班牙重要的对外文化机构，塞万提斯学院除了日常教授西班牙语外，还会负责传播西班牙语及拉丁美洲文化。学院经常举办类型多样的文化活动，包括开设展览、讲座、放映西语电影、举办研讨会、圆桌会议、举行音乐会和舞台艺术等。在图书外译方面，塞万提斯学院最显著的特点就是“拥有世界上庞大的图书馆网络 RBIC，以及先进的数字图书馆”（葛海燕，2012：24）。数字图书馆设在塞万提斯学院官网，内有固定的新书推介、出版物、电子图书馆、少年儿童角栏目。学院在北京设安东尼奥·马查多图书馆，在上海设米盖尔·德·塞万提斯图书馆。图书馆与其他西班牙图书馆合作，为读者提供与西班牙语或西班牙和拉美国家文化相关的资料，图书馆阅览室免费对外开放。北京安东尼奥·马查多图书馆最近的统计显示，馆内藏书超过 15000 册。这些书籍得益于西班牙驻华大使馆与图书馆项目的合作，大部分书籍（近5000册）来自西班牙大使馆的捐赠，部分书籍来自其他西班牙语国家驻中国使馆的捐赠，还有一部分是由图书馆购买的。所藏书籍大部分是中国的西班牙语学者翻译工作的成果。同样，西班牙文化部下属的图书、档案和图书馆总局会提供翻译资助项目。

以北京的安东尼奥·马查多图书馆为例。图书馆阅览室设有阅览座位和视听座位，阅览室免费开放，可以自由进入。读者也可以办理读者卡享受图书借阅服务，读者卡为年卡，仅限本人使用，不能转借。塞万提斯学院的西班牙语学生可以免费办理读者卡。另外，无论是个人或团体，如提前预约，可以享受图书馆为读者提供的培训和参观讲解服务，以便读者充分利用图书馆资源。除此之外，图书馆还会定期举办新书推介活动，例如作家新书分享会、作者交流会、新书展览等。

对外文化机构一般设立于其他国家的重要城市，目标读者相对来说更容易或者更加乐于阅读外国文学作品，接触外国文化。在中国，北京、上海两市都设立了塞万提斯学院，建立数字图书馆则更大程度上提升了西班牙语文学在全球的影响力。大部分对外文化机构主要功能是外语教学，接触到的主要群体是本国语言的爱好者或需求者。借对外文化机构之手在当地开设图书馆，可以最快最有效地将文学译作展示给本国语学习者，进而通过他们推广到大众群体中去。

（二）以当代文学作为藏书主体

塞万提斯学院不仅在北京和上海分别建立实体图书馆，还设立了数据齐全的数字图书馆。笔者通过采访北京安东尼奥·马查多图书馆工作人员得知，该图书馆馆藏的15000册书籍中包含大量的汉译西班牙语图书，且主要集中在西班牙和拉丁美洲文学书籍方面。近几年更是关注当代文学的翻译作品，其他还有儿童及青少年文学作品、字典、百科全书以及哲学、宗教、美食、美术、历史地理等方面的资料。在该馆提供的《汉译西班牙语文学图书目录》一书中收录了馆内276本汉译西班牙语书籍的信息。这些译本全部为西班牙语文学作品，包括小说、戏剧选、散文诗、经典诗歌，都由中国译者翻译。此外，塞万提斯学院还经常举办图书推介活动，以推广本国或西语的书籍译作。如邀请墨西哥年轻女作家瓦莱里娅·路易赛丽及译者范晔，与观众座谈广受国际好评的散文集《失重》；为纪念明末来华天主教传教士、西班牙汉学家庞迪我逝世400周年，塞万提斯学院北京文化中心以“2018——庞迪我年”为主题举行了一系列盛大的庆祝活动。在启动仪式期间举办了两本书籍的首发式，其中一本是中国社科院、历史研究所张铠所著《西班牙的汉学研究（1552—2016）》；另一本是由多位专家和学者共同整理和翻译的《耶稣会士庞迪我著述集》。

在众多的图书类别中，塞万提斯学院的图书推广以西班牙的文学作品为重点。无论是实体图书馆的藏书还是数字图书馆的电子图书，都以西班牙经典文学作品居多。塞万提斯学院图书管理员伊万解释：“让不同的文化互相了解和认知的最好方法是在文化间建立对话的桥梁。如果这一对话建立在文学的基础上，那么双方就可以更好的相互理解，不受时间与空间的阻隔。因为众所周知，文学在各文化自身价值观的形成过程中起到了至关重要的作用。”对我们来说，中国读者可以通过中文译本分享到米盖尔·德·塞万提斯、巴尔加斯·略萨或是加西亚·洛尔卡等大师的作品。

（三）以调查研究作为需求导向

尽管我国在图书作品外译方面做出很多努力，但仍然有大量的图书翻译作品在译入语国家接受程度不高，原因之一就是大多数翻译作品的选择并没有迎合目标读者的需求。“目的语文化中的主导模式会在很大程度上决定读者的期待视野。如果译作不符合那种主导模式的要求，它被读者接受就可能会遇到更多困难。”（Lefevere，2004：92）而我国许多外译到英语世界的图书，“在作品的选择上，一般是由中国政府机构指定，中国的学术机构主持译介。完全没有对西方读者的阅读喜好进行调查，缺少与西方读者的沟通，缺少市场调查，致使中国的作品激不起西方读者的兴趣。”（王学风，2014：168）与此同时，“在西方市场的开拓上，不够重视，盲目而缺少策略。中国作品的对外译介缺少国外主流出版机构的参与，对西方的发行规则、出资人等不够了解，导致译作在西方的销售不佳”（王学风，2014：168）。

正是因为缺乏对目标读者喜好的调查，很多自以为会受到欢迎的图书在国外往往反响平平。选择翻译作品之前必须做好充分的市场调查，而对外文化机构也许是调查工作的最佳执行者。由于这些机构扎根于译入语国家的各个城市，拥有与目标读者接触的便利条件，而且往往与当地大使馆或者政府部门联系密切，比如塞万提斯学院就与西班牙驻华大使馆以及其他西班牙语国家驻华大使馆有着紧密合作，因此便于开展调查工作，并进行及时反馈。

帅颖和沈壮海（2014：140）就提道："不少对外文化机构经过多年的发展已经形成遍布世界的文化传播网络，分支机构深入其他国家内部，拥有掌握第一手信息资料的便利条件。许多对外文化机构利用这样的优势开展调查研究，形成研究报告，为各自国家相关政策举措的制定提供参考。"西班牙塞万提斯学院自 1998 年起每年出版一本名为《西班牙语在世界》的年刊，收入众多专家对世界各地西班牙语现状的深入研究，分析西班牙语的挑战和前景。这些调查研究在促进民族语言文化及文学交流方面发挥着重要作用。

四、如何利用孔子学院讲好中国故事

孔子学院是中国对外文化机构的代表，它是中国国家汉语国际推广领导小组办公室在世界各地设立的推广汉语和传播中国文化的机构。目前孔子学院遍布世界各大洲，分布在 120 个国家和地区。（詹春燕、李曼娜，2010）与西班牙的塞万提斯学院不同，孔子学院通常是设在国外的大学和研究院之类的教育机构里。"孔子学院通过对外汉语教学，满足世界各国人民汉语需求的同时，向世界传播中国文化，增进世界各国人民对当代中国的了解，实现中国与世界各国的教育交流与合作，促进世界多样文化的发展，构建和谐世界。"（张东辉、谷婷婷，2015：50）孔子学院除了在世界各国开展汉语教学之外，也承担着培养专业的汉学家、提高国外汉语学习者的职业技能、传播中华特色文化的任务。为了更好地传播中国文化，孔子学院除日常的汉语教学活动之外，还会举办学术会议、论坛及研讨会、中国民乐音乐会、中国传统节日晚会、中国特色艺术展览以及演出活动等。与塞万提斯学院相比，我国的孔子学院作为对外文化机构，尚未在推动图书外译方面充分发挥作用。通过借鉴塞万提斯学院的做法，孔子学院可以从以下几方面着手，以期更好地讲好中国故事。

（一）大力支持孔子学院参与中国图书外推活动

2013 年制定的《孔子学院发展规划（2012—2020 年）》中确立了孔子学院未来发展指导原则："多数孔子学院以汉语教学为主要任务"，"支持有条件的孔子学院开展高级汉语教学和当代中国研究，成为深入理解中国的重要学术平台；适应学员多样化需求，鼓励兴办以商务、中医、武术、烹饪、艺术、旅游等教学为主要特色的孔子学院；一些国家的孔子学院，实行汉语教学、文化交流和职业培训并举，帮助学生既学习汉语言文化又提高职业技能"。（张东辉、谷婷婷，2015：51）尽管孔子学院的主要目标是向世界各国传播中国文化，但显然孔子学院并未将图书传播作为文化传播的主要途径。

为了发挥孔子学院在图书外译中的作用，首先应该在政策上确立中国本土图书尤其是文学作品的传播在孔子学院文化传播活动中的重要地位，使对外文化机构的负责人及工作人员意识到中国本土图书的译入对于中国文化传播的显著效果。在以汉语教学为主要任务的前提下，从国家层面将中国本土图书的翻译及出版传播工作提上日程，作为孔子学院传播中国文化的手段之一。

（二）充分发挥图书馆图书传播的作用

塞万提斯学院的实体图书馆及数字图书馆对于我国的文学外译作品推广具有很高的借鉴价值。文学作品翻译之后需要载体推广到译入语国家，依托对外文化机构的图书馆可以说是最佳选择。孔子学院可以借鉴塞万提斯学院的做法，充分利用对外文化机构的身份建立图书馆，让文化机构的学习者有更多机会接触图书，进而逐步提高中国书籍在译入语社会的推广力和接受度。

孔子学院是非营利机构，以教授汉语和传播中华文化为宗旨。为了传播中国文化，孔子学院也注意到图书在其中发挥的巨大作用，在海外也建立了自己的图书馆或者在当地图书馆中成立中文角。例如 2010 年正式对外开放的加拿大爱德蒙顿孔子学院图书馆、泰国东方大学中文角和英国查宁阁图书馆中文角。但这些图书馆以及中文角都是以向当地学生和民众提供中文图书为主，这些中国图书的读者基本只局限于当地的汉语学习者或者研究中国文化的汉学家们，而他们大多是已经对中国文化有所了解的群体。这样一来，图书馆没能很好地发挥书籍对于传播中华文化的作用。要想让中国文化通过书籍走出去，就必须将中国书籍的外译作品带到海外，以他国本土语言的形式，让国外的更多读者能够通过书籍了解中国、感受中国文化。孔子学院可以借鉴塞万提斯学院的做法，在既有的图书馆中增添英译中国图书，设立合理的借书机制，免费或适当收费。孔子学院还可以依托实体图书馆，定期举办新书推介活动，例如作家新书分享会、作者交流会、新书展览等。邀请当地民众参与其中，亲身接触和感受中国图书的魅力，在实际活动中让图书真正走进外国读者的生活。

同时，鉴于有些地区没有开设图书馆的条件，孔子学院可以像塞万提斯学院一样设立数字图书馆，成规模成系统地建立依托于孔子学院的全球中国外译图书网站；同时也可以通过该数字图书馆进行网上的新书推介活动以及图书翻译活动。这样既节省成本，又能够让中国图书收获更多读者，扩大中华文化影响力。

（三）积极寻求政府资助开展（文学）翻译项目

从中国目前的状况来看，广大人民对于西班牙国家的了解远不如对德国、英国、法国等国的了解更深入。而一个国家的文化被他国人民所了解，最为直接也最方便可行的办法就是通过文学作品，尤其是当代文学作品，因为文学是最易引起其他民族或国家人民共鸣的艺术。由此来看，塞万提斯学院将汉译西语图书的引进重点放在文学作品上就非常容易理解，因为人们往往通过文学作品能更直接地了解甚至接受另外一种文化。在文学的基础上进行对话，可以让不同的文化更好地相互了解，而且基于文学的对话不受时间和空间的阻隔。塞万提斯学院在选择译出书籍时，将文学作品放在最重要的位置，这种做法值得我国借鉴。

基于此，孔子学院可以依托自身对外文化机构的优势，寻求国家及民间资助，开展翻译项目，邀请国内及国外汉学家翻译高质量的中国文学作品，并借由孔子学院在各国的影响力加以推广。

（四）及时开展社会调查，服务图书外译及推广

“文化关系和文化外交领域最新的研究和数据，对国家如何加强国际文化战略、应对国际社会的新挑战提出了建议。”（John，2013：7）对于书籍的外译推广工作来说，提前了解译入语读者的喜好需求以及市场推广条件非常重要。在图书外译工作之前，对于选择何种书籍和译者，以怎样的途径推广，综合考虑不同译入语国家的情况，与国外主流出版机构进行合作，了解西方的发行规则、出资人等情况，深入调查目标语读者的阅读喜好及对于中国文学的需求，有针对性地选择译入语国家受众感兴趣的书籍，以促进我国优秀书籍的对外传播。

五、结论

综上所述，作为西班牙重要的对外文化机构，塞万提斯学院拥有独具特色的实体图书馆和数字图书馆作为文学译作的载体，依托于自身文化机构的身份为西班牙语文学作品外译的选择、翻译及推广起到了重要作用，很大程度上提高了西班牙语文学在中国的影响力。借鉴塞万提斯的成功经验，我国的对外文化机构可以依托自身，开设当地图书馆及建立数字图书馆；寻求政府资助开展翻译项目，将文学特别是当代文学作为翻译的首要选择；充分利用自身优势，开展调查研究，服务文学外译。在中国文化“走出去”的大潮流下，发挥自身在文学外译工作中的积极作用，传播好中国声音，推动中国文学走向世界。

参考文献

［1］Lefevere，A. *Translation*，*Rewriting and the Manipulation of Literary Fame*，Shanghai：SFLEP，2004：92.

［2］H，John. *Influence and Attraction*［R］. British Council，2013：7.

［3］陈伟：《中国文学外译的学科范式：软实力视角的反思》，《清华大学学报》，2016 年第 6 期。

［4］葛海燕：《塞万提斯学院语言文化传播经验借鉴研究》（硕士学位论文），南京：南京大学，2012 年。

［5］李智：《论中国文化软权力化的对外传播策略》，《阴山学刊》，2008 年第 3 期。

［6］帅颖、沈壮海：《西方国家主要对外文化机构的比较与启示》，《江汉论坛》，2014 年第 4 期。

［7］唐虹：《非政府组织和对外文化交流——以英国、法国和德国的经验为例》，《欧洲研究》，2009 年第 2 期。

［8］腾梅、赵瑞芳：《传播好中国声音——从歌德学院谈对外文化机构的图书外译》，《上海翻译》，2016 年第 6 期。

［9］王沪宁：《文化扩张与文化主权：对主权观念的挑战》，《复旦学报》，1994 年第 3 期。

［10］王学风：《文学作品外译研究》，《赤峰学院学报》，2014 年第 11 期。

［11］詹春燕、李曼娜：《孔子学院的可持续发展：指标、模式与展望》，《华南师范大学学报》，2014 年第 5 期。

［12］张东辉、谷婷婷：《孔子学院发展模式探析——对四所孔子学院的比较研究》，《复旦教育论坛》，2015 年第 1 期。

翻译政策视角下的韩国文学对外传播：以韩国文学翻译院为例*

滕　梅　焦小梅**

【摘要】国家翻译机构在树立国家文化形象以及文学对外传播等方面发挥着重要作用，其翻译活动受翻译政策的影响，服务于国家政治、经济、文化战略。本文以20世纪初韩国制定的“深化韩国文学世界化”翻译政策为切入点，通过韩国文学翻译院开展的翻译相关活动及有关数据分析翻译政策对韩国文学翻译院文学对外传播的影响，以期对中国及其他国家的文学对外传播提供借鉴。

【关键词】翻译政策　翻译机构　韩国文学翻译院　文学对外传播

一、引言

在经济全球化、文化多元化的大背景下，树立国家文化形象、推动本国文化国际化进而增强自身的文化软实力，越来越受到当今世界各国的高度重视。文学是文化的重要载体，一个民族、一个国家的文学作品中蕴含着独特的、丰富的文化内涵，折射着一个国家的主流价值观。向世界传播本民族文学是一个国家树立国际文化形象的重要手段，也是一个国家文化战略、经济转型的重要方面。在当前中国深度融入全球化的进程中，文化元素在其中的

---

* 基金项目：国家社会科学基金项目《东西方翻译政策比较研究》（项目编号：14BYY009）。

** 滕梅，中国海洋大学外国语学院英语系教授，研究方向：翻译理论与实践。焦小梅，中国海洋大学外国语学院研究生，研究方向：翻译理论。

影响和作用愈发显得重要。

从历史上各国文学传播的成功经验来看，作为文学翻译和文学对外传播主体的国家翻译机构，在翻译政策的影响下开展翻译相关项目，在推动本国文学国际化、传播本国文化及价值观等方面发挥着重要作用。国家翻译政策及其影响下的国家翻译机构的作用日益受到各国政府重视。国家通过制定与时代相适应的翻译政策引导各类翻译活动的方向，使各项翻译活动服务于国家当前的政治、经济、文化战略。在翻译政策的实施过程中，国家翻译机构发挥了主体作用，成为连接译者与国家的重要媒介。

本文通过分析韩国文学翻译院（Korea Literature Translation Institute，简称KLTI）的文学翻译和对外传播活动，探讨翻译政策对国家翻译机构翻译活动的影响以及翻译机构在文学对外传播中的作用。

二、翻译政策与国家翻译机构

总的来看，各国翻译机构的成立都是为对外传播和文化交流服务的，例如我国的外文局、中央编译局、韩国的文学翻译院、埃及的国家翻译中心等。作为由政府或机构制定的一系列与翻译或翻译活动相关的决定，翻译政策的目的是解决具有普遍意义的语言或翻译问题；国家翻译政策则是政府或其他国家官方机构为确保国家翻译活动的方向而制定的强制实行的政策或要求。"国家和政府通过制定翻译政策，一方面为各类翻译活动指明总体的翻译方向，规范翻译秩序，使翻译活动井然有序的进行；另一方面国家通过翻译政策直接作用于某些翻译活动，使之为国家意识形态服务。"（滕梅、吴菲菲，2015：110）翻译政策为翻译机构的翻译活动提供宏观指导，翻译机构则通过自上而下的管理以及开展各项具体翻译活动将译者与国家翻译政策以及国家战略密切联系起来，为国家的政治、经济及文化发展服务。

20世纪80年代，韩国经济迅速发展，成为"亚洲四小龙"之一。随着经济的发展，韩国政府开始重视经济的文化转型以及韩国文学的国际化，1997年爆发的亚洲金融危机也进一步印证了韩国进行经济的文化转型的必要性。但是，由于中日两个亚洲国家在西方拥有较高的文化声望，韩国面临其国际形象问题，提及韩国想到的就是残酷的战争、腐败的政治、质量低下的产品以及企业破产等。（An Sonjae，2002：73）韩国政府因而更加意识到采取相关文化政策、提升国际形象、树立民族自尊心的迫切性。“从八十年代开始韩国对本土文学提供外文翻译出版的支持，翻译项目由国家文化部直接管理。”（郭瑞佳，2014：19）1996 年，韩国政府成立了“韩国文学翻译金库”，接管了文化部的文学外译活动，是韩国为推动本国文学世界化而专门启动的项目。翻译金库的建立为韩国文学对外传播做了一定铺垫，但是由于当时的翻译政策重点不明、翻译金库运行模式不理想以及翻译水平较低等问题，导致早期的文学对外传播没有达到理想效果。正如韩国文学翻译院前任院长尹志宽所说：“在初期阶段里，只是急于向国外介绍韩国文学，把重点放在翻译成外语后出版。开始时先在国内翻译成外语并出版，然后向外国发送，其实以此种方式很难形成海外读者群。”（朴宰雨，2006：55）有鉴于此，韩国政府正式确立了“深化韩国文学世界化”的国家翻译政策。

在翻译政策指导下，韩国政府转变思路，于 2001 年设立了国家翻译机构——韩国文学翻译院。韩国文学翻译院成立后，吸取了“韩国文学翻译金库”对外传播的失败教训，明确了翻译重点、重新规划政府出资方式和项目运行模式，将工作重点放在组织韩国文学的翻译及海外出版、选拔和培养优秀译者、支持韩国文学与学者对外交流等方面。设立翻译出版本部、企划事业本部和教育情报本部三个部门统筹引导、高效分工，通过各项翻译活动将译者与“深化韩国文学世界化”的翻译政策紧密联系在一起，为促进韩国文学走向世界、树立韩国的文化强国形象服务。从 2001 年到 2018 年，韩国的文学作品共被译为 37 种语言并在海外出版，形成了广泛的海外读者群，成绩显著。

从韩国文学翻译院的设立和运行可以看出，国家翻译机构在翻译政策的指导下成立，“作用于政权与译者之间，既是翻译政策的执行者，同时又是沟通译者与政府的桥梁，在下情上达和政策制定及执行过程中起着不可或缺的作用”（滕梅，2013：136）。翻译政策为国家翻译机构的翻译活动提供宏观方向，明确翻译重点，同时国家翻译机构通过自上而下的规划和组织践行翻译政策，促进本国文学对外传播。

三、翻译政策作用下的韩国文学翻译院

在韩国“文化立国”战略及“深化韩国文学世界化”翻译政策的影响下，韩国文学翻译院以宣传韩国文学的创造性成果、推动韩国文学及文化海外交流、促进韩国文学和文化的海外推介为宗旨开展各项翻译相关活动。

（一）翻译选材

国家翻译机构的翻译选材关乎翻译政策的践行与翻译目标的实现，是国家政治、经济和文化战略在翻译方面的体现。韩国文学翻译院在设立初期面临复杂的政治、经济、文化环境。虽然“韩流”的发展已经使韩国的国际影响力有所提升，但是韩国政府意识到，“如果要让世界真正了解韩国和韩国文化，必须大力推广以图书为代表的纯文字严肃作品”（郭瑞佳，2014：19）。在此翻译政策影响下，韩国文学翻译院以宣传韩国文学的创造性成果、推动韩国文学及文化海外交流活动、促进韩国文学海外推介为设立宗旨，开展各项翻译活动。由于文学作品中蕴含着丰富的文化气息和文化内涵，符合翻译政策要求，体现了国家政治、经济、文化战略，其外译和出版传播有益于让世界各国了解韩国文化，因此，文学成为韩国文学翻译院翻译选材的重点。

韩国文学翻译院还根据当代文学发展潮流、现阶段翻译政策的践行情况以及文学对外传播现状综合分析各文学种类的外译发展潜力，不断丰富翻译选材。在提出“文化立国”战略以后，韩国的影视、音乐等大众文化产品飞速发展，“韩流”在世界其他国家的影响越来越大。为继续发挥影视和音乐行业的先锋作用、利用大众流行文化拓展文学发展空间，增强韩国文化对世界其他国家的吸引力，借助韩国大众文化传播韩国文学成为韩国树立国际形象、扩大韩国国际影响力的一枚重要棋子。2007 年以来，韩国文学翻译院开始与国立剧场、韩国电影委员会、韩国传统表演艺术中心、韩国影像资料院、首尔表演艺术公司以及韩国艺术管理部进行合作，设立电影和字幕翻译奖助金，鼓励电影字幕和剧本的翻译，利用大众化的文学展现形式传播韩国文学及韩国文化。以中国为例，随着《来自星星的你》《太阳的后裔》等作品的翻译和传播，韩国的影视作品及影视明星在中国颇受欢迎。人们由此更加关注韩国文化，更易理解和接受韩国文学，产生的文化和经济效益不容小觑。此外，在文学对外传播过程中，韩国文学翻译院及其图书选择委员会专家意识到韩国儿童文学在海外传播中具有较强的国际竞争力，更易于海外出版以及形成海外读者群。2009 年韩国文学翻译院发布了儿童文学翻译计划，将儿童文学纳入翻译奖助选材范围，以助力提高韩国儿童文学作品的国际竞争力。通过上述可以发现，韩国文学翻译院的翻译选材范围由翻译政策决定，同时根据政策践行情况以及传播诉求对翻译选材做出调整。值得注意的是，尽管翻译选材不断丰富，但其深化韩国文学世界化的宗旨不变、服务于本国文学对外传播的目的不变。

（二）奖助翻译

翻译奖助是韩国文学翻译院的重点事业之一。在“深化韩国文学世界化”翻译政策的影响下，韩国文学翻译院通过奖助韩国文学作品的对外翻译调动译者积极性、增加韩国文学作品的外译数量。韩国文学翻译院的翻译奖助以小说诗歌、人文社会以及儿童文学三个领域为中心，每年由图书选择委员会决定给予奖助的书单。

自设立以来，韩国文学翻译院对翻译奖助的支持力度以及对各选材类别的奖助偏重程度也不尽相同。

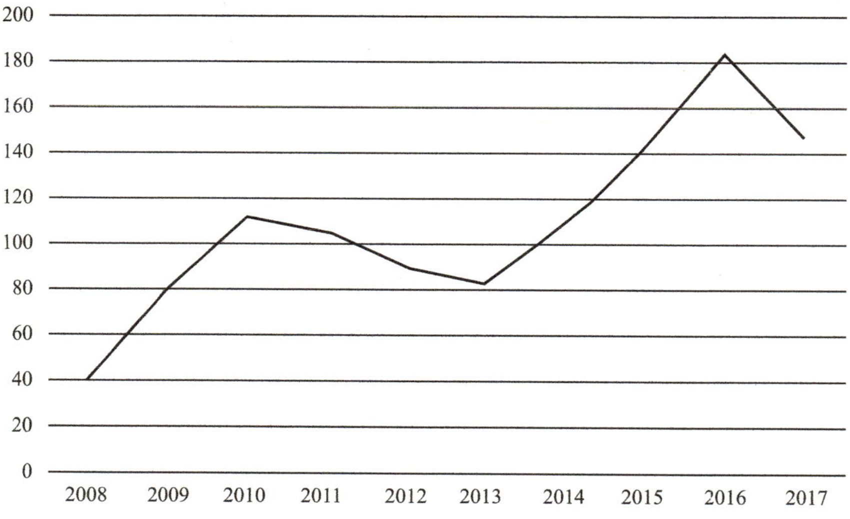

图 1　2008—2017 年翻译奖助作品数量统计

根据笔者统计①，2008 年获得翻译奖助的作品为 41 部，2010 年获得该翻译奖助的作品为 110 部。到 2016 年，获得翻译奖助的作品达到 182 部。获得翻译奖助的作品数量呈显著增加趋势，2016 年获得翻译奖助的作品数量为 2008 年的 4.44 倍。韩国文学翻译院通过增加对翻译奖助的支持力度鼓励韩国文学作品的对外翻译，促进韩国文学对外传播。

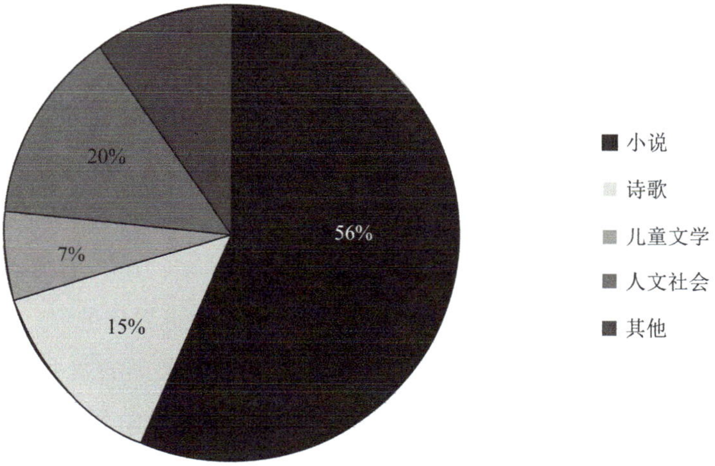

图 2　2001—2018 年翻译奖助体裁统计

2001—2018 年，获得韩国文学翻译院翻译奖助的作品包含 918 部小说、224 首诗歌、102 部儿童文学以及 220 部人文社会图书等。由于小说中蕴含丰富的文化信息，通俗易懂，易于被海外读者接受，对国外读者吸引力较强，利于形成海外读者群，有利于韩国文学对外传播，因此，韩国文学翻译院的翻译奖助政策明显偏重小说类文学译作。在上述统计中，小说约占奖助总量的 56.5%，诗歌约占奖助总量的 13.8%，儿童文学约占奖助总量的 6.3%，人文社会图书约占奖助总量的 13.5%。自 2009 年发布儿童文学翻译计划以来，当年获得翻译奖助的儿童文学数量激增至 16 部，之后几年稳步递增。

韩国文学翻译院的翻译奖助政策不仅在文学类型上有所倾斜，在目的语语种方面亦然。根据 2001 年至 2018 年韩国文学翻译院获得翻译奖助作品的目的语语种统计可知，译成英语的作品为 388 部，约占总奖助量的 23.9%；

① 除非特殊说明，本研究涉及数据均来自韩国文学翻译院。

译为法语的作品为 150 部，约占总奖助量的 9. 2%；译为德语的作品为 127 部，约占总奖助量的 7. 8%；译为西班牙语的作品为 103 部，约占总奖助量的 6. 3%；译为汉语、日语的作品总数为 423，约占总奖助量的 26%。西方语种的偏重十分明显，“主要针对在文化上占强势的西方国家，包括操纵着诺贝尔奖的瑞典等国”（金鹤哲，2009：47）。此外，每年也都会有不同的小语种目的语译作获得韩国文学翻译院的翻译奖助。

（三）奖助出版

韩国文学翻译院意识到“深化韩国文学世界化”不仅指将韩国作品翻译成其他语言，还包括海外的发行出版。2008 年发布了海外出版奖助项目，2010 年发布国内出版奖助项目，支持韩国翻译作品多种途径出版，扩大韩国文学作品的市场占有量，与翻译奖助共同推进其文学世界化进程。

根据统计，2008 年获得韩国文学翻译院海外出版奖助的图书为 46 部，到 2014 年获得该奖助的图书为 127 部，增长了近 3 倍 。2010 年获得韩国文学翻译院国内出版奖助的图书为 53 部，2014 年获得该奖助的图书为 110 部，增长了 2 倍多。韩国文学翻译院对作品出版奖助的支持同翻译奖助相配合，奖助力度呈加大趋势，有利于充分发挥翻译奖助与出版奖助的激励作用，共同促进韩国文学的对外传播。

（四）培训与选拔翻译人才

随着韩国文学国际化程度的提高，韩国文学翻译院认识到，要想为韩国文学对外传播提供后续动力并真正深化韩国文学作品的国际化，必须提高翻译质量、培养高水平译者。

2007 年，韩国文学翻译院设立翻译学院，为韩国文学作品的高质量对外翻译奠定人才基础。选择英语、法语、德语、西班牙语、俄语、汉语、日语为授课语言，与其翻译奖助偏重的目的语语种大致相同。自翻译学院设立以来，参加学员人数呈增长趋势，一方面反映了韩国文学翻译院对译者培养力度的增加；另一方面也体现出译者对于韩国文学作品兴趣的提升，有更多的译者投身于文学翻译工作。

韩国文学翻译院还通过举办各类竞赛选拔优秀译者、助推译者提升翻译能力。例如，为选拔海外优秀译者、提高翻译水平，韩国文学翻译院于2001年设立韩国文学翻译竞赛，至今已有来自十多个国家的数百人获得该奖并以此享受翻译出版支持。该竞赛不仅为韩国文学对外翻译培养了众多优秀的海外译者，还促进了韩国文学作品的海外翻译出版，成效颇丰。再如，韩国文学翻译院自2002年起设立韩国文学翻译新人奖，通过该奖项培养新生代优秀译者，为文学对外传播储备翻译人才。

（五）促进海外交流与宣传

韩国文学翻译院通过赞助或举办各类文化交流活动以及学者研讨会等途径，加强韩国作家或译者与海外翻译家、出版商之间的交流，促进海外译者对韩国文学及文化的理解，从而提高韩国文学作品的翻译质量，帮助海外读者理解韩国文学，增强韩国文学的海外吸引力，助力韩国文学的对外传播。

为帮助国内外作家、出版商和翻译家建立起有效的联系，促进韩国文学翻译作品的海外传播，自2009年起，韩国文学翻译院已在美国、中国、日本、德国、法国、西班牙、瑞典、阿根廷等十余个国家举办韩国文学翻译论坛，与目的语国家的译者、出版社和读者建立联系，为海外出版及传播奠定了良好的基础。

为促进世界对韩国文学及文化的了解，韩国文学翻译院还在目标语国家积极开展针对性文化交流活动、参与国际性书展。从2007年至今，韩国已同德、俄、英、西、法、墨、印、澳等多个国家开展形式多样的一对一文学交流活动，如作家交流项目、文学交流会、文化交流等。此外，韩国文学翻译院还积极参加国际性书展，设立专门展位展示韩国文学魅力、宣传韩国文学作品，包括莱比锡书展、亚洲研究组织书展、首尔国际书展、东京国际书展、北京国际书展、法兰克福书展、瓜达拉哈拉书展、台北书展、伦敦国际书展、博洛尼亚儿童书展、华沙国际书展等。

为加强海外译者对韩国文学和文化的理解，韩国文学翻译院开展了韩国文学翻译研究居住计划，给海外译者、学者提供零距离体验韩国文化、理解韩国文学、接触原作者的机会。同时，韩国文学翻译院还开展了韩国作家海外居住计划，帮助韩国作家了解其他国家风俗文化、直面海外读者需求，创作更加国际化的作品。

四、对中国文学对外传播的启示

推动中国文化走向世界，是不断增强国家软实力和国际竞争力，提升中国综合国力的必然要求。进入21世纪以来，中国开始从国家层面对中国文化“走出去”进行顶层设计。文学作品“走出去”的过程得到国家层面的支持，并取得了十分显著的成效。

但在“走出去”的过程中，也逐渐暴露出了一些问题。例如：中国文学作品在国外的译介是否达到了预期效果？曾有不少学者对此做过统计和考察，发现效果并不尽如人意。（马会娟，2013；贾文波，2018；刘会然，2019 等）就整体而言，“中国对外翻译出版的现当代文学作品处于世界文学视野的边缘地位，备受冷落，影响力有限，其海外读者集中于海外华人群体和汉学研究者，这些图书印数很少加之读者范围狭窄，文化传播的作用得不到有效发挥”（曹文刚，2015：119）。虽然这些观点并不足以窥全豹，但是，作为“政府或管理部门的政治或公共事件产生的产品”（Meylaerts，2010：228），如果政府及有关部门从政策的层面对中国文学对外传播给予更加有效的引导，或许可以从某种程度上解决目前存在的一些问题。

（一）政策层面的支持与资助

从“深化韩国文学世界化”翻译政策确立至今不到20年的时间里，韩国文学对外传播取得的成就值得我们深思与学习。从国家层面来看，韩国出台了各项文化法律，保障国家和民间相关文化活动的开展，这使各个层面的翻译相关项目和翻译活动均有法律保障。从翻译机构来看，韩国文学翻译院紧紧遵循国家“文化立国”战略、发展文化产业及“深化韩国文学的世界化”翻译政策的目标，各项活动的开展均遵循国家翻译及时代发展需要，不断反思与完善，不断对各项活动进行调整。在规划翻译政策、支持文学翻译的同时不忘培养高质量作家、译者，做到对宏观决策与具体实施问题的全面把握。

中国文学是中国文化的重要载体，所以促进中国文学“走出去”是中国文化“走出去”的重点之一。在文学作品“走出去”的过程中，如果能够得到国家政策层面的支持，可以让较缓慢的自然常态下的作品输出变得更加高效和优质，有效改善目前普遍存在的“一窝风”问题。

（二）设立多种形式的翻译资助项目

今天，各国都在力争将自己的文化介绍和传播到他国和世界，这离不开文学作品的外译。而将本国文学翻译成外文在海外出版发行需要较高的费用，因此应该充分发挥资助功能，有效促进中国文学的外译。这些资助的资金来源可以是政府，也可以是社会民间团体组织或个人。

在韩国文化立国战略以及发展文化产业的国家战略影响下，包括韩国文学翻译院、韩国中央研究院以及大山文化财团的各级机构，从官方到民间共同把握住了本国“深化文学世界化”的翻译政策，既发挥各自专长策划不同的文学传播相关活动，又在政策上相互配合，通过自上而下的组织和管理，从文学传播的各个方面全面践行国家战略目标。在促进韩国文学作品的海外翻译、推进韩国文学走向世界、提高韩国文学的国际影响力、培养合格译者等方面取得了重大突破。

韩国在政治、经济、文化战略影响下确立的“深化韩国文学世界化”的翻译政策以及韩国国家和民间机构通过设立各种资助项目或文化活动来贯彻对翻译政策的把握，采取的做法和取得的成绩都值得我们学习借鉴。

政府既可以提供直接的货币资助，也可以以税制优惠等形式进行间接资助，还可以积极开展与其他国家进行双边互译作品出版合作。政府的资助有利于激发和带动全社会的关注和资助，我们可以鼓励企业以各种形式资助中国文学的对外翻译与出版，也可以资助国外知名代理机构，利用国外知名机构开拓当地市场，促进中国文学在国外的传播与接受。

目前，我国文化产业“走出去”主要依靠政府的扶持，在执行具体的扶持政策时，我们有时会发现，有些行政机构在行动上稍显急躁，急于求成，总是希望“走出去”的步伐越大越好，效果立竿见影。例如，有的执行机构对受到资助的图书有非常严格的翻译或出版时限规定，而事实上图书翻译，尤其是优秀的文学作品的翻译和出版，都需要一定的时间周期，否则很难保证质量；结果是除了得到一时的数量和数据，翻译的质量和对外传播的实际效果并不理想。除了造成极大的资源浪费之外，还影响了作品在海外的形象，效果适得其反。

（三）建立健全翻译质量评估和奖励机制

翻译质量能够在很大程度上影响中国文学作品的对外传播效果，当前影响对外传播的一大障碍就是翻译质量不佳。许多优秀作品被仓促译完，没有翻译出原作的精华或没有考虑目标语读者的阅读偏好，推出之后收不到应有或预期效果。因此，建议健全对外翻译质量评估和奖励机制，成立专门的管理部门，聘请专业人士对翻译作品的质量进行评估，奖优罚劣。从制度上推动翻译质量的提升，激励译者译出更好的翻译作品，提高对外译介效果。

在具体操作上，可以采取以招标或译者个人提交翻译申请的方式进行，这样译者就可以自主选择优秀的、把握的文本来翻译。作品确定后应给予译者充足的时间进行翻译，经反复修改和不断完善之后再交给出版社。翻译质量的评估则可从多个方面展开，包括国内外专家评审意见、国外销量、读者反馈等，根据评估效果对译者进行资助和奖励。这样既有利于鼓励推动译者译出高水平的作品，同时这些认证和奖项本身也对作品起到宣传推广作用。

（四）成立中国文学对外传播专门机构

从韩国、德国等对外传播的成功经验来看，这些国家都设立有专门的文学对外翻译传播机构，如德国的歌德学院和柏林文学之家、韩国文学翻译院等，它们对本国文学的对外传播都发挥了巨大的作用。我国也应成立相应的专门机构，直接承担起中国文学“走出去”的艰巨任务。

此外，从长远的角度看，中国文学“走出去”的主体应该是出版企业，因此也要大力扶持出版企业，提高我国现有出版企业的自主创新能力，提高国际化水平，增强国际市场竞争力，逐步承担起中国文学对外传播的大业。

（五）把培养优秀中国本土译者提上重要日程

现阶段，汉学家译者模式和中外译者合作模式对中国文学“走出去”起到了非常重要的作用（滕梅，2018 等），但是中国文学“走出去”不能只依赖国外汉学家的力量。为了拥有长久稳定的翻译人才队伍，我们必须大力培养中国本土译者。这是一个长期持续的过程，首先要建立良好的社会环境，营造高端翻译人才成长的氛围；重视翻译人才社会地位与待遇的提升；完善培养机制，打造一支高素质、专业化的翻译人才队伍；设立国家翻译奖项，提高奖金数量，激励翻译活动的蓬勃发展。同时，要把翻译人才培养上升到国家战略高度的层面，政府及相关部门应制定一系列法律法规及规章制度，对译作数量、种类、译员培训及作品发行等环节进行规约，并提供法律保障。此外，还可与国外相关机构签订联合培养协议，培养高水平翻译人才。

五、结语

政府通过翻译政策对翻译实行有效的监管和指导，是现代国际社会比较普遍的政治行为。韩国通过采取积极的文化外交政策及翻译政策，将以本国文学为代表的多元文化推向世界，为树立国家形象做出了不懈努力，并取得了良好的效果。在韩国文化立国战略影响下，韩国文学翻译院准确把握住了本国“深化文学世界化”的翻译政策，通过自上而下的组织和管理、秉承实现国家战略的目标，规划翻译活动、选择翻译题材，在不同时期对翻译活动进行干预或调整以适应国家不同阶段的发展，在促进韩国文学作品的海外翻译、推进韩国文学走向世界、提高韩国文学的国际影响力、培养合格译者等方面取得了显著成就，这些都值得我们学习和借鉴。当然，在此过程中，他们的某些操作也存在不足或欠缺之处，如对不同目标语的翻译奖助政策倾斜以及对不同文学类别的偏重有所失当，易造成小众语种翻译缺失、不同文学种类的翻译发展失衡等问题，等等，这也从一个侧面给了我们一些提醒或警示。

总之，考察其他国家的翻译政策，进而分析其对各自国家文学传播的影响，全面了解翻译政策与文学传播之间的规律，在此基础上，从中国的文化传统和国情出发，制定和实施有中国特色的翻译政策，大力推动中国文学对外传播，使“中国故事”走向世界各地并安家落户，无疑大有可为，且意义重大。

参考文献

[1] An Sonjae. Literary Translation from Korean into English: A Study in Criteria [J]. *Translation and Literature*, 2002 (11): 72 - 87.

[2] Meylaerts, R. (2010). Multilingualism and translation [A]. In Y. Gambier & L. van Doorslaer (Eds.), *Handbook of Translation Studies Vol.* 1 [C]. Amsterdam/Philadelphia: John Benjamins, 2010: 227 - 230.

[3] 曹文刚:《论中国现当代文学的对外译介与传播》,《湖北第二师范学院学报》, 2015 年第 3 期。

[4] 郭瑞佳:《韩国文学翻译院——韩国文学国际化出版的有力推手》,《出版参考》, 2014 年第 25 期。

[5] 贾文波:《"一带一路"名下的汉语典籍外译:难以"合拍"的舞者》,《上海翻译》, 2018 年第 2 期。

[6] 金鹤哲:《中韩建交以后中国文坛对韩国纯文学的译介研究》,《当代韩国》, 2009 年第 1 期。

[7] 刘会然:《儒家文化典籍外译的困境研究》,《淮海工学院学报》(人文社会科学版), 2019 年第 5 期。

[8] 马会娟:《英语世界中国现当代文学翻译:现状与问题》,《中国翻译》, 2013 年第 1 期。

[9] 朴宰雨:《韩国文学全球化与中国化的现状与展望——韩国文学翻译院尹志宽院长访谈录》,《当代韩国》, 2006 年第 2 期。

[10] 朴宰雨、史凯:《翻译与韩国文学的世界化——韩国文学翻译院理事朴宰雨教授访谈录》,《国际汉学》, 2017 年第 1 期。

[11] 滕梅:《中国翻译政策研究》,北京:中国人民大学出版社, 2013 年。

[12] 滕梅、吴菲菲:《翻译政策作用下的国家翻译机构——以中央编译局为例》,《外语教学》, 2015 年第 4 期。

全球化和数字化时代法国对外文化传播策略研究*

王吉英　苏　颖**

【摘要】法国作为传统文化大国，有着悠久的对外文化交流历史，已具备一套较为成熟和完善的文化外交机制和文化传播网络，成为其他国家开展对外文化交流与合所效仿的对象。如今，法国已把文化外交提升至国家战略层面，在文化全球化和文化数字化的背景下，利用有形的对外文化传播机构和无形的多媒体数字技术，加强对外传播法国语言与文化，不断提高文化软实力，增强法国文化的国际影响力。法国应对国际文化局势机遇与挑战的做法可供我国借鉴和学习，把握时机，不断增强中华文化在国际上的影响力。

【关键词】法国　文化传播　全球化　数字化

21世纪，随着科学技术的迅猛发展和全球化进程的不断推进，世界文化格局也在发生着深刻变革。美国凭借强大的经济和科技实力在全球文化市场占据绝对优势地位，新兴国家也意识到文化软实力对于提升国家综合竞争力和改善国际地位的重要性，纷纷加大对外文化传播投入，参与到世界文化市场份额的竞争中。在此背景下，一向以文化大国自居的法国自然不甘落后，为了应对美国的文化霸权和新兴国家的文化竞争，法国加大对外文化传播力度，加强对外文化合作，实施“文化外交”战略，将对外文化交流与合作提

* 本文系教育部人文社会科学研究青年基金项目“法国文化例外政策及对中国的启示研究”（17YJCGJW009）和国家社会科学基金一般项目“东西方翻译政策比较研究”（14BYY009）的阶段性成果。

** 王吉英，女，中国海洋大学外国语学院讲师，主要研究方向为法国文化政策。苏颖，女，中国海洋大学外国语学院硕士研究生，主要研究方向为法国文化。

升至国家战略层面。

一、由来已久的对外文化传播

“文化外交”（cultural diplomacy）一词最早出现于1934年出版的《牛津英语大词典》中，指的是英国议会鼓励海外英语教学的做法。20世纪40年代，美国外交史学家拉尔夫·特纳（Larf Turner）从文化服务于政治的角度对这一概念进行了重新解读，并由美国外交史学家弗兰克·宁科维奇（Frank Ninkovich）进行系统阐述。今天，我们所理解的“文化外交”一般是指一国政府所从事的、带有浓厚政治色彩的对外文化交流行为。（李智，2005：1）文化外交与政治外交、经济外交、军事外交等外交领域一样，是一国总体外交的有机组成部分，着重突出政府在对外文化关系中所起的作用。文化外交强调主体的平等性、方式的对等性和相互性、内容的相对真实性和目标的长远性（范勇鹏，2013：22），对民族国家国际战略的实施、国家软实力的提升、国家良好国际形象的确立、不同民族国家之间的交往乃至世界的和平和人类自身的和谐发展具有独特作用。（吴晓春，2012：42）

法国是世界上最早通过官方行为开展以外交为目的的文化行动的国家，具有悠久的文化外交传统。从封建君主制时期到近代共和国时期，法国与其他国家的文化交流从未停止。早在16世纪，法国国王弗朗索瓦一世（François Ier）就与奥斯曼帝国统治者苏莱曼大帝（Suleyman the Magnificent）签订条约，保护法国在该地区的基督教徒，允许其传播法语和法国文化，这份条约被视为法国语言和文化在该地区传播和发展的基础。

17世纪法王路易十四（Louis XIV）执政时期，大力扶持文化艺术发展，为艺术家提供奖励，使其为王室和王权服务。当时的首相黎塞留（Richelieu）及其继任者马扎然（Mazarin）任命了许多负责向国外传播法国文化的大使，文化在外交事务中扮演着重要角色。在这一时期，法语跨越了国界线成为欧洲的宫廷语言：“瑞典王后希望把斯德哥尔摩变成另一个雅典，不仅自己用法语撰写关于道德和政治的文章，还邀请许多画家、冶金工人、诗人和智者到她的宫廷里，所有人都讲法语。”（De Raymond，2000：17）

18 世纪启蒙思想时期，法国对外文化行动的最大特点是“文人外交”。文学和外交两个领域紧密联系，诞生了众多文人外交官，伏尔泰（Voltaire）、狄德罗（Diderot）、卢梭（Rousseau）等文人在欧洲其他国家大力传播法国的哲学思想和文化艺术。法国一些文人外交官的足迹甚至远至加拿大、马达加斯加、突尼斯和远东地区。

19 世纪，教会团体是法国对外文化传播的主要行为体，政府为其提供财政补贴，帮助它们在国外开办法语学校，传播法国语言与文化。1830 年法国内政大臣弗朗索瓦·基佐（François Guizot）对在突尼斯进行的文化研究任务给予资金支持；1848 年初，时任外交部部长的阿尔封斯·德·拉马丁（Alphonse de Lamartine）建议在黎巴嫩设立奖学金，鼓励当地的学生学习法语；1868 年，法国在土耳其伊斯坦布尔成立加拉塔勒萨中学，培养讲法语的人才，这些人后来都成为土耳其精英阶层的一分子。与此同时，法国政府开始在国外设立考古机构，包括希腊考古文化研究中心（1846 年）、开罗考古学校（1880 年）、远东考古学校（1898 年）等，通过考古实地了解国外的历史和文化，加强与当地的交流和合作。

20 世纪，两次世界大战严重削弱了法国的国力，美国与苏联两极对抗的冷战格局也迫使法国不得不在国际舞台上另谋出路。在此背景下，法国政府更加意识到对外文化传播对于维护国家利益的重要性，采取更为直接的干预手段和方法，将对外文化事务纳入国家外交政策，在外交部设立专门机构（1909 年成立国外学校与著作办公室，1920 年升级为法语著作司，1945 年改建为文化关系总司），负责协调政府的各项对外文化行动。

时至今日，文化外交已然成为法国的一项国家战略，是其外交政策不可或缺的重要组成部分，原因主要是出于内部动力需求和外部环境压力。一方面，二战后，法国在“硬实力”上无法再与以往相提并论，但法国是一个视民族荣誉高于一切的国家，维护大国形象和大国地位成为战后法国外交政策的主要目标之一，丰富的文化资源则成为实现该目标的主要依靠力量。正如法国人自己所说：“由于缺乏强大的军事、经济支撑和启蒙运动的光芒，要维护法国的‘世界地位’，只能通过向国外大量宣传和输出法国文化来实现。”（彭姝祎，2010：17）法国第五共和国创始人戴高乐（Charles de Gaulle）也曾说过："文化媒介负有国家使命。"（戴高乐，1973：174）因此，维护法国的大国地位和强国形象是法国实施文化外交战略的核心指导思想。另一方面，随着经济全球化进程的加快和深入，文化领域也面临全球化趋势。美国凭借强大的经济实力和发达的文化产业在国际文化市场上独占鳌头，美国文化产品大量输出到世界其他国家和地区，使其民族文化呈现不同程度的"美国化"趋势。为维护民族利益和国家文化安全，世界上大部分国家都积极寻求对策和出路。对法国而言，实施文化外交，对外传播法国文化，捍卫世界文化多样性，是对抗美国文化霸权、维护本国利益的必要途径。

二、完善的对外文化传播网络

对外文化传播离不开对外文化传播机构和组织，法国是目前世界上唯一一个拥有完善的对外文化传播网络且由政府直接管理的国家。正如法国前外交部长劳伦特·法比尤斯（Laurent Fabius）2013 年在巴黎高等师范学校的讲话中所说："文化、精神、科技的成功都对法国的政治以及积极形象有极大的推动作用。为了促进文化传播，我们［法国］采取了许多措施。不是我们自负，而是事实，因为我们拥有独一无二的、庞大的文化传播网络。"

确实，法国的对外文化传播网络极其庞大。2010 年 7 月 27 日，法国通过了《国家对外行动法》，对法国的对外行动主体进行整理和重组，形成了更加符合时代需求的对外行动网络。此次整改后，法国对外文化传播网络由外交部统领，法国海外使领馆下设的 154 个文化行动合作处（Service de coopération et d'action culturelle，SACA）统筹协调，98 个法国文化中心（Institut français，IF）和 800 多家法语联盟（Alliance française，AF）开展具体文化行动。另外，法国还拥有法国世界媒体集团（France Médias Monde，FMM），下设法兰西 24 小时（France 24）、法国国际广播电台（Radio France Internationale，RFI）和阿拉伯语蒙特卡洛中东台（Monte Carlo Doualiya）三家对外传媒公司，用十余种语言向世界各地播放节目，为听众和观众提供放眼世界的新闻时事和多元化的文化与观点。此外，法国还拥有覆盖 137 个国家的法国海外教育署（Agence pour l'enseignement français à l'étranger，AEFE）和覆盖 121 个国家的法国高等教育署（Campus France）负责法国的对外教育合作，吸引外国学生，加深与合作国文化、语言和学校的密切联系，宣传和弘扬法语和法国文化。最后，法国还有 27 个海外研究所（Institut français de recherche à l'étranger，IFRE）和 160 个海外考古队，与世界其他国家和地区的考古团队开展遗址发掘、人员培训、考古交流等活动。

法国这些对外文化、传媒、教育和科研机构不论性质还是隶属机构都不尽相同：SACA 是外交部海外使领馆的下设机构，是法国对外文化政策的海外实施者；IF 由外交部和文化部共同监管，是目前法国对外文化传播的主要行为主体；AF 是非盈利性民间组织，历史悠久，旨在传播法国语言和文化；FMM 由外交部和文化部共同监管，旨在促进法语和法语国家、地区的对外文化传播，提升法国的国际影响力；AEFE 和 Campus France 由外交部和高教部共同监管，是法国开展对外教育合作的主要实施者；IFRE 和法国海外考古队隶属于外交部，与所在地的学者和研究团队开展人文社会科学研究。由此可见，法国庞大的对外文化传播网络是一个国内中央部委顶层设计和海外众多机构具体实施有机结合的综合体，齐心协力推行法国文化外交战略，传播法国语言与文化，吸引外国学生到法国留学，加强与目标国地方政府和民间社会的合作，促进不同国家和地区间的文化交流与对话。

（一）法国文化中心

法国文化中心根据 2010 年 7 月 27 日通过的《国家对外行动法》成立，是一个由外交部和文化部共同监管的对外文化行动公共机构。目前，法国文化中心在世界各地拥有 98 个分支机构，主要任务是促进国际艺术交流；分享法国的技术创新；传播法国电影和视听文化遗产；支持南方国家的文化发展；鼓励法语传播与学习；组织“文化季”“文化年”“文化节”，在法国或海外开展文化对话；提高创作者的国际流动性；协调和促进法国地方政府的海外文化行动；为法国文化传播网络的工作人员提供职业培训。

法国文化中心通过组织文化对话，在全世界推广法国文化，为艺术交流、学术交流、文化和社会创新以及语言合作交流提供平台，为推广法语，促进法国作品、艺术家和思想传播提供支持。此外，法国文化中心与法国大使馆、法语联盟、法国公司和企业基金会密切合作，构筑起一个庞大的文化服务网络，共同开展文化活动。例如：为了提高法语的吸引力，法国文化中心采取了众多措施和行动，主要围绕法语地区的双语及多语教学、高等教育层次的法语教学、职业语言中的法语应用以及法语数字化教学四个方面进行，包括：

项目名称	内容简介
双语一代吸引力计划	该计划于 2013 年开始实施，每年夏天接纳 16 至 18 岁的法语学习者到法国接受历史、文化或科学教育，旨在鼓励世界各国的年轻人学习法语并对法语国家和地区的双语国际组织有所了解。
法语学习社会网络	该计划针对法语教师等法语专业人员，截至 2017 年已有 50 多个国家加入此计划。
文化库平台	这是一个电子图书馆，能够让法国音像资料中心的外国订购者远程搜索电子资源。
IFOS 计划	该计划于 2015 年提出，旨在推动专门用途法语教学的发展，对教授旅游法语、商务法语、法律法语的教师进行线上培训。

尽管法国文化中心的建立年限较短，但它对于法国语言与文化的传播有着不容置疑的重要作用。它担负着法国文化在海外推广的重任，也是法国文化外交战略的坚定实施者。法国文化中心不仅支持和促进法语在海外的传播与发展，还推动法国各项文化产品以及思想、科技在世界范围内的传播，是一个具有综合性职能的机构。它大大提高了法国文化传播的效率，也增强了法国在国际文化事务中的“可见度”与“参与度”，是法国对外文化传播网络中至关重要的组成部分。

（二）法语联盟

法语联盟创建于 1883 年 7 月 21 日，号称“世界第一大文化网络”。与法国文化中心不同的是，法语联盟是具有独立法人资格的协会组织，并非政府机构，但它与法国其他对外文化传播机构保持密切合作，共同致力于法国语言和文化的国际交流与合作。法语联盟创立的初衷是向世界推广法语，使法国摆脱 1870 年普法战争战败国的形象，重振法国的大国地位。今天，法语联盟的主要目标则是在全球范围内促进法语教学，使公众更好、更全面地了解法国以及其他法语国家和地区的文化，促进世界文化多样化发展。

根据法语联盟基金会2017年的数据报告显示，法语联盟共有834个分支结构，分布于132个国家和地区；拥有各类学员49100人，其中法语学员467500人。除了教授法语，法语联盟还组织DELF、DALF、TCF、TEF等法语水平考试，举办视觉艺术展览、演出、电影、会议、辩论等文化活动。此外，法语联盟充分利用互联网技术，开设线上课程，开发移动应用程序，供世界各地的法语学习者使用。

法语联盟虽然是协会组织，但它与法国外交部和法国文化中心等公共部门保持密切合作，从政府获得资金支持，与法国对外文化传播网络交流经验和共享资源，以直接或间接方式参与法国的文化外交战略。因此，法语联盟也是法国对外语言和文化传播不可或缺的行为主体，为法国树立良好的国家形象、增强法国文化的感召力和吸引力做出巨大贡献。

（三）法国世界媒体集团

法国世界媒体集团旗下汇集了法兰西24小时（France 24）、法国国际广播电台（RFI）和蒙特卡洛中东台（Monte Carlo Doualiya）三家媒体。

France 24总部位于巴黎，在全球设有160个办事处，通过有线和卫星在手机、平板电脑、电视以及Youtube上播放节目。其下属的四个全球新闻频道（法语、英语、阿拉伯语和西班牙语）在全球3.55亿个家庭中全天候播放，每周拥有6120万观众。

RFI巴黎编辑部与其遍布世界各地的400名特约记者向听众推出新闻与专题节目，用14种语言（法语、英语、柬埔寨语、中文、西班牙语、豪萨语、斯瓦希里语、曼丁哥语、波斯语、葡萄牙语、巴西葡萄牙语、罗马尼亚语、俄语、越南语）向全世界进行广播，每周在全球拥有近4000万听众，其网站、手机应用程序等新媒体每个月的浏览数量达上千万。

蒙特卡洛中东台是阿拉伯语法国电台，通过中波、调频、卫星广播以及合作电台从巴黎向近东和中东以及毛里塔尼亚、吉布提和苏丹南部进行广播，内容以各类会谈为主，强调文化性，注重直播和互动，每周拥有730万听众。

法国世界媒体集团这一覆盖世界各地的对外视听网络面向全球传播法国

文化，加强了法国与国际社会的交流和对话，大大提高了法国文化在国际上的影响力与可辨析度。同时，通过媒体这一渠道，法国可以将经过挑选和加工的信息传播到世界各地，使节目收听者和收看者在不经意间接受法国的价值观念和主流意识，让法国文化得到更广泛地传播。

（四）法国海外教育署和高等教育署

法国海外教育署根据1990年7月6日通过的第90—588号法律成立，是隶属于法国外交部的国家级公共行政机构，致力于法国教育领域的对外交流与合作，开展的项目主要包括“法语母语教学项目”和“美丽法国教育项目”。前者为没有在法国教育系统内入学的法籍儿童学习法语提供帮助；后者与法国教育部和高教部合作，甄别和资助法国海外学校的发展。法国海外教育署的主要职责是：保障移居海外的法国儿童继续享受公共教育服务；与法国海外学校所在国家开展文化、语言和教育合作；招收外国学生，推广法国语言和文化；为困难家庭提供教育资助，确保其顺利缴纳学费；为法国海外学校的法籍孩子提供奖学金。

法国高等教育署是法国外交部和高教部双重监管的公共机构，旨在帮助外国学生和研究员更好地了解法国高等教育机构并为他们寻找合适的项目；支持法国高等教育机构和研究机构的国际发展战略，组织法国留学宣讲会、主题论坛、教育展、法国高校见面会等各类活动，为外国学生答疑解惑，帮助他们建立适合的留学计划。此外，法国高等教育署提供奖学金，鼓励外国学生和研究人员赴法留学或开展研究项目；在法国推广欧盟的学生交换项目——“伊拉斯谟计划”（Erasmus Programme），鼓励法国高等教育机构与欧洲其他教育机构建立伙伴关系，以便法国学生能够在欧洲其他国家进行学习。此外，自2014年以来，法国高等教育署已在120多个国家建立法国校友平台，使曾经在法国接受高等教育的外国学生和研究人员与法国保持联系，相互交流并获得实习或工作机会。

法国海外教育署和法国高等教育署在法国教育的海外推广方面发挥着重要的作用，不仅为旅居海外的法国孩子提供法式教育，延续他们的本土文化并在当地传播法国文化，还有利于世界各地的学生和学者了解法国教育、接受法国教育，使他们成为传播法国文化的使者。

三、新时代的机遇与挑战

随着信息技术的迅猛发展，传统的文化传播途径对文化产品流通的限制逐渐减弱，数字技术和互联网不仅使文化产品的生产方式不断更新，还大大加快了文化产品的流通速度，丰富了流通渠道，加速了文化全球化进程，为各国文化的传播、交流和融合提供了新的机遇。然而，信息技术使文化传播更加方便和快捷的同时也加剧了各国文化之间的竞争。对法国而言，必须应对美国文化在全球的巨大影响力和美式价值观的高度渗透，同时还要与众多新兴国家进行竞争，对外文化传播面临前所未有的挑战。

（一）文化全球化

随着科学技术的发展和现代化程度的加深，世界各国的交往日益频繁，文化间的交流也日益活跃，文化领域也呈现全球化趋势。文化全球化时代，国际文化市场准入门槛降低，文化信息获取渠道多样化、便捷化，不同文化相互交织与交融。美国凭借强大的经济和科技实力在世界文化市场独占鳌头，新兴国家也逐渐意识到文化软实力在国际竞争中的重要性，纷纷参与世界文化市场份额的竞争。简言之，文化全球化使各国文化面临世界文化市场的考验。

在此背景下，法国作为传统文化大国的地位受到严峻挑战。自第五共和国成立以来，法国的文化影响力开始呈现下降趋势。特别是冷战结束后的二十年里，面对美国和新兴国家的竞争，法国在文化影响力方面的衰弱趋势尤为明显，文化软实力建设遭遇困境。（赵超，2011：17）法国文化影响力衰弱的最大表现便是法语在国际上使用率的下降。根据法语观察研究站（Observatoire de la langue française，OLF）的统计，法语如今是继汉语、英语、西班牙语、阿拉伯语之后的世界第五大语言，而且它在国际事务中的地位不断被英语所取代。

文化全球化使法国对外文化传播面临挑战，究其原因有二：一是法国奉行精英主义文化路线，难以与大众文化路线抗衡；二是法国文化具有浓厚的民族色彩，与国际主流文化难以抗衡。首先，法国对外文化行动奉行的策略是“以精英受众为主，兼顾一般受众，以影响当下或未来的决策者和话语权掌有人为重点”（彭姝祎，2009：117）。精英主义文化固然能展现法国文化最深厚的底蕴，但也大大限制了法国文化的受众面。与之相反，美国顺应文化全球化潮流，大力推广大众文化，迎合现代人快节奏生活的需求，将更加通俗化、商业化、娱乐化的文化产品通过现代信息技术迅速传播到世界各地，占据世界文化市场的有利份额。其次，法国文化过于强调其民族属性，使其在文化全球化背景下的国际文化市场竞争中处于不利地位。一方面，对内限制了多元文化向主流文化靠拢的动力；另一方面，对外限制了其在更广、更深范围内传播文化。（赵超，2011：19）当法国无比强大之时，法国文化的“法兰西民族”标签有助于其进行对外文化宣传，不仅可以使法国人民团结起来产生强大的凝聚力，还可以凭借自身魅力产生巨大的吸引力。但是，进入文化全球化时代之后，各民族文化相互交织与交融，形成了一个“你中有我、我中有你”的局面，而过于强调民族色彩的法国文化不利于扩大文化的包容性，可传播性也难以增强。

面对文化全球化，法国采取攻守结合的策略加以应对：一方面，高举“文化例外”和“文化多样性”旗帜，在重要国际场合和国际贸易谈判中抵制将文化产品纳入自由贸易范畴，以保护本国文化产品免受美国文化产品的强势冲击，呼吁世界各国坚定保护民族文化的立场，促进世界文化多元化发展，抵制一国文化独大；另一方面，适时调整对外文化政策，改革和完善对外文化传播机制，整合资源积极探索对外文化传播的新途径和新方法。例如，法国拥有众多历史悠久的品牌，漫长的文化历史植根于其产品的设计与生产中，被售卖的不仅是商品本身，还有蕴含在内的品牌文化、价值内涵以及生活方式。在全球化背景下，文化产品中包含的文化因素能够悄无声息地渗透到人们生活的方方面面并潜移默化地对消费者产生影响。因此，法国积极利用其拥有的品牌优势在世界范围内巧妙地传播法国的文化与价值观。

（二）文化数字化

在文化传播的过程中，文化本身的魅力固然重要，但是文化传播的手段和效率也不容忽视。随着数字时代的到来，传统的文化生产、发行与传播方式发生了巨大变革，已有的文化传播流程无法应对现代文化市场的竞争。数字技术和互联网在文化领域的广泛应用正在深刻地改变着全球的文化生态环境（邓文君，2017：121），新媒介给文化传播提供了更多平台，方便快捷地将信息传播到世界各地。但是，数字化也带来了一些问题。尽管数字技术为文化产业带来了巨大的收益，但收益的分配并不公平。文化产品的创作者并不是最主要的受益人，提供网络服务与设备的商家成了最大的赢家。这种现象导致某些创作者投身于创作一些周期短、效益高的产品，不利于文化创作的健康与长远发展。此外，数字技术在简化与加快文化传播的同时，也使盗版现象日益猖獗，严重侵害了作者的权益与利益，打击了创作者们的创作热情。

面对数字化对文化领域带来的机遇和挑战，法国充分利用丰富的传统文化资源，大力借助现代高新技术，通过数字化手段，促进传统文化的传承与传播。数字时代法国对外文化传播的主要特色在于利用数字信息技术，借助庞大的有形文化传播网络和无形数字新媒介在欧洲乃至整个世界传播法语和法国文化。（邓文君、李凤亮，2015：46）对内，出台关于数字化的法律法规，对数字时代文化领域知识产权、网络资源合法使用、文化产品复制与使用做出规范；利用3D扫描、VR虚拟现实等数字技术建设数字图书馆和数字博物馆，实现传统文化资源的数字化和网络化，便于跨越时空界限进行对外传播。对外，利用数字技术革新对外法语教学手段，建设线上课程和数字语言学习资源，增强法语的吸引力，提高海外法语教学质量；大力发展对外传媒，鼓励法国世界媒体集团旗下的媒体利用数字技术开发媒体传播新渠道，吸引更多的观众和听众，充分发挥互联网、多媒体、移动终端等现代信息载体在对外文化传播种的作用。

四、对中国的启示

近年来，随着我国经济实力的增强，国际地位也随之不断提高，越来越注重推广中国文化，增强文化软实力，树立良好的国家形象。遍地开花的孔子学院便是最好的例证。自2004年第一所孔子学院在韩国首尔成立以来，15年间，已有548所孔子学院和1193个孔子课堂在154个国家和地区落户，累计培训各类学员1100万人，举办丰富多彩的中华文化展示和中外人文交流活动20万场次，参与其中的民众达1亿人次。孔子学院的迅速发展一度在全球范围内引发“汉语热”，但如今孔子学院的发展陷入瓶颈期。2015年，瑞典斯德哥尔摩大学甚至关闭了与之合作的孔子学院。这在一定程度上说明，我国对外文化传播的机制，还须学习和借鉴他国的有益经验和做法，不断探索，砥砺前行，才能在当今国际文化市场赢占一席之地。为此，法国应对文化全球化和文化数字化的做法应该对我们有所启发。

事实证明，单纯立足于丰富文化资源开展对外文化传播的做法已无法应对当前的国际文化竞争，创新成为在国际文化竞争中脱颖而出的制胜法宝。法国凭借科技发展抓住机遇，改变人们对其刻板的传统印象，向世人展示一个更加现代化的法国，而不仅仅是古典文学和艺术的摇篮。因为一个更加丰富、立体的科技文化大国比一个古老的文艺之都更加具有吸引力与竞争力。中国也必须根据时代发展及时调整对外文化政策，使之与国际环境相匹配，通过多种手段传播中国文化和精神。

首先，要积极开展多种形式的文化外交，传播中国思想、语言和价值观，树立良好的国家形象。同时，也要充分利用现代科学技术，重视互联网的运用与管理，把互联网当作开展文化外交、提高文化影响力的新平台。其次，要对丰富的文化资源进行开发和挖掘，推陈出新，利用数字技术使文化产品的开发更加多元化、接触途径更加多样化，用创新驱动发展。最后，建立系统完善的文化传播体系，利用新媒体平台加速信息传播的速度和广度，使有形的文化传播机构和无形的数字媒介结合起来，在各个国家各个阶层内传播中国文化。

中国文化博大精深，源远流长，我们要利用好文化全球化和数字化带来的机遇，努力提高其在国际上的辨识度与话语权，在全球范围内传播中国文化，不断增强中华文化的国际影响力，提升我国的文化软实力。

参考文献

［1］戴高乐：《希望回忆录》第一卷“复兴”（1958—1962），上海：上海人民出版社，1973 年。

［2］邓文君、李凤亮：《数字时代法国对外文化传播策略研究》，《天津师范大学学报》（社会科学版），2015 年第 3 期。

［3］邓文君：《“互联网 +”背景下法国提升文化软实力的战略路径研究》，《西安外国语大学学报》，2017 年第 3 期。

［4］范勇鹏：《论文化外交》，《国际安全研究》，2013 年第 3 期。

［5］李智：《文化外交：一种传播学的解读》，北京：北京大学出版社，2005 年。

［6］彭姝祎：《试论法国的文化外交》，《欧洲研究》，2009 年第 4 期。

［7］彭姝祎：《法国对外文化活动及其启示》，《对外传播》，2010 年第 8 期。

［8］吴晓春：《文化外交：内涵、发展与作用》，《长沙大学学报》，2012 年第 3 期。

［9］赵超：《法国构建国家文化软实力的措施》，《当代世界与社会主义》，2011 年第 6 期。

［10］De Raymond, J-F. *L'action culturelle extérieure de la France*［M］. Paris：La Documentation française, 2000.

翻译纵横

“革命”概念转述：善译的探究

林　巍*

【摘要】现代意义上的“革命”概念源自西方，经日文转述、翻译到中国，其政治和文化内涵经历了相当的演化过程。本文根据马建忠的“善译”理论，从“文字滋生之源”“委曲推究”“经营反复”“确知其意旨”“适如其所译”等方面对相关“革命”的典型论述，加以辨析、比较，并给出参考英译文，试图对这一问题在中西对比、历史沿革、词语分析、翻译技巧等诸领域，作出更为广泛而深入的探究。

【关键词】革命　善译　中西对比　历史语境　词语辨析　翻译技巧

“善译”理论，是晚清时期著名语言学家马建忠提出来的。他以参据拉丁语系、撰写《马氏文通》（1898 年）而闻名，为中文的现代语法结构创立了基本框架，使后人受益至今。殊不知，更早于此的，则是他超前的翻译思想，而这对于翻译（最初具有转述的性质）诸如“革命”这样具有历史沿革语境的概念，别有深意。

概括而言，马建忠在《拟设翻译书院议》（1894）阐述了他的“善译”观：“夫译之为事难矣，译之将奈何？其平日冥心钩考，必将所译者与所以译者两国文字深嗜笃好，字栉句比，以考彼此文字滋生之源，异同之故。所有相当之实义，委曲推究，务审其音声之高下，析其字句之繁简，尽其文体之变态，及其义理精深奥折之所由然。夫如是，则一书到手，经营反复，确知其意旨之所在，而又摹写其神情，仿佛其语气，然后心悟神解，振笔而书，译成之文适如其所译而止，而曾无毫发出入于其间，夫而后能使阅者所得之

---

* 林巍，暨南大学翻译学院特聘教授，研究方向：汉英翻译。

益与观原文无异，实则为善译也已。”此段含义丰富，涉及语义学、文法学、修辞学，语用学及文化研究，亦与西方翻译学家切尔顿（Chilton）的论点相吻合：Language as a social semiotic imposes a structure of values, social and economic in origin, on whatever is represented（Chilton, 1991：4）（作为社会符号的语言，含有其所代表的社会和经济根源及其价值体系）；“Anything that is said or written about the world is articulated from a particular ideological position”（Chilton, 1991：10）（任何所言所书，都是某一特殊思想意识的表达）。可见，翻译绝不似一般想象那样简单、容易。

对于所转述、翻译的对象，要“经营反复，确知其意旨之所在”；同时，“以考彼此文字滋生之源，异同之故”，即有一脉络清晰的整体把握。就 revolution 而言，源于拉丁文词根 *revolutio* 和 *revolvere*，意为“向后转动”，后逐渐演变为以强制手段推翻政府或改变社会秩序，从而建立新制度等。“中文里原来也有‘汤武革命’，但指的却是‘易姓’和‘王朝更替’；中国传统文化中的‘革命’显然只是由‘改朝换代’所塑造的。”（林巍，2017：5）其中，“改朝换代”（具体体现为“易姓”和“王朝更替”）是中国传统文化中“革命”的本义，可有多种译法，如 change dynasties /regimes, substitute a new regime for the old, the old dynasty was replaced with a new one 等。然而，纵观中国历史，这已形成了一种特殊规律，同时又应避免一般意义上的重复，可稍加发挥为 a pattern of regime replacement，以更合原义。故此，该句不妨译为：In classical Chinese, there were also terms like 汤武革命（*tang wu geming*）, or “the revolution of Tang wu”, denoting the alteration of emperors' surnames and the regularity of changing dynasties. Clearly, the connotations of “revolution”（*geming*）in traditional Chinese culture was derived from nothing but a pattern of regime replacement.

在中国近代史上，最早鼓吹革命的媒体之一当属《清议报》。该报是梁启超逃亡日本时在东京与友人所办，其意为“以主持清议、开发民智为主义”。在思想和语言上为中国由传统向现代社会的转型，起到了相当的启蒙作用。关于“革命”，该报有一段著名论述：“是故有易姓而非革命者，如汉灭秦、晋灭魏，驯至乎灭宋、明灭元、清灭明皆是也。有革命而不必易姓者，如日本自神武天皇以来二千余年皆一姓相传，专制为治；而明治维新之后，由专制政体而为立宪政体是也。欧洲诸国…… 当其在百余年前，固多专制为治，而未有所谓立宪政体，君民皆治于法律之下者也。自拿破仑第一崛起之后，诸国之民，骚然变动。遂逼其平日之专制政体，改而为立宪政体。而君公贵人，仍多世袭罔替焉，此皆革命而不必易姓者也。”（《清议报》1901 年 10 月 12 日）

就此，不妨“委曲推究”，对比西方 revolution 概念的定义：We may use the term “revolution” in at least two senses. One indicates a radical (i. e. , comprehensive) change or set of changes. Another is to describe a sudden event that brings about radical change. The liberal revolution should be understood in the former sense, because the radical change Europe underwent did not necessarily occur suddenly or violently, and sometimes took place gradually and (relatively) peacefully. Revolution in the second sense (a sudden series of events bringing radical change), is often the result of the failure to accommodate political institutions to a changing society or set of social values. (Eagles, 2004: 178)（我们所用的“革命”概念，至少有两种含义：一种是激进、全面或系列的变化；另一种则是对带来剧烈变化突发事件的陈述。自由主义革命，属于前者，因为欧洲的激进变化，并不一定是突然或暴力的，而有时是渐进的，相对平和的。第二种意义上的革命，即带来一系列激烈变化的突发事件，通常是政治体制未能与变革中的社会或相应价值观作出妥协的结果。）显然，相比西方政治文化中的 revolution，“革命”在中国传统文化的含义更为多样、不确定。同时，要“适如其所译”，对于其中所述各个朝代的更替，可不必拘泥于语言形式上的 the Han Dynasty replacing the Qin Dynasty, …the Wei Dynasty replacing the Han, …the Jin Dynasty replacing the Wei Dynasty 等，而可做相应的简化。

鉴于此，上述《清议报》的论述不妨译为：There were events of changing emperors' names of different dynasties devoid of any trace of revolution, such as the Han Dynasty replacing the Qin Dynasty, or the Wei the Han, and the Jin the Wei Dynasties… Even the Yuan replacing the Song, and the Qing the Ming all followed the same pattern. Some revolutions, as they happened, did not have to involve changing emperors' names for different dynasties: in Japan with their autocracy Emperor Jinmu's name was not changed over a period of two thousand years of several successive dynasties. After the Meiji Restoration, this autocracy was transformed into a constitutional monarchy. Countries in Europe, … a century ago were dominated by autocracy as well (none of them had anything resembling a constitutional monarchy), but both rulers and the ruled were subject to the law. After the rise of Napoleon I, people in these countries initiated their uproar which compelled autocracy to be transformed into constitutionalism, although royal households and hereditary aristocracies remained-which could be called "revolutions without altering titles". (*China Discussion Daily*, Oct. 12, 1901)

就相关论述而言，"1890 年之前，revolution 多翻译成贬义的'造反'（'革命'），富于破坏性；如王韬首次使用了'法国革命'，而康有为在提及日本维新所引起的动荡时，也称之为'革命'：'及倒幕维新，而革命四起'。可见，作为现代概念的'革命'和 revolution 之间的最早对应，是以法国大革命之类的社会动荡为中介建立起来的。难怪，1895 年孙中山到了日本时，发现当地报纸把他的党称为'革命党'而大吃一惊，有受辱之感"（林巍，2017：5）。其中，对于"王韬首次使用了'法国革命'"，对此要表述出其贬义的性质，便只有与前面一句"多翻译成贬义的'造反'（'革命'）"联系起来，可在括弧中译为（*zao fan*, a synonym of *geming* at that time），使之置于当时的历史语境，以便理解。其实，French Revolution 在欧洲革命历史上也是一个特例，如：The "French Revolution" of 1789, perhaps the most striking example of a revolution in this dramatic sense, can be seen as such an eruption caused by an intolerable tension between the old political order and the new social forces created by economic and cultural change. (Eagles, 2004: 178)（1789 年的法国大革命，也许是这种剧烈变革中最突出的案例，可看作旧的政治秩序与由经济文化变革所孕育的新生社会势力之间、无法调和的紧张时态的井喷式爆发。）故此，整段不妨译为：Before 1890, the term "revolution" was mostly translated into Chinese as 造反 (*zao fan*, a synonym of *geming* at that time), or "rebellion" in a derogatory sense, full of destructiveness. For example, Wang Tao, a senior official of the Qing Dynasty (1636 – 1911), for the first time derogatorily mentioned the "French Revolution" (法国革命) in a document. Also, while mentioning the Meiji Restoration, Kang Youwei wrote in his "memorial to the throne": "When the Restoration started, revolution arose from all directions." In this sense, *geming*, in its modern sense, and "revolution" were initially linked by referring to social chaos (such as the French Revolution). That was why Dr. Sun Yat-sen (1866 – 1925) was so surprised to find his party was called 革命党 (*geming dang*) or the "Revolutionary Party" when he arrived in Japan in 1895, and felt he was being humiliated.

进行历史概念的翻译，对于当时"革命"一词使用的历史沿革背景，亦需有一较为量化方面的了解。根据当时主要媒体上"革命"概念的使用情况，略做如下概述①：

"革命"一词使用的历史沿革背景（1896—1911）

类型 \ 年份	1896	1897	1898	1899	1900	1901	1902	1903	1904	1905	1906	1907	1908	1909	1910	1911
易姓革命	4	2	12	1	5	15	9	140	50	29					15	
汤武革命	3		1	2		2	5	4	3				2		1	3
法国革命	5	20	31	21	29	102	231	161	58	83	104	38	9	42	20	
政治革命		2	15	7	88	70	229	88	41	714	106	35	4	7	5	
经济革命			1	4	1	2	19	4		27	19		1	10	4	
社会革命			2		2		1	1	12	350	71	3	1	3		
无政府革命									2	23	258	289		2		
中国革命党			2	2	2	6	8	47	5	10	532	371	183	50	203	93
总计	12	24	64	37	35	133	202	550	302	402	1675	929	550	65	268	140

从数据上看，1900 年之前，"革命"的含义主要集中在本土的"易姓革命"和"汤武革命"上，同时引人注意的还有从西方传来的"法国革命"。该词组在相当一段历史时期内，被中国人用来作为理解西方革命的参照物；当然，如上所述，在此过程中发生了一些历史性的偏颇。自 1898 年戊戌变法失败之后，若干超越其传统含义的内涵出现了，如"政治革命""经济革命"

① 参见金观涛、刘青峰：《观念史研究》，北京：法律出版社，2009 年第 374 页。

“社会革命”“中国革命党”等，从而逐渐形成了现代中国革命观。

同时，善译观还注重将“所有相当之实义，委曲推究，务审其音声之高下，析其字句之繁简，尽其文体之变态，及其义理精深奥折之所由然”。其实质是翻译中的语用语言等效问题，最大特点是重视信息的“接受者”，即要求译文在读者中产生的效果与原作相同，而这又是一个无止境的过程。

其实，“现代意义的‘革命’概念源于西方，19 世纪末以日语为媒介，传入了中国”（林巍，2017：5），其中的“以日语为媒介”，似可译成 through Japanese medium、the Japanese language was used as a medium of communication 等，未尝不可，如“以英语为媒介的中学西渐”（Learning into the West through English Medium）等。但考虑到中文与日文的特殊关系（相同的汉字、不同的发音与差异的字义），可用（through Japanese as a）lingua franca，该词指 a common language used by speakers of different languages，即可理解为“被操汉语、日语者所共同使用的汉字”。从社会语言学的角度，在中国由传统社会向现代社会转型的近代史中，日语充当了独特角色。特别是戊戌变法失败后，梁启超乘日本“大岛”兵舰逃亡日本，办报、著述，将西方的许多现代词语、借助日文传入英文。仅就政治、法律词语，常用的便有：人权（human right）、公证人（notary）、引渡（extradite）、主权（sovereignty）、上诉（appeal）、出庭（appear in court）、代理（deputy）、民主（democracy）、民法（civil law）、自由（freedom）、共和（republic）、证券（security）、刑法（criminal law）、仲裁（arbitration）、投票（vote）、判决（judgment）、法人（legal person）、法定（statutory）、法医学（forensic science）、法则（rule）、法律（law）、法学（the science of law）、法庭（court）、社团（mass organization）、社团法人（commonalty）、免除（exemption）、治外法权（extraterritoriality）、制裁（sanction）、取缔（outlaw）、拘留（detention）、所得税（income tax）、有所权（ownership）、政府（government）、政策（policy）、政党（political party）、政治家（politician）、信托（trust）、特权（privilege）、财团法人（incorporated foundation）、时效（prescription）、动产（real estate）、假释（parole）、国际（international）、国际公法（Public International Law）、传票（summon）、债务（debt）、债券（bond）、领土（territory）、领空（territorial sky)、领海（territorial waters）、宪法（constitution）、总理（premier）、警察（police）、议会（parliament）、辩护士（parliament）、干部（cadre）、权利（rights），等等。从而大大丰富了中文的现代词语，在一定意义上拉近了与西方的关系。故此句论述不妨译为：The concept of "revolution" in a modern sense, originating from the West, was introduced into China through Japanese as a lingua franca in the late-19th century. 进而言之，善译应"适如其所译而止，而曾无毫发出入于其间，夫而后能使阅者所得之益，与观原文无异"，这实际为"得意忘言"的最早版本，是翻译的最高境界。

置身于19世纪末20世纪初的中国历史语境，探究早期"革命"概念在中国的传播、转述和翻译，除了梁启超外，绕不过去的还有邹容、谭嗣同等的相关论述。邹容著名的《革命军》，充满着炽烈的革命热情，气势磅礴，振聋发聩，有如一声震撼大地的惊雷。它的巨大作用和影响，如鲁迅所评："便是悲壮淋漓的诗文，也不过是纸片上的东西，于后来的武昌起义怕没有什么大关系。倘说影响，则别的千言万语，大概都抵不过浅近直截的'革命军马前卒邹容'所做的《革命军》。"（鲁迅，1932：46）该书中有段著名文字："扫除数千年种种之专制政体，脱去数千年种种之奴隶性质，诛绝五百万有奇之满洲种，洗尽二百六十年残惨虐酷之大？辱，使中国大陆成干净土，黄帝子孙皆华盛顿，则有起死回生，还魂返魄，出十八层地狱，升三十三天堂，郁郁勃勃，莽莽苍苍，至尊极高，独一无二，伟大绝伦之一目的，曰革命。巍巍哉！革命也。皇皇哉！革命也。"（邹容，1903：6）就翻译而言，其中的激奋之词，既要体现其语势（特别是最后几句，用了三个"革命"），又要对一些铺张语句做些捋顺、变通和精炼处理。鉴于该篇的主旨是"革命"，故this mood 自然为其所指，而 noble goal 亦承其脉络，直至最后盛赞之语，和盘推出 How… a revolution is，三而合一；同时，对其中汪洋恣意的形容也"适如其所译而止"（马建忠语），拿捏尺度。故此，整段不妨译为：It is to abolish various autocracies that have been rooted for thousands of years as well as to get rid of all sorts of slaveries. The burning shame imposed by the five million or so Manchurians' colonial rule over the past 260 years has to be completely wiped out and leave China as a Sukhavati (pure land) where every Chinese descendant could be as decent as Washington, resurrecting with a reincarnated spirit from the bottom of hell to the upper level of paradise. In this mood, we will emerge into a new frontier, with lush growth of trees and grasses, full of vigor, heading for a uniquely great and noble goal. How glorious, splendid and magnificent a revolution is!

与此同时，谭嗣同在《仁学》论道："《易》明言，'汤、武革命，顺乎天而应乎人。'而苏轼犹曰：'孔子不称汤武，'真诬说也。至于谓汤、武未尽善者，自指家天下者言之，非谓其不当诛独夫也。……志士仁人求为陈涉、杨玄感，以供圣人之驱除，死无憾焉。若其机无可乘，则莫若为任侠，亦足以伸民气，倡勇敢之风，是亦拨乱之具也。"（谭嗣同，1947：343 – 344）根据马氏"适如其所译"的原则，不妨译为：*The Book of Changes* claims that "The *geming* (dynasty-replacement movements) mobilized by Shang Tang and Zhou Wu were in line with the heavenly *Dao* and popular feelings." But Su Shi said, "Confucius did not speak highly of the two leaders", which to me is an insult. Surely, as the populace discussed, Shang and Zhou were not perfect, but that does not mean they should be condemned as tyrants...Men with lofty ideals and integrity are eager to be heroes like Chen She and Yang Xuan'gan, but even they were expelled and died without regret. Although their opportunities were denied, however, they would rather have been chivalrous swordsmen or to have acted as messengers to bring order out of chaos. In that way, the common good and courageous ethos could have been promoted.

《天议报》亦有社评："地球之上邦国环立，然自有人类以来，无一事合于真公。异族之欺凌，君民之悬隔，贫富之差殊，此咸事之属于不公者也。……由是种族革命、政治革命、经济革命遂为人民天赋之权。然环顾世界各邦，其实行种族革命者尚占多数，若政治一端，虽实行共和政治者，犹不能尽人而平等，经济一端更无论矣。试推其原因，则以世界固有之社会，均属于阶级制度，合无量不公不平之习惯相积而成，故无论其迁便之若何，均含有不平之性质。……非破坏固有之社会，决不能扫除阶级，使之尽合于公。顾今之论者，所言之革命，仅以经济革命为止。不知世界固有之阶级，以男女阶级为严。…… 故欲破社会固有之阶级，必自破男女阶级始。……居今日之中国，非男女革命与种族政治经济诸革命并行，亦不得乎真公。”（《天义报》启，载《复报》1907 年第十期）根据“委曲推究”“确知其意旨”的要旨，不妨译为：Since man appeared on the planet, none of the countries around the world have so far achieved true justice-alien invasions, confrontations between the monarch and the people, extreme disparity between the rich and the poor and so on all characterize its nature... People are endowed with natural right to mobilize ethnic revolution, political revolution, economic revolution. Among these nations, ethnic revolution seems to be a dominant phenomenon. Politically, in countries where a republic has been put in place, that "all men are born equal" is still out of the question, let alone in an economic sense. The root causes, if explored, may be found in their inherent class-based society, where copious injustices have been accumulated. In that case, whatever changes have taken place inequality remains... It is impossible to achieve justice without destroying the inherited society and abolishing classes. "Revolutions", currently discussed, are mostly confined to economic revolution. Among various classes, gender discrepancy is the worst... Therefore, eradicating innate classes must start from the actual inequality between male and female ... In today's China, true justice can never be attained unless gender revolution is implemented side by side with ethnic, political and economic revolutions.

然而，当年许多中国知识分子对于 revolution 应当翻译成“革命”抑或“改革”存有疑虑。典型如梁启超所言：“‘革’也者，含有英语之 Reform 与 Revolution 之二义。Reform 者，因其所固有而损益之以迁于善，如英国国会一千八百三十二年之 Revolution 是也，日本人译之曰改革、曰革新。Revolution 者，若转轮然，从根柢处掀翻之，而别造一新世界，如法国一千七百八十九之 Revolution 是也，日本人译之曰‘革命’。‘革命’二字，非确译也。‘革命’之名词，始见于中国者，其在《易》曰：‘汤武革命，顺乎天而应乎人’；其在《书》曰：‘革殷受命’。皆指王朝易姓而言，是不足以当 Revo［省文下仿此］之意也。…… Ref 主渐，Revo 主顿；Ref 主部分，Revo 主全体；Ref 为累进之比例，Revo 为反对之比例。……其前者吾欲字之曰改革，其后者吾欲字之曰变革。”（梁启超，1902／1989 版：40—41）现在看来，梁氏对于 Reform 和 Revolution、Ref 与 Revo 之间的辨析未必正确。例如，reform 由 re-和 form 两部分组成，re-是拉丁文词根，意为 again，back，等；form 为 shape，mould 之意，*The New Oxford Dictionary of English* 对此解释：Form goes back to Latin forma "a mould or form", and is an element in many English words such as conform (Middle English) make like something else; deform (Late Middle English) "mis-shape"; and reform (Middle English) "put back into shape" Formal (Late Middle English) originally meant "relating to form", and developed the sense 'prim, stiff' in the early 16th century. Format (mid-19th century) came via French and German from Latin formatus (liber) "shaped (book)". Formula (early 17th century) was in Latin a "little form" and was at first a fixed form of words used in ceremonies. Use in chemistry is from the mid-19th century. 其核心为 Make changes in something (typically a social, political, or economic institution or practice) in order to improve it: *the Bill reform the health benefits system.* (Pearsall, 2001: 1560)（使一些事情－典型的为社会、政治、经济体系或实践—发生变化，以求改善。）在应用中，如 It also demonstrates that swift reform is often more effective than drawn-out and painful adjustments（这还表明，快速改革往往比拖拖拉拉的痛苦调整更有效），即便是 swift reform 也不等于 revolution; It is said that politics must not allow allowed to get in the way of reform（绝不允许政治因素影响改革的进度），即使 politics 与 reform 在一个语境中，亦与 revolution 不同。

其实，就 revolution 的构词而言，该词由三部分组成：re-(back) + volut (roll) + ion (n. suf.)，*The New Oxford Dictionary of English* 对此解释：The Latin verb volvere had the sense "to turn round, roll, tumble"; add re-in front and you get meaning such as "turn back, turn round." This is the basic idea behind revolve and its offshoots: revolution (Late Middle English) which only came to mean the overthrow of a government in 1600, and which developed the form rev for the turning over of a motor in the early 20th century; and revolt (mid-16th century) initially used politically, and developing the sense "to make someone turn away in disgust" in the mid-18th century. 其核心为：A fundamental change in political organization or in a government or constitution: the overthrow or renunciation of one government or ruler and the substitution of another by the governed. (*Merriam-Webster's Unabridged Dictionary*, 2001)(在政治组织、政府或宪法上所发生的根本性的变化，如被统治者推翻或抛弃某一政府或统治者，以取而代之。)在应用中，A revolution in the strict sense of the word just means tremendous changes(严格来说革命是指重大的改变); A year earlier, the War of Independence, also known as the American Revolution, began(更早一年，独立战争，也就是美国革命爆发)，此处的 revolution 都不可与 reform 相混淆。显然，一百余年前梁启超所做的解释是有误差的；然而，对其原文的翻译，仍须尽力做到“无毫发出入于其间”，从而“能使阅者所得之益，与观原文无异”，了解历史沿革的本来面目。

同时，对梁氏所述关于“革命”与“改革”译语的消长背景的了解，则有助于翻译的客观性。根据数据统计，其变化如下①：

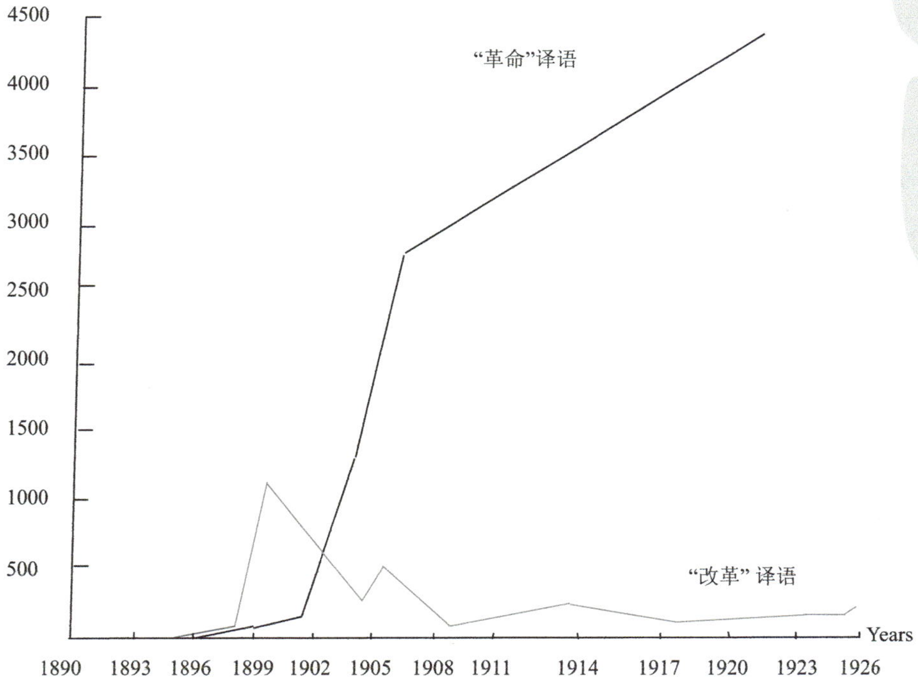

① 参见金观涛、刘青峰：《观念史研究》，北京：法律出版社，2009 年第 382 页。

如图所示，1900 年之前，作为译语，“革命”很少使用，如 1898 年戊戌变法时仅出现了 36 次，而“改革”则出现了一千余次。变法失败后，1901 年“革命”则超过了二百余次。随着清政府的腐败无能的暴露，特别是自 1900 年 8 月 14 日攻占北京后，清政府的合法性受到质疑，从而日益成为革命的对象，致使“革命”译语几乎直线上升。由此，对“政治影响翻译”（how translation had been influenced by politics）的历史沿革背景，做了有力的注脚。

故此，梁氏的这段著名论述，不妨译为：However，doubts remained among the Chinese intellectuals on whether “revolution” should be translated as *geming* （revolution） or *gaige* （reform）. Typically，as Liang Qichao pointed out：“The character *ge* in fact contains the meanings of both “Reform” and “Revolution” . The former refers to change for the better by removing existing defects，such as the ‘Revolution of the parliament of the United Kingdom’ in 1832，which was translated by the Japanese as a ‘改革’（かいかく）or ‘革新’（かくしん）（reform）. As for ‘Revolution’，it is like a rolling wheel，drastically throwing out something old to make way for a new world，such as the ‘French Revolution’ in 1789，which is translated by the Japanese as ‘革命’（かくめい）（revolution）. In this context，*geming*was not the right term to translate ‘revolution’ . The initial appearance of *geming* in Chinese is found in the *Book of Changes*：‘Tang Wu *geming*was guided by the heavenly *Dao* and in line with the populace's wish’，as well as in the *Classic Book of History*：‘The Shang Dynasty was overthrown by the mandate of heaven’ - all these denote altering the titles of different dynasties，which is not appropriate for ‘Revolution’ … ‘Ref’ refers to a movement with the momentum gradually and progressively abolishing most of the obsolete，whereas ‘Revo’ means an action capable of radically and absolutely replacing the previous object… In my view，the word derived from the etymon ‘Ref －’ denotes ‘reform’，whereas the word stemmed from ‘Revo －’ signifies ‘revolution’. Namely，the former should be rendered as ‘改革’（*gaige*）and the latter ‘变革’（*biange*-an interchangeable word for *geming*）.” Entanglement as such could ever be seen in translation between the two terms. With the constant failure of reforms in China，the public mood increasingly switched to revolution, which inevitably became more radical and, as a result *geming* prevailed, signifying how translation had been influenced by politics in China.

进而言之,"历史证明,疾风暴雨式的'革命',带来的往往是破坏和倒退,而脚踏实地、遵循客观规律的改革,才会带来实效和进步。中国以经济建设为核心的崛起,已日益融入全球化,使其在政治、经济、社会制度等层面,远远摆脱了激进式的革命,步入了和谐发展的新常态"(林巍,2017:5)。就"新常态"的语境而言,该词由习近平主席在2014年5月考察河南的行程中首次提出:"中国发展仍处于重要战略机遇期,我们要增强信心,从当前中国经济发展的阶段性特征出发,适应新常态,保持战略上的平常心态。""新"就是"有异于旧质";"常态"就是固有的状态,新常态就是不同以往的、相对稳定的状态。他认为中国经济的新常态有几个主要特点:速度——"从高速增长转为中高速增长"(the economy has shifted gear from the previous high speed to a medium-to-high speed growth);结构——"经济结构不断优化升级"(the economic structure is constantly improved and upgraded);动力—"从要素驱动、投资驱动转向创新驱动"(the economy is increasingly driven by innovation instead of input and investment)。纵观"善译"之道,其要旨在"心悟神解",从而做到"神似"。以此而论,除了上述词根、词性、词意等语境辨析问题,在句子结构上亦有体现。故此段不妨译为:History has repeatedly proved that revolutions or "violent storms" only bring destruction and setbacks, while following objective laws and carrying out surefooted reforms normally yield progressive effectiveness. China's rise, centering on economic construction and increasing integration into globalization, has long freed itself from the fashion of radical revolution and entered a stage of harmonious "new normal" development in the fields of politics, economics, social systems.

"然而,在思想、意识、道德层面,如何反省百余年来从西方引进、经中国文化改造、与改革相融合的现代革命观念,进而告别以往、迎接更新?似乎是当下一个值得研究的问题"(林巍,2017:5),似可译成 However, how to switch our mindset in terms of ideology and morality, leaving the past and embracing the renewal remains a question requiring our serious consideration,以在语言层面上

更贴近原文；然而，译为 And yet a question remains, requiring our serious consideration: How to switch our mindset in terms of ideology and morality, to leave the past and embrace this renewal? 不但在语势上更加顺达，而且将问题突出，以画龙点睛。

总之，“一书到手，经营反复，确知其意旨之所在”（马建忠语），对于“无毫发出入于其间”地转述、翻译“革命”一类的概念，自然包括在历史沿革语境的广度和深度上，进行多方面“善译”探究的巨大努力。

参考文献

［1］金观涛、刘青峰：《观念史研究》，北京：法律出版社，2009 年。

［2］梁启超：《释革》，载《饮冰室文集之九》（第四册），中华书局，1989 年。

［3］林巍：《“革命”概念的中国化》，载《中国翻译》，2017 年第 5 期。

［4］鲁迅：《“杂忆”鲁迅全集》第一卷，北京：人民文学出版社，1980 年。

［5］谭嗣同：《仁学》，中州古籍出版社，1998 年。

［6］《天义报启》，载《复报》，1907 年第 10 期。

［7］邹容：《革命军》，大同书局，1903 年。

[8] Chilton, S. *Grounding Political Development* [Z]. Boulder: Boulder, Colorado and Lynne Rienner Publishers Inc. 1991.

[9] Eagles, Munroe, et al. *Politics: An Introduction to Democratic Government* [Z]. Broadview Press, Ltd. , 2004.

[10] Garner, A. Bryan. *A Dictionary of Modern Legal Usage* [Z]. Beijing: Law Press, 2003.

[11] *Merriam-Webster's Unabridged Dictionary* [Z]. Springfield, Mass. : Merriam-Webster. 2001.

[12] Pearsall, Judy. *The New Oxford Dictionary of English* [Z]. Shanghai: Shanghai Foreign Language Education Press, 2001.

《坤舆万国全图》日译若干问题刍议

凌　昊*

【摘要】《坤舆万国全图》于江户时代初期流传到日本国内。它作为锁国时期唯一权威可靠的信息来源，为彼时的日本带来了崭新的地理学、天文学知识。目前全图的日译仅有高桥由贵彦的《マテオ・リッチ“坤輿万国全図”记事の全訳》一个版本。不同文字版本的全图在翻译上也会存在差异。笔者以日本林原美术馆所藏旧冈山藩主池田家世传的坤舆万国全图屏风为日译对象，探讨全图在翻译实践过程中的翻译原则和策略，以及高桥氏日译版本的一些问题所在。

【关键词】《坤舆万国全图》　日译　地名　物志

一、引言

《坤舆万国全图》（以下简称“坤舆图”或“全图”）又名《万国全舆图》，是中国最初刊行的一份较为详细精准的世界地图。作为西学东渐的代表作，“坤舆图”是一部可以让当今世界见证中国“海上丝路”和西方航海大发现的时光机。关于这部地图的作者和其成图时间，学界说法不一。大部分学者认为它是1602年由意大利传教士利玛窦按照欧洲绘世界地图翻译绘制而成，后进京将其作为礼物献给皇帝。亦有学者对此说提出质疑，认为该地图并非编绘于明万历年间，而是中国人在郑和第六次大航海之后的1430年左右

* 凌昊，女，西安电子科技大学外国语学院日语系讲师，主要研究方向为中日女性文学、文化比较等。

完成测绘的。(李兆良，2016：59）关于这一争论，学界至今未有定论。

目前国内可以看到的坤舆图版本有很多，如彩色摹本《坤舆万国全图》(现藏于南京博物院)、墨线仿绘本《坤舆万国全图》(现藏于中国历史博物馆)、刻本《两仪玄览图》(现藏于辽宁省博物馆）等。而保存在国外的李之藻原刻版《坤舆万国全图》以日本所藏数目最多，分别收藏于日本京都大学、日本内阁文库和日本宫城县立图书馆。《坤舆万国全图》于江户时代初期流传到日本国内。由于整幅图是以汉字做标注的，其写本陆续被各藩绘制，这让坤舆图在邻国日本的受容有了更多的可能。加之这部地图是日本锁国时期唯一权威可靠的信息来源，它的传入亦对后来《华夷通商考》《西洋纪闻》等著作的问世产生了深远的影响。

对比中国，日本国内与坤舆图相关的研究数量较少。土浦市立博物馆主编的《世界図遊覧》中针对全图的内容有一些简单的解释说明；三好唯义在《世界古地図コレクション》中对利玛窦世界地图和其产生的影响进行了阐述；青木千枝子在《我が国に現存する『坤輿万国全図』の刊本に関する一考察》一文对日本国内所藏三个版本的全图进行了比较研究。关于全图的日译，目前只有高桥由贵彦分别于2009年、2010年在日本海事史学会上公开发表的《マテオ・リッチ「坤輿万国全図」记事の全訳上・下》一个版本。高桥氏按照世界各地的标注、利玛窦的序文和跋文、《两仪玄览图》的序文和跋文等顺序对全图进行了较为全面清晰的日文译注。由于全图版本不同，地图的个别标注会存在些微的差别，译文自然也会产生差异。笔者参与了由日本林原美术馆、国际美术研究所和コンテンツ株式会社共同合作的“坤舆万国全図池田家本調査研究プロジェクト”(简称KBZ项目)，以日本林原美术馆所藏旧冈山藩主池田家世传的坤舆万国全图屏风为研究对象，对坤舆图重新加以日文译注。因此，本文将以全图中出现的个别地名和物志类词条为例，试论在此次翻译实践过程中发现的高桥氏日译版本的部分问题所在，并探讨利玛窦世界地图中所传送的本土化词汇的翻译原则与翻译方法。

二、翻译原则与方法

笔者日译的对象是江户时代中期冈山藩主池田家世传的坤舆万国全图六

扇彩色屏风。原屏风为一般社团法人林原美术馆所藏，尺寸为164.8cm×376.0cm。日本コンテンツ株式会社已通过高端技术对全图屏风进行扫描，扫描后原图大小为120740pix×54597pix，后为方便在网站公开，将其压缩为分辨率为816dpi的图像。笔者的部分日译已于2019年1月在网站公开。全部日译及日文解说预计将于2019年下半年随原屏风一同在日本展出。

KBZ项目将全图屏风数位化后在网站上公开的目的在于让日本国内更广泛地知晓这幅著名世界地图的存在。而笔者为其添加的日译和注释则应为不精通汉语的日本学者更深入地研究全图、见证彼时中国远洋航海新时代的开启与海上丝路发展的鼎盛提供便宜。因此，与着眼于风格立意、思想情感等方面的文学作品的翻译不同，全图的日译首先应该以保留原意为前提，最大限度地尊重原作意思。因全图内容涉及地理学、天文学等方面的知识，其中不乏非专业者较难理解的领域，所以其翻译更应以简洁明了、通俗易懂为原则。故虽然全图原作以古汉语居多，但笔者选择以现代日本语的一般表达方式表现出来，以期实现以翻译为媒介的异文化转化过程中的“信、达、雅”。

高桥氏的日译虽基本遵循了尊重原作这一原则，但由于在翻译的过程中过多地使用了汉语词汇且未添加注解释义，对于不精通汉语的日本人来说未必能实现百分之百的理解。如应帝亚的部分里，原文有“細布、金銀、椒料、木香、乳香、藥材、青朱等，无所不有”，高桥氏将其译为“細布金銀椒料木香乳香薬材青朱など一つとしてないことがない”（高桥由贵彦，2009：79），名词之间没有用标点符号分隔开来，且译者未对这几类物志加以详细的注解，这就使读者对专指中药材的“藥材”一词和药材类的“青朱”一词无法理解透彻。又比如吴中明撰的部分里，原文有“至所著天与日月星远大之数”，高桥氏将其中的“数”翻译为“数目”（高桥由贵彦，2010：89）。此处的“数”虽确为“数目”之意，但“数目”实为汉语词汇，现代日语里并不使用这一词，因此，此处的“数”译为“数”（かず）即可。除此之外，对于“即”“此”“其”等词汇的翻译，笔者也采用了现代日语的一般用法，将其统一译为“すなわち”“これ”“その”，而尽量避免使用“即ち”“此れ”“其の”等。

在对全图进行翻译的过程中，笔者采取了以“意译”“直译”“音译”

“变译”及“释译”为主的翻译方法。比如，人名、地名主要采用“直译”和“音译”的翻译方法，而对于古今称呼不同的地名，必要时会采取“释译”进行加注解释；对于较难理解的天文学知识等问题，主要采用“意译”的翻译方法，以通俗易懂的现代日语表达出来；另有较为本土化的汉语词汇，笔者会以“变译”的翻译方法对其加以详细说明，以达到译文本土化的目的。鉴于本论篇幅有限，笔者仅以个别地名和物志为例，来阐述全图日译过程中遇到的一些问题，并探讨其解决对策。

三、地名类的翻译

《坤舆万国全图》中出现的地名有千余，其来源大多是16世纪及16世纪之前的世界地图。所有地名的类型大致可分为汉语地名、西方音译地名和西方意译地名三类。笔者在翻译的过程中，针对地名的解说主要参考了高翔著《〈坤舆万国全图〉地名考本》。此地名考本的编者在书中提到，全图在绘制之际，汉文以外的地名皆来自当时的西方地图，这些西文大部分为西班牙语、葡萄牙语和拉丁语；而全图中以汉文标注的地名也需找到西方地图中准确的对音，这些都是地名研究面临的难点。（高翔，2015. 10：1）笔者在进行日译的时候亦需解决如何为西文地名和汉文地名找到相应的日文对音的问题，其中当然也包括现代世界地图上已经不存在的地名。

如前文所述，在此过程中，笔者主要采取了“音译”“直译”“释译”等方法。全图中有些地名是可以直译的，如“鐵島”“木岛”等。关于“鐵島”的部分，原文记载：“鐵島，此島無水泉，惟一大樹，葉恒不落，每日没即有雲抱之，日出即散。土人于樹根跑一池，雲降成水，人畜皆資焉。”根据地名的标注位置可以大致推测此地所属为现代世界地图中的西班牙。此外，该地或以铁矿闻名，水源匮乏。高翔在地名考本中认为此为盛产铁矿的Ferro或降水稀少的Hierro。（高翔，2015. 10：361）绘图者用中国的称呼方式来标识外国地名，故很难考证与其相应的西方地图中的对音。针对这种因地图文献不足而无法确定的模糊的地名，笔者采取了直译的方法将其译为“鐵島”，加注“外来语の音訳。邵献圖の著作『外国地名语源詞典』によると、スペインの

Ferro、或いはHierroという島を指す"。关于"木島"的部分，原文记载："木島，去拂朗機半月程。樹木茂翳，地肥美。拂郎幾人至此焚之，八年始盡。今種葡萄，釀酒極佳。"此地已被证实为葡萄牙领土的马德拉群岛。究其为何被绘图者称为木岛，多半因为15世纪葡萄牙航海家将其意译为葡萄牙语"Madeira"，意为"木材之岛"。（高翔，2015.10：32）为了让读者对其名字由来有所了解，笔者将此地地名直译为"木島"，简单加注"外来语の音訳。マデイラ諸島。現在はポルトガルに属する地域。ポルトガル语ではMadeira。木材の島という意味"。

在全图标注的汉文地名中，有些本身存在争议且未有定论的，笔者则采取"直译""意译""音译"加"释译"的方法。如"鸚哥地"。全图原文记载："佛郎幾商曾駕船過此海，望見鸚哥地，而未就舶。"笔者查阅了相关史料和文献资料，发现此鸚哥地具体方位尚无定论。有人认为，此地为葡萄牙航海家所发现，因有许多体型巨大的鹦鹉而得名；有人认为此地不涉及企鹅等鸟类；亦有人认为此地或为澳大利亚。在16世纪西方绘制的世界地图中，此地被标注的位置也不尽相同。除了地理位置的不确定性带来的难题，绘制者的汉文标注也使得究竟是哪国人首先发现此地并为此地命名变成值得考证的一环。李兆良在《〈坤舆万国全图〉解密中国发现澳洲》一文中针对此问题提出疑问。他认为此地极有可能是澳洲。而且，地图的标注清晰表明佛朗几人（明朝人称葡萄牙为佛朗几）望见此地时，此地已有"鸚哥地"之名，否则原文里应该会加上"佛郎几人将其称为鸚哥地"。故此地显然是中国人起的地名。（李兆良，2017.1：197）综上所述，原文短短几句话里有如此大的争议，那高桥氏的日译"ポルトガル人がかつて船に乗ってこの海をと通ったが、鸚哥地を望んだまま、まだ船をつけたことはない"（高桥由贵彦，2009：78）就未能对地图中蕴藏的种种加以解释说明。笔者综合先行研究，将此文译为"ポルトガルの商人が船に乗り此の海を渡ったら、鸚哥（インコ）の地（オーストラリアを指す可能性が多い）を見た。ただし、鸚哥がここに泊まるのを見えなく、まだ船をつけたこともない"。而与鸚哥地相关的其他内容，笔者在"此地多有鸚哥之鳥，故因名地"处进行了加注。这样一来，则能让读者结合释译将此拓展开来，深入挖掘地图中存在的历史问题和地理问题。

四、物志类的翻译

《坤舆万国全图》里涉及的物志类名词甚多，其中大部分都是较为常见的动物、植物、物品等。对于这类名词，日语里有与之相对的词语可以直接用于译文中，故笔者在此不再单独罗列说明。还有一类名词，是现代汉语中或日常生活里并不常见、甚至可考证的资料也非常稀少的，将其翻译成日语有一定难度。笔者从这类名词中选取了几个较为典型的词条进行分析，探究较为合适的日译方法，以期让读者对全图了解得更加直观与全面。

在“卧亚”（英译名为Gowa，日译名为ゴア，今印度西岸的果阿邦）的部分中，全图描述了一种动物：“此處有革馬良獸，不飲不食，身無定色，遇色借映爲光，但不能變紅白色。”“革馬良”这一词条，在现代汉语词典里并未被收录。不过，根据原文给出的信息可以得知，这是一种兽类，会变色。所以这里指的应该是变色龙，原文里的“革馬良”采用的大概是西班牙语“camaleón”或葡萄牙语“camaleones”的西文音译。但变色龙在中国属于常见的动物，绘制者完全可以在原文中使用其学名“避役”“十二辰虫”或“变色龙”。究其为何使用了西文音译，邹振环在《〈兽谱〉中的外来“异国兽”》一文中分析道，虽然利玛窦对中国传统博物学文献理应相当熟悉，但变色龙在中国学名繁多，或许是他拿不准其在汉文中到底应该采用哪一种学名说明较为贴切，所以索性用了西文的音译名。（邹振环，2015：145）综上，针对“革馬良”这一词条，笔者在日译文中进行了简单的说明：“ここは革馬良という獣がいる。（注：「革馬良」とは、カメレオンのことを指す。スペイン语では「camaleón」、ポルトガル语では「chameleons」と言うので、音訳のために、発音の近い「革馬良」を名付けた。）飲むことも食うこともしない。体身の色は变化する。（外部の）色に会うと、それを借り光が身に映すことになるが、赤と白への变色は出来ない。”

全图中关于海洋动物的描述也甚多。比如在讲述“河擢亞諾滄”（西文Oceanvs的音译，指代大西洋）的部分中同时描写了两种鱼类：“此海有魚善

飛，但不能高舉，掠水平過，遠至百餘丈。又有白角兒魚，能噬之，其行水中，比飛魚更速，善于窺影。”邹振环在《明末清初输入中国的海洋动物知识——以西方耶稣会士的地理学汉文西书为中心》一文中分析了“飛魚”和“白角兒魚”：根据坤輿图的其他信息可知，“飛魚”与绘制者所描述的另一种“燕兒魚”或为同一种生物。其身体呈流线型，又细又长又扁，胸鳍延伸到尾部，两鳍展开时可飞翔，能够跃出水面并在空中停留；“白角兒魚”则应为拉丁文 pike 的音译，与《坤輿图说》中的“狗魚”是同一种生物，多分布于北半球寒带到温带，是淡水鱼中最残暴的肉食鱼。（邹振环，2014：81）高翔在《〈坤輿万国全图〉地名考本》中对两种鱼类进行了更为详细的考证：在飞鱼科中有拟飞鱼属、飞鱼属和燕鳐鱼属。根据它们的特性及地理分布来看，只有多见于西大西洋热带海区的背斑燕鳐鱼可能是全图中所说的“飛魚”（高翔，2015：366）；而“白角兒魚”可能为“狗魚”，然其多分布于北美和欧洲的淡水中，并非海鱼，故此物待考（高翔，2015：364）。根据二人所述，无论是“飛魚”还是“白角兒魚”，都没有十足的证据证明它们确为某一种鱼类，因此也都有待考证。故笔者在翻译的时候，皆以汉文名称直译，加上括号释译的方法来进行加注，力求使译文直观易懂：“この海には魚がいて、飛ぶことが上手である。だが、高く飛べなく、水面をかすめて飛んだら、百丈余りまで行ける。また、白角兒魚（文章によると確かに魚の一種で間違いない。英语ではpikes、ラテン语ではpikeという魚のようである。日本语ではパイク、或いはノーザンパイクと呼ばれる。寿命が長いし、味も甚だ良い）という魚がいて、飛魚（前述した飛べる魚。燕兒魚とも呼ばれる。日本语の飛魚、鰩、トビウオを指す可能性が多い）を食う。白角兒魚は水の中で行動し、飛魚よりは更に速く、影を窺うのに得意である。”高桥氏在译文中将“白角兒魚”解释为“白いくちばしのある魚”（高桥由贵彦，2009：77），且未对“飛魚”加以详细说明，很难让读者对这两种海洋生物的名称和属性有进一步的了解。

在地中海的部分中有对另一种鱼类的描述：“此海有一種咽機那魚，長尺許，周身皆刺身而有大力。若貼船後，雖順風不能動。”从原文可获知，这种“咽機那魚”身型颇大，浑身生刺，力大无穷，会吸附船底。据前半部分的描

述，这种鱼可能是生活在地中海和印度洋的刺河豚。刺河豚身上有许多针刺，遇到紧急情况会大口吞咽空气，使自己的身体膨胀，从而进行防御自卫。但依据后半部分的描述，这种鱼则有可能是生活在热带亚热带海域的鲫鱼。鲫鱼身体细长，头部扁平，头后有一背鳍变形而成的吸盘，它们善以吸盘吸附船底或其他鱼类身上来索取食物。但根据现有资料，并不能确定这种结合了刺河豚和鲫鱼特征的海洋生物究竟是何物。因此，笔者将两种猜测以括号加注的形式放到译文中，供读者参考："この海には咽機那（種類不明。時代や位置によると、フグに似ている。あるいは頭に吸盤のあるコバンザメとも考えられる。）という魚がいて、長さが一尺あまりで、身の回りには全て刺であり、そうして大いに力を持っている。もし船の後ろに貼りつくとたとえ順風であっても（船が）動くことができなくなる。"笔者认为高桥氏在译文中直接将"咽機那魚"翻译为"咽機耶（小判魚）"（高桥由贵彦，2009：76）是不够贴切且缺乏考证的。

除了海洋生物之外，有个别植物和物品类的翻译也需要采取"直译""释译"等多种方式。如地中海部分出现的"蝋里干樹"（一说蝋里千樹），虽然其分布位置（地中海沿岸）和特性（坚固且不易燃）在原文中的表述较为明确，但根据现有的资料依旧很难为其找准对音。故笔者在翻译的过程中对其种类不明的信息也进行了加注："海辺には蝋里乾（種類不明。これまでの文献によると、発音が似ている木は未だに見つかることができなかったとのことが分かる）という木を産出する。其の木は火に燃えないので、駐屯地を建てるのに用いられる。"

在爪哇附近有一地："此處海島甚多，舩甚難行，其地出檀香、丁香、金銀香、安息香、蘇木、胡椒、片脳。"这里出现的植物类名称较多。高桥氏在其译文中照搬了檀香、丁香等汉文原名且未加注。虽然这些名词在现代汉语里时有出现，但日语中却不全是以汉字词汇称呼的。因此，找准日文相对的词汇对理解原文至关重要。笔者将此文译为："ここは島が甚だ多く、船の運航が甚だ難しい。そこはビャクダン、チョウジ、スイカズラ、ベンゾイン（ペルシア语「mukul」とアラビア语「aflatoon」からきた单语。香料の一種）、スオウ、コショウ、ヘンノウを産出する。"如此一来，读者便能知晓

原文中汉文词汇描写的是此处盛产的各类植物，而这些植物基本都与“香料”有关。

另有描述“舊港”（即三佛齐）的部分，讲到此地居民“沿海架筏，盖屋而居，覆以椰葉，移則起樁而行”。不难看出此处描写的是旧港普通民众的住行状况：房屋沿海岸而建，在外层盖以椰叶。笔者原对此处的“樁”存疑。在《新华字典》里，“樁”为木名，指大樁。或指香樁，一种楝科落叶乔木。其木材通直，是造船、建筑材料。在《康熙字典》中，“樁”同杶、櫄，《庄子·逍遥游》描述“上古有大樁者，以八千岁为春，八千岁为秋”。由此可以得知“樁”实为一种树木的名称。原文里的动词“起”有“拔出、取出”之意，也有“兴建、建造”之意。但此处理解为“拔出樁木而行”（樁を抜いて行く）为或“建造樁木而行”（樁を造って行く）都明显说不通。既然“樁”为木，且可做造船、建筑材料，那么究竟是旧港的居民搭建房屋时主要以樁木作桩，要搬离原处则会将桩子一并带走，或者旧港的居民以舟船为主要交通方式、平素惯以樁木做船出行？这两种解释似乎都合乎情理。不过，若要查阅史籍记载，则会发现一些与坤舆图描述吻合的部分。《明史》中有记载：“（舊港）地多水，惟部領陸居，庶民皆水居。編筏築室，繫之於樁。水漲則筏浮，無沉溺患。欲徙則拔樁去之，不費財力。”《瀛涯胜览》中记载：“（舊港）头目之家都在岸地造屋而居其余民庶皆在木筏之上盖屋居之用桩纜拴系在岸水长則筏浮不能淹没或欲於別處居者則起樁連屋移去不劳搬徙。”由上述两则记载可知，该国实为海中之国，一般庶民沿海架木筏，木筏之上以桩盖房屋，搬迁之时为节省财力则连桩拔起带走，即所谓“水上浮居”。（全峰梅，2010：86）故坤舆图中的“樁”即指代盖屋所用木桩。此处的“樁”字，不排除是地图在流传和绘制过程中产生的形近字错误。因此，此处将“樁”译为“杭”（くい）较为贴切。关于“舊港”描述庶民生活状态的部分则可译为：“その国の人々は海に沿って筏を組み、（筏の上に）家屋を建て生活する。（その上を）椰子の葉っぱで覆う。（他所に）移ろうとしたら杭を抜いて持って行く。”

物志类的词条在坤舆图中虽远不及地名类的数目多，但由于很多名称已经不在现代汉语里出现，现代汉语词典里也未被收录，加上可考据的资料少之又少，故找到与之相应的西文对音难度加大，将其翻译成相应的日语更是难上加难。不过，笔者会根据现有的资料和参考文献，尽可能详细地对词条进行释译和加注，力求使读者明了全图中展现的彼时中西方的文化互动。

五、结语

本文主要是以日本林原美术馆所藏旧岡山藩主池田家世传的坤舆万国全图屏风为日译研究的对象，从地名和物志中选取了一些具有代表性的词条，以此为例探讨其在翻译实践过程中应当遵循的原则与采取的策略，同时分析和更正高桥由贵彦日译版本里的错漏。在新的发展时期，语言作为跨文化交际的推进器，能够使国与国之间更加了解和认识彼此。所以从跨文化研究的视角来看，《坤舆万国全图》的日文翻译不仅止于地理学或历史学的价值。坤舆图作为一部连接古今的时光机，更是为世界全面地读懂中国带来了契机。在“一带一路”的时代大背景下，坤舆图的翻译与宣传对多种文化之间的相互理解起着至关重要的作用，亦会为异文化的深层次对话以及中华民族文化的传承提供更大的可能性。因此，坤舆图的译介与传播工作任重而道远。

参考文献

[1] 曹婉如、薄树人、郑锡煌、王绵厚、曹社祉、周铮、姚义田、赵金敏、胡铁珠：《中国现存利玛窦世界地图的研究》，《文物》，1983年第12期。

[2] 高桥由贵彦：《マテオ・リッチ「坤輿万国全図」记事の全訳（上）》，海事史研究第66号，2009年。

[3] 高桥由贵彦：《マテオ・リッチ「坤輿万国全図」记事の全訳（下）》，海事史研究第67号，2010年。

[4] 高翔：《〈坤舆万国全图〉地名考本》，北京：光明日报出版社，2015年。

[5] 李兆良：《明代中国人环球测绘〈坤舆万国全图〉——兼论〈坤舆万国全图〉的作者不是利玛窦》，《测绘科学》，2016年第7期。

[6] 李兆良：《坤舆万国全图解密：明代中国与世界》，上海：上海交通大学，2017年。

[7] 马欢：《瀛涯胜览》，[OL]. https://ctext.org/wiki.pl? if = en&chapter = 566144.

[8] 全峰梅：《东南亚民居建筑类型研究》，《中外建筑》，2010 年第 11 期。

[9] 万斯同：《明史》[OL]. https://ctext.org/wiki.pl? if = en&res = 410835.

[10] 邹振环：《明末清初输入中国的海洋动物知识——以西方耶稣会士的地理学汉文西书为中心》，《安徽大学学报》，2014 年第 5 期。

[11] 邹振环：《〈兽谱〉中的外来"异国兽"》，《紫禁城》，2015 年第 10 期。

翻译生态系统的调控机制*

许建忠**

【摘要】本文将生态学有关理论应用于翻译研究，对翻译生态系统及其调控机制进行探索。一般来说，翻译的生态系统是有序的，是相对稳定的。但是不论从纵向层次还是横向水平结构都存在着这样那样的差异，加之种种不确定的环境因素，因而又反映出它的无序性。翻译生态系统的规则波动，一般会促进翻译事业的发展，而不规则的波动，常常会对该目标的实现不利。因此，要维系翻译生态系统的平衡，就必须掌握好翻译生态的调控机制，尽量避免失误和反复，以推动翻译事业的发展。

【关键词】翻译　生态系统　调控机制

翻译是个生态系统，既有序也无序，即相对来说是稳定的。翻译生态系统的规则波动，一般会促进翻译事业的发展，而不规则的波动，常常会对该目标的实现不利。因此，要维系翻译生态系统的平衡，就必须掌握好翻译生态的调控机制，尽量避免失误和反复，以推动翻译事业的发展。

一、系统及生态系统

“系统”一词，源自系统论的创始人——奥地利理论生物学家贝塔朗菲（L. V. Bertelanffy，1901—1972）。他认为：相互联系的诸要素的综合体就是系

---

* 本文系国家社科规划项目“中国翻译安全问题研究”（编号18BYY023）的阶段性研究成果。

** 许建忠，天津理工大学语言文化学院教授，天津市翻译协会副会长，天津外国语大学中央文献翻译研究基地兼职研究员，主要研究方向为翻译学及其跨学科研究。

统。系统是事物存在的普遍形式。系统的有以下四种基本性质：组分的整体性、结构的有序性、功能的整合性和结构、功能的可控性。“生态系统”这一概念是1935年由英国生态学家坦斯雷（A. G. Tansley）首先提出的，指在一定的空间内生物成分和非生物成分通过物质循环和能量流动相互作用、相互依存而构成的一个生态学功能单位。它把生物及其非生物环境看成互相影响、彼此依存的统一整体。生态系统不论是自然的还是人工的，都具下列共同特性：（1）生态系统是生态学上的一个主要结构和功能单位，属于生态学研究的最高层次；（2）生态系统内部具有自我调节能力。其结构越复杂，物种数越多，自我调节能力越强；（3）能量流动、物质循环是生态系统的两大功能；（4）生态系统营养级的数目因生产者固定能值所限及能流过程中能量的损失，一般不超过5—6个；（5）生态系统是一个动态系统，要经历一个从简单到复杂、从不成熟到成熟的 发育过程。

二、翻译生态系统

按照上面生态系统的概念依此类推，翻译的生态系统就是指在一定的时空内，翻译的生物成分和非生物成分通过物质循环和能量流动相互作用、相互依存而构成的一个翻译生态学单位。翻译生态的结构特点就是这个系统由四个基本部分组成，即无机环境、生产者、消费者、分解者，其中生产者、消费者、分解者是翻译群落的三大功能类群。非生物环境（abiotic environment）是翻译生态系统中翻译赖以生存的物质和能量的源泉及活动场所，可细分为原料部分（原语材料）、代谢过程的媒介部分（对翻译及研究者有影响的自然环境）和基层部分（翻译赖以生存的土壤等）。生产者就是译者，是翻译产品的创造者。消费者一般指译语读者，是翻译产品的享受者。而分解者就是指翻译研究者了，他们会通过对翻译现象的分析探讨，得出能指导翻译的相关理论来。无论是宏观的或微观的翻译生态系统，基本上都是人工生态系统。生态系统的结构可以从两个方面理解。其一是形态结构，如生物种类、种群数量、种群的空间格局、种群的时间变化，以及群落的垂直和水平结构等。形态结构与植物群落的结构特征相一致，外加土壤、大气中非生物成分以及消费者、分解者的形态结构。

其二为营养结构。营养结构是以营养为纽带，把生物和非生物紧密结合起来的功能单位，构成以生产者、消费者和分解者为中心的三大功能类群。它们与环境之间发生密切的物质循环和能量信息流动，使整个系统保持动态的平衡，即维持一种有序状态。正是翻译与外部生态环境的物质、能量和信息的交换（外部环境向其输入必要的资金、设备、图书、人员以及各项方针、政策，翻译向社会输出各种服务和科研成果），才使翻译生态系统保持着一定的有序状态。如果这种交换一旦中断，翻译生态系统就会失去动态平衡，进而走向解体。因此，伊利亚·普里戈金（Ilya Prigogine）提出了耗散结构理论（dissipative structure；耗散结构是系统的一种特殊结构，是系统在实践、空间和功能上靠外界作用维持有序的一种状态），其理论和方法可以研究翻译生态系统，藉以获得翻译生系统的动态情况和有益的启示。

翻译生态系统具有开放性、目的性和有序性。开放性不仅表现在物质、能量的输入和输出上，也表现在翻译目标、翻译内容和翻译方法上。从翻译目标看，各个历史时期的社会对翻译目标的要求基本一致，就是要生产出社会需要的合格译品来。由于社会经济和政治的变化，衡量译品的标准也在不断地变化，作为开放性的翻译生态系统，翻译的目标也应相应地做出调整。从翻译的内容看，各个历史时期的社会对翻译的内容要求不尽一致，各有侧重。现代科技迅猛发展，科技信息正以指数式增长的速度激增，因此，翻译要立足现代社 会需要，为社会发展提供其所需的译品来。再从翻译的方法看，现代社会为翻译提供了良好 的技术条件和可供参考的信息，翻译必须适应社会的发展，一方面掌握现代技术；另一方面做好翻译与现代技术的融合工作，改进翻译手段和方法。

翻译生态系统不是自发的系统，而是一种目的系统，翻译生态系统在运动过程中通过反馈控制，向目的趋移。翻译生态系统的目的性，就在于提供社会发展所需要的译品，目的系统要考虑时间的因素，这也是现代社会对高效的追求。

三、翻译生态系统的调控机制

一般来说，翻译的生态系统是有序的，是相对稳定的。但是不论是从纵向层次或横向水平结构都存在着这样那样的差异，加之种种不确定的环境因素（如社会、政治、经济、文化、宗教等因素），因而又反映出它的无序性。这指的是一种内部无序而全局有序的情况。但如果内部的无序达到一定的量后，质变就会发生。也就是说，就会造成翻译生态系统新的混乱，发生翻译生态失衡。翻译生态系统的规则波动，一般会促进翻译事业的发展，而不规则的波动，常常会对该目标的实现不利。因此，要研究翻译生态系统的演进规律，力求做到科学决策，经过反复论证和试验，选择最佳方案和最佳途径，以减少波动和震荡的幅度，尽量避免失误和反复。我们不仅要研究当前的翻译，而且还要预测翻译的发展趋势，以推动翻译事业的发展，维系翻译生态系统的平衡。实际上，这也就是生态系统的调控机制。当然，随着社会和经济的发展，翻译的生态结构和层次相应地发生演替，则另当别论。下面举例对翻译生态系统的调控机制加以说明。

我国的翻译理论在 20 世纪经历了七八十年代的辉煌之后，到了 90 年代后期，出现 了一个低潮。面对这种情况，有人疾呼翻译理论研究走进了死胡同，让大家“丢掉幻想”；有人认为目前翻译理论研究正处于一个“相对沉寂期”；也有人说翻译研究进入“调整期”。尽管说法不一，却也集中地指出了翻译界当前一个令人瞩目的现状，即翻译理论研究确实不像新时期前十年那么轰轰烈烈、热气腾腾了。正值此时，林克难发表文章，直面这一问题，试图对当前中国翻译理论的沉寂期进行分析，并根据国外翻译理论界最新的研究成果，提出尽快结束沉寂、掀起翻译理论研究新高潮的一些见解。他认为，要尽快结束“沉寂期”，应从以下几个方面入手：（1）深入进行翻译史研究，即借鉴西方的成功经验，运用新的研究方法，重新审视我国长达几千年的翻译史；（2）研究对象应当拓宽，语言不能成为翻译研究的唯一对象；（3）应涉及翻译的国别研究，国外有人称之为“权力均势”研究；（4）结合女性运动对翻译的地位进行研究。林克难认为，在我国翻译理论进入“沉寂期”之时，西方的翻译理论却呈现出一种方兴未艾的局面。我们应该看一看国外同行都在研究什么，这无疑会给我们一定的启发和灵感。（林克难，1998）

另外，翻译生态系统是一种耗散结构系统，其远离平衡态的开放性和各要素之间的非线性作用，使得我们可以也应当采用耗散结构的理论和方法去研究它，以获得对系统动态情况的了解和多种启示。李照国先生在翻译研究中引入了“熵化”、“耗散”和“重构”这样三个概念。试图以“熵化”为主线，以“耗散”与“重构”为两端，勾勒出信息转换中的表里虚实关系。“熵”（entropy）是热力学第二定律的核心概念，即熵定律。热力学第一定律表明，能量是守恒的、不灭的，只能从一种形式转变到另一种形式。然而热力学第二定律却表明，能量只能不可逆转地沿着一个方向转化，即从可以利用向不可利用、从有效向无效转化。

在译事活动中，信息被“熵”化的现象，最常见于文化翻译。翻译中，源语中所蕴含的丰富信息，不可避免地将被轻化或简化，从而导致部分甚或完全被“熵化”的危险。一般来说，翻译过程中信息的“熵化”现象出现于三个环节和两个方面。三个环节中两个在译者方面，即译者对原文的解读和译述。如果对原文的解读有误，当然导致信息的丢失和曲解；如果解读正确，但在译文组织方面用词不当或表述上出现逻辑错误，同样导致信息的异化和流失。第三个环节就是读者对译文的解析和理解。正确无误的译文，并不能保证信息完整准确地被解读和接受。要正确完整地解读和接受译文信息，读者自身的素养和对相关领域、相关文化的了解是至关重要的。如果缺乏必要的背景和专业知识，读者在阅读完美无缺的译文时，同样也会产生误读和误解的困厄。（李照国，2008）。

实际上，翻译生态的调控机制，从某些角度来说，就是对翻译错误（包括理论错误和实践错误）的认识和纠正。翻译错误研究是一个综合生态系统，这个系统包括翻译错误的本质和特征、翻译错误发生的规律性、翻译错误发生的主体机制和非主体机制、翻译错误的类型和比例构成，以及辩错、纠错和防错机制。限于篇幅，在此笔者仅谈翻译错误发生的规律性。

在翻译错误生态系统翻译研究中，错误的发生应该有其规律性。但关于这方面的研究，目前还很少。这里我们就做一些尝试。其实要了解翻译错误的发生规律，首先要了解其构成翻译错误的细胞。致错因素是错误的细胞，是导致错误发生的诸相关因素，包括主观和非主观方面的各相关因素。致错因素按其与实践认识系统的各要素关系，可划分为主体性致错因素和非主体性致错因素。主体性致错因素，是指与从事一定认识活动和实践活动的当事人自身有关的那一类致错因素，包括生理、心理、感觉、直觉等，是错误发生的内因。非主体性致错因素，是指主体以外的与客体、工具和环境相关的可能导致错误发生的各种因素，是错误发生的外因。内因是事物发展变化的根据，外因是事物发展变化的条件，外因通过内因才能起作用。因此，在导致错误方面，内因的作用是主要的，外因是相对次要的。

错误发生的一般规律，是在错误发生个过程中，适合于通常的情形，在各领域、各类活动中普遍地、反复地起作用的与错误有关的现象之间的本质联系和必然趋势。也就是说，一般规律具有普适性。这些规律包括错误伴生律、致错过程律、错根互作率、错极必反律。就整个人类认识的发展历史长河而言，错误永远与正确相伴而生，而且还可以在一定条件下相互转化，这就是错误伴生律。这是对立统一规律在错误与正确关系问题上的表现。掌握错误伴生律，有助于科学地理解错误与正确的辩证关系，自觉地把不断坚持真理与不断修正错误有机地统一起来。致错过程律是指一种错误，从最初的萌芽到最终的形成，总有一个过程。它是辩证法关于事物的变化发展是一个过程的思想和质量互变规律在错误问题上的表现。其基本内容为：错误的发生，是一个有致错因素到错误的萌芽再到错误的过程、由量变到质变的过程、由认识错误到实践错误的过程。这通常是一种不自觉的过程。掌握这一规律有助于在错误发生之前、之中认真反思自己，力争及时发现错误，尽快纠正错误，避免小错误变成大错误。错根互作率是指就错误发生的原因或根源而言，错误是各种致错因素相互作用的产物。它是辩证法关于普遍联系的观点和因果律在错误问题上的反映。掌握这一规律有助于正确对待所犯错误的内在因素与外在诱因。错极必反律是指，错误演变到极致就必然会发生反转，进行自我否定，回到正确的轨道上来。它是辩证法否定之否定规律在错误问题上的放映。掌握此律，有助于正确对待较大错误，避免悲剧重演。

翻译错误发生的特殊规律，包括立论致错律、尽信字典律、望文生义律、背景致错律、时空颠倒律、有意致错律、眼高手低律、才歪自毁律等。其中最后一个是与个人修养有关的。立论致错律，是指有些翻译理论的立足点或切入点本身就是有问题的。既然立足点不对，那得出的结论自然也就有问题了。尽信字典律，是指翻译中不求甚解，脱离上下文，一味依靠字典的做法。

望文生义律，是指翻译中不求甚解，也不借助工具书，便凭主观臆断进行翻译的做法。背景致错律，是指由于缺乏背景知识而导致错误的情况，包括语言文化素养不高、专业知识缺乏、对不同语言的异同点缺乏认识等。时空颠倒律，是指翻译时忘记了译语读者，片面追求原语和译语在时间上和空间上的对等行为。有意致错律，是指在翻译中，由于某种因素的影响，译者故意为之所犯错误的情形。眼高手低律，是指片面追求翻译理论高度而忽视翻译实践的情形，或认为学了外语就能翻译，而不亲自动手做翻译实践的情况。才歪自毁律，是指翻译是正正当当的行业，如采取不正当的手段做翻译或与同行竞争，到头来只能身败名裂。如翻译中的抄袭行为、翻译界的学霸行为，都是这方面的典型代表。

这里仅就人们论及较少的立论致错律做一案例剖析。2013 年，胡庚申的大作《生态翻译学：建构与诠释》出版，这是译界的一件大事，因为它是由中国人开创的翻译理论。出版以来，好评如潮。但也有学者对其提出一些质疑。其中最受人诟病的要数其理论依据了：到底是以生态学还是以生物学作为其理论依据的？这点就连胡庚申自己也说不明白。胡在著述中也坦承，在生态翻译学的构建过程中有种种困惑，如“生物学与生态学之间的关系问题、翻译适应选择论于生态翻译学之间的关系问题、两者之间的哲学理据是否共同问题、前后两者之间如何名正言顺地‘衔接’问题，等等”（胡庚申，2013：59）。他最终从“达尔文是生态学的祖师爷”这简单的一句话中就得出了标准而满意的答案，从而完成了从翻译适应选择论到生态翻译学的“同源贯通”。此番解释的意义在于“作为系统的翻译理论研究，前期的翻译适应选择论和后续发展的生态翻译学，从生态学的发展角度来看，它们是‘同源’的，是一种源委关系和继承的关系，本质上是一致的。两者是‘同源’的，相互之间是一种继承的关系，本质上是一致的”（胡庚申，2013：60－61）。

生物学与生态学即便同源，也不能等同，更不能说本质上是一致的，将其混为一谈。因为早在 20 世纪中叶，生态学已经从生物学中分离出来了，现已发展成为一个独立学科。虽然生物学与生态学之间的关系极为密切，但毕竟还是有区别的，不能等同划一，所以把从生物学（或生物学＋生态学）切入说成是从生态学切入，有点牵强，继而得出的有些翻译理念也同生态学的理念格格不入。下面就收录几位专家的看法。

陈水平（2014）认为："生态翻译学自中国学者提出后十多年来取得了相当数量的研究成果及学术进展，然其核心概念与学科构想中仍存在不少悖论：(1) 将翻译生态环境视为译者和译文生存状态的总体环境，忽略了其'跨地域'特点，与翻译的差异性本质相悖；(2) 过于强调翻译过程中的译者中心，表现出一种片面、狭隘的人类中心主义价值取向，与生态伦理相悖；(3) 将适应选择论视为生态翻译学的'中坚'，忽略了更为广阔的研究空间，与学科的大发展相悖。"杨超（2016）认为："以结构与能动性的关系为独特视角，探讨了生态翻译学产生悖论的本质原因。""生态翻译学产生悖论的根本原因在于生态翻译学将理论倾向上南辕北辙的结构功能主义与理性选择理论的观念糅合在一起。这就造成生态翻译学捍卫其部分理论时会拆解另一部分理论的基础，回应批评时，有越解释越矛盾的倾向。此外，这种理论糅合既不能反映翻译社会空间的真实状态，损伤翻译研究的科学性在道义上又存在引起伦理滑坡的一定风险。总之，正确认识结构与能动性的关系对翻译理论建构具有十分重要的意义。""《生态翻译学：建构与诠释》的出版标志着由我国学者提出的生态翻译学理论有了完整全面的阐述，对我国译学研究意义重大。而这一新的理论在研究范式、理论基础、理论建构、译者中心、研究方法等方面尚存值得商榷之处。虽然名为生态研究范式，该理论却摒弃了生态哲学的核心理念，对东方生态智慧和适应选择理论解读亦存偏颇之处，理论构建不尽科学，译者中心论有违生态哲学理念，研究方法仍属规约性研究性质。"（尹穗琼，2017）

由此看来，"生态翻译学"还有其有待改进的地方。

四、结论

本探索了翻译生态系统的调控机制。实际上，翻译生态的调控机制，从某些角度来说，就是对翻译错误的认识和纠正。由于该系统涉及面较广，内容较多，限于篇幅，笔者在此就仅其中的翻译错误发生的规律性加以探索。其目的是正确认识和合理运用翻译生态系统的调控机制，即应研究翻译生态系统的演进规律，把无序性转变成有序性，力求做到科学地选择翻译最佳方案和最佳途径，尽量避免翻译错误的发生和重复发生，把翻译错误带来的负面影响降到最低，将其波动和震荡的幅度减少到合理范围之内。这样，既可协调好翻译过程中的各种关系，提高翻译效能，又可调动一切积极因素，消除消极因素，达到维系翻译生态系统平衡，推动翻译这个人类重要的活动健康稳步发展，为国家发展和世界和平做出其应有的贡献。

参考文献

[1] Cronin，Micheal. *Translation and Globalization* [M]. London and New York：Routledge，2003.

[2] Lefevere，Andre. *Translation，Rewriting and Manipulation of Literary Fame* [M]. London and New York：Routledge，1992.

[3] 陈水平：《生态翻译学的悖论——兼与胡庚申教授商榷》，《中国翻译》，2014 第2 期。

[4] 成昭伟、周丽红、译可译：《非常译——英汉互译典型错误例析》，北京：国防工业出版社，2008 年。

[5] 胡庚申：《生态翻译学：建构与诠释》，商务印书馆，2013 年。

[6] 李绍选：《浅谈翻译中的误译》，《中国翻译》，1998 年第 4 期。

[7] 李照国：《熵化·耗散·重构——汉英翻译理法探微》，上海：上海科学技术出版社，2008 年。

[8] 林克难：《对理论沉寂期的反思》，《中国翻译》，1998 年第 6 期。

[9] 刘明祥：《错误论》，北京：法律出版社，1996 年。

[10] 王东风：《中国译学研究：世纪末的思考》，《中国翻译》，1999 年第 1 期。

[11] 许建忠：《翻译生态学》，北京：中国三峡出版社，2009 年。

[12] 杨超：《结构与能动性关系审视下的生态翻译学的悖论》，《东方翻译》，2016 年第 6 期。

[13] 杨平：《对当前中国翻译研究的思考》，《中国翻译》，2003 年第 1 期。

[14] 尹穗琼：《生态翻译学若干问题探讨——与胡庚申教授就〈生态翻译学：建构与诠释〉中的部分观点进行商榷》，《天津外国语大学学报》，2017 年第 3 期。

[15] 朱植德：《若干误译探析及其启示》，《中国翻译》，1998 年第 4 期。

名家访谈

从翻译实践、翻译理论和翻译教学谈翻译人才培养

——王宏教授访谈录

付瑛瑛　王　宏*

【摘要】关于翻译人才的培养问题一直以来都是翻译研究的重点。本文拟从翻译实践、翻译理论和翻译教学三个方面出发，研究和探讨这三者之间的关系对于我国翻译人才培养的启示。

【关键词】人才培养　翻译实践　翻译理论　翻译教学

王宏教授简介：

王宏，男，苏州大学典籍英译首席专家、翻译学科带头人、博士生导师。20 世纪 80 年代末开启翻译和翻译研究之旅，成果斐然。迄今已承担国家社科、省部级及横向项目 12 项，出版著译作 43 部，发表学术论文 70 篇，其中《墨子》（汉译英）、《梦溪笔谈》（汉译英）、《山海经》（汉译英）、《明清小品文》（汉译英）、《国语》（汉译英）等入选《大中华文库》。特别值得一提的是，由他主持翻译的《梦溪笔谈》（*Brush Talks from Dream Brook*）、《明清小品文》（*The Short Essays of the Ming and Qing Dynasties*）、《清代城市生活长卷》（*The Urban Life of the Qing Dynasty*）、《教育理论与实践探索》（*Rethinking Education: Explorations in Theory and Practice*）分别由英国帕斯国际出版社（Paths International Ltd.）和美国麦格劳-希尔教育出版公司（The McGraw-Hill Education Companies）全球出版发行。王宏教授还长期担任苏州大学本科生、

* 付瑛瑛：江西师范大学外国语学院、博士。主要研究方向为中国典籍英译、语料库翻译学、中国形象研究。王宏：苏州大学外国语学院教授、博士生导师。主要研究方向为翻译理论、中国典籍英译。

硕士生和博士生翻译教学，主持教育部来华留学生英文品牌课程《传统中国文化》（Traditional Chinese Culture）；主讲《中国典籍英译》和《翻译名作比较与研究》被评为江苏省和苏州大学研究生优秀课程。

付瑛瑛（以下简称“付”）：王教授您好！感谢您能接受我的采访！随着中国国际地位不断提升和经济持续发展，我国对优秀翻译人才的需求越显迫切。面对这种迫切的需求，MTI 和 BTI 的招生院校也在逐年增加，旨在为国家培养更多优秀的翻译人才，但实际情况是，MTI 或 BTI 的毕业生往往难以满足市场对翻译人才质量的要求。能否请您谈谈对这种现象的看法？

王宏（以下简称“王”）：我曾经专门撰文讨论过这个问题（王宏、张玲，2016），感觉整体形势不容乐观。截至 2018 年 2 月，我国 MTI 招生院校有 246 所，BTI 招生院校有 252 所，MTI 和 BTI 同时招生的院校共 99 所。招生规模的扩大却仍满足不了市场对翻译人才的需要，其原因值得深思。从目前情况看，MTI 和 BTI 的学生在就业出路、翻译能力甚至中外语言能力等方面都令人担忧。

付：那您认为翻译人才可以培养出来吗？我们通常说，中文系难培养出作家来，那么，翻译专业能培养出翻译家吗？

王：不能混淆翻译家和翻译人才这两个概念。翻译家是处于翻译领域金字塔顶端的人才，是天时地利人和的结晶，可遇而不可求，故而不能用“培养”这个表述。而翻译人才是可以培养出来的，但从哪些方面进行培养、如何有效地培养却是个难题，值得深入探讨。

把翻译作为一个专业培养出来的人才，经常可能只是业余翻译或兼职翻译，而非职业翻译。众所周知，翻译（无论是口译还是笔译）本身的职业门槛不是很高，基本上外语好，再加上母语好，就能做一般的翻译，这是不言而喻的（只是有些人可能比另一些人做得更好）。但是高层次的翻译专业人才、能够承担译审工作的高端人才的确很少，据统计，国内目前还不足千人。有一些有特殊要求的翻译工作，比如，同声传译、特殊行业的翻译，其门槛相对较高，不经过专门的培训和具有相关知识是很难胜任的。由于生源、师资、设备等原因，我国大多数开设 BTI 和 MTI 专业的学校不具备条件培养同声传译或有特殊需求的翻译人才。因此，除北外、上外、广外等个别生源、师资和实习条件较好、专业区别度较高的高校适合培养高层次职业翻译人才，如同传、交传、高级笔译人才外，全国众多高校的翻译专业学位教育应着眼培养具有初、中级翻译能力的宽口径、多用途、通用型的翻译人才，开设课程宜粗不宜细。

付：您说应该着眼培养具有初、中级翻译能力的翻译人才，那么翻译能力包括哪些内容？应该如何进行培养呢？

王：翻译能力是翻译教学的核心培养目标，包括英译汉能力和汉译英能力，其中对学生汉译英能力的培养更显重要，所以我想重点谈一谈。从目前形势来看，高层次汉译英人才的短缺已成了我国翻译实力构成中的短板。随着中外交流的迅猛发展，有越来越多的汉语文献需要译成英文，其中绝大部分是由以汉语为母语的中国人承担的，这已成为现实。因此，加强对以汉语为母语者汉译英能力的研究，已成为当务之急。我曾撰文专门探讨过汉译英能力的构成因素和发展层次。在我看来，汉译英能力分为：第一，双语能力（英语表达能力，汉语理解能力）；第二，知识能力（百科知识，相关专业知识）；第三，资料查询能力（利用工具书和网络资源等查询资料的能力）；第四，翻译技能（转换能力，选择能力，译文修订能力）。其中，双语能力和翻译技能同为不可或缺的关键成分。

此外，汉译英能力的发展是有阶段性的，可以分为几个层次，这方面的研究应属于探讨如何有针对性地开展汉译英教学的基础或前提。针对我国国情，可以考虑将汉译英能力的发展层次分为初级、中级、高级三个层次。翻译专业本科阶段结束的汉译英能力可定为初级，翻译专业硕士阶段结束的汉译英能力可定为中级。弄清楚了汉译英能力构成因素和发展层次，才能探寻提高学生汉译英能力、改进翻译教学的途径。

付：能否请您谈一谈如何落实这些能力？

王：好的。首先来谈谈双语能力吧。考虑到汉译英笔译实际上是一种有参照体系的特殊写作，从语言输入和输出量比考虑，要提高学生的英语表达能力和写作能力就必须接触大量不同体裁的英语原文，从事大量的英文写作。这种语言输入和输出量比与教学阶段有密切关系。

何刚强教授（2010）曾指出，“双语功底”和“国学基础”是一个优秀的中国翻译人才所必须具备的两大基本素养，而目前国内大部分院校的生源质量离这个要求相差甚远，所以需要加强翻译专业学生输入与输出环节的学习。对于翻译专业本科阶段的学生，英语输入和输出量比宜定为7∶3，即视听说、精读和泛读等课程占专业课的总课时要到70%，课内和课后对听、看和读的要求都要占70%。也就是说，应把大量的英文听说、阅读和写作以及英译汉实践作为发展汉译英能力的前期投入，从培养英语理解能力、阅读能力、写作能力着手，辅之以汉译英翻译入门技能的基础训练，使汉译英能力达到英语专业八级考试大纲中的要求。对于翻译专业硕士阶段的学生，英语输入和输出量比应定为5∶5，即课内和课后对语言输入的要求仍需占总课时的50%，与输出量比保持相对的平衡。通过大量接触各类体裁的英语原文，辅之以各种汉译英翻译技能的训练，在翻译实践中提高英语表达能力，使汉译英能力达到中级水平。高级水平的汉译英能力培养可以考虑与现在已经出现的翻译专业博士学位挂钩（或可比照MTI，将以实践能力为导向的高级学位称为DTI)。在这个高级阶段的汉译英能力培养过程中，英语输入和输出量比例以3∶7为宜。即通过大量高难度的翻译实践，专注于翻译技能（转换能力、选择能力、译文修订能力）的提高，使其能胜任高难度汉译英任务，为社会提供高层次汉译英人才。

其次来谈谈如何提升学生的知识能力。知识能力包括百科知识和相关专业知识。译者要面对各式各样的体裁、内容，需要了解方方面面的知识，成为一名“杂家”。这就要求学生的阅读面要宽、要泛。相关专业知识包括对翻译理论的了解，要能熟悉、理解并灵活应用。这里还涉及翻译理论与翻译实践的关系问题。译界有一句流行语：“会翻译的，做翻译；不会翻译的，教翻译；不会教翻译的，搞翻译研究。”译界同仁在讨论此话题时往往各抒己见，各执一词，很难形成共识。最典型的例子是：翻译从业者对翻译教学和理论研究不屑一顾，而翻译教学和理论研究者则对翻译实践颇为生疏。对于理论与实践的关系，我国著名作家萧乾的论述比较中肯：理论充其量只不过是张地图，它代替不了旅行。然而，在人生这段旅程中，还是有一张地图好。换言之，翻译理论虽然不能解决实践中字词句段篇章具体的翻译问题，却能在译者碰到棘手问题一筹莫展时，有据可寻，以前辈提炼的理论为指导，寻找启发，少走弯路，缩短自己摸索的时间。

付：那您是如何看待翻译理论“无用”论的呢？

王：认为翻译理论“无用”者大有人在。看似“无师自通”的有着丰富经验的译者不能说没有自己的翻译观，实则已经内化，可能译者自己都没有意识到翻译理论在“无形”中所起的作用。当你传授翻译经验，将“内化”的东西“外化”，诉诸有形的语言时，也会不自觉地道出一些翻译的规律和原则。如果只做翻译实践，不教学，觉得理论“无用”倒也无妨，但作为一名翻译教师，倘若认为翻译理论“无用”，或者不能用翻译理论来解释某种翻译现象，那么就会遭遇“只可意会，不可言传”的尴尬。在教学中，如果以翻译理论来解释翻译现象，那么学生就不会停留在肤浅的感性认识阶段，还可以扩宽学生视野的广度和深度，并使其“知其然”，而后又“知其所以然”。这也从一个方面体现了专业译者和业余爱好者的区别。

陆谷孙先生曾经说过，没有译过200万字不要谈翻译（陈刚，2011：12），这个观点我非常赞同。无论是口译教学，还是笔译教学，有着丰富实践经验的教师总能让学生心服口服。翻译的本质是实践，从经验提炼出来的翻译理论，可以避免“纸上谈兵”之嫌。Jeremy Munday 著有《翻译研究入门》（*Introducing Translation Studies*）一书，该书是翻译学习者必读书目之一。但可能有些人不知道，这本书是翻译理论书当中唯一一本配有完整音频的书，可见它的传播度和接受度。Munday 在探讨翻译理论时很多就是基于自己丰富翻译实践的所思所得。

关于翻译教学、翻译实践和翻译理论三者之间的关系，国外的讨论也非常热烈，有些观点值得我们借鉴。澳大利亚莫纳什大学马克·奥兰多博士（Dr. Marc Orlando）2016年在德国弗兰克时间出版社（Frank &Timme GmbH）出版的新作《21世纪口笔译培训：站在实践、研究与教学的十字路口》（*Training 21st Century Translators and Interpreters：At the Crossroads of Practice，Research and Pedagogy*）中对欧洲翻译研究会主席法国丹尼尔·吉尔（Daniel Gile）于1995年提出的“实践研究者”（practisearchers）概念进行了阐释，提出了口笔译人才最新的培养目标：培养既精通翻译实践，又擅长翻译研究的双高人才。其实我们高校中不乏这样既精通翻译实践，又擅长翻译研究的教师，但要落实到翻译教学中去，还得费一番心思。比如说：在本科或研究生阶段，理论与实践的比例为多少？哪些理论必须教给学生，用什么方法教？学生必须掌握哪些翻译方法和技巧？学生的翻译实践应重点训练什么内容？等等。

付：如何将翻译理论对翻译实践的指导作用落实到翻译教学中是一项长期而艰巨的任务，值得深入研究。接下来再请您谈谈如何培养翻译技能吧。

王：在翻译技能的三种能力中，转换能力是汉译英任务能否完成的基本条件，而选择能力和译文修订能力则是英译文质量高低、得体与否的关键。我在从事汉译英实践和教学的过程中发现，修订能力的强弱直接关系译文质量的高低。相当一部分 BTI 和 MTI 学生在修订其汉译英译文时，只能对技术性错误如时态、搭配、拼写错误等“硬伤”加以修订，而对英译文的文体、修辞和语用错误等无能为力。由于这种译文修订能力与英语表达能力的高低密切相关，要求学生在本科阶段就具有较高的汉译英译文修订能力不太现实，但有必要在 MTI 教学中加强学生这方面能力的培养。

要培养学生的选择能力，可以从译文比读开始。我在苏州大学给学生开设了《翻译名作比较与研究》这门功课，通过给学生提供大量优秀的译作来学习文学作品的翻译方法，赏评的对象主要是内容丰富、审美价值较高同时认可度较高的文学名篇。教师通过评析、进行语言、文化的对比与比较等方式多引导学生在阅读中增强语感，体会语言运用的准确性、得体性和多样性，同时积累文化知识。在比读过程中，设定相应的比读参数，赏其巧译，评其不足。这是一种理解和感悟译文的重要方法，跟银行在训练员工辨别真币、假币的时候一直让他们去摸真币的道理相通。同时，学生还可结合自己所掌握的翻译理论知识来评判译文的优劣，有效防止翻译理论与翻译实践相脱节，从而避免纸上谈兵之嫌。

与译文质量紧密相关的修订能力的培养十分重要。在培养学生这方面能力的时候，我通常会以自己的译文为授课素材，将自己在翻译、修改和审定过程中遇到的难点、解决的方法、思维的轨迹、总结的经验教训呈现给学生，让学生认识专业翻译的工作理念、过程和方法。这种输入形式直观、现实，有说服力，应增加其在输入学习中的比例。

付：您能否给我们举例说明一下这些能力的培养是如何落实到具体的翻译教学中的呢？

王：好的。我就以《梦溪笔谈》英译为例来说吧。我在翻译这部作品时遇到了前所未有的困难和挑战。这是我在教学工作之余，历时四年半时间熬夜完成的。当年熬夜挑灯夜战翻译《梦溪笔谈》时的情景现在还历历在目。记得我每完成一个既定条目的翻译任务之时，天色都已微微发亮。这部著作的英译让我对翻译有了更深的体会。

翻译是一种个体行为，“如人饮水，冷暖自知”。首先要让学生了解《梦溪笔谈》的相关知识。这是一部百科全书式的著作，被英国著名科学史专家李约瑟博士称为“中国科学史坐标”。它共分 26 卷，609 项条目。内容共分故事、辩证、乐律、象数、人事、官政、权智、艺文、书画、技艺、器用、神奇、异事、谬误、讥谑、杂志、药议 17 个门类，涉及典章制度、财政、军事、外交、历史、考古、文学、艺术以及科学技术等广阔领域。这就决定了翻译过程中有很多东西需要查找，有很多问题需要解决。可以说，《梦溪笔谈》集中体现了翻译的复杂性和多样性，以它为教学素材可使学生的应变能力、选择能力和修订能力得到增强。

其次，需要对《梦溪笔谈》的英译做一个大致的定位，即翻译这部著作是“宽泛意义上的翻译还是严格意义上的翻译”，不同定位决定了翻译中的表达及策略的选择。当然，我们对它翻译的定位是“严格意义上的翻译”。“严格意义上的翻译”要以原文为对照，受原文文本限制，这类译文“既要经得起读，又要经得起对”。基于这种定位，《梦溪笔谈》中的不同条目都有相应的翻译策略。翻译标准和策略的制定必须是动态多元、和而不同、各司其职、互为补充。

付：您又是如何制定翻译的标准和策略呢？

王：这里我们应最大限度地发挥翻译理论对实践的指导作用，让学生觉得翻译理论并不是无用的，而是能切实指导翻译实践。我在翻译《梦溪笔谈》时，主要借鉴德国功能主义学派代表人物莱斯的翻译类型学和文本内容决定文本形式的理论，提出应该根据《梦溪笔谈》特殊的文本类型和所包含的不同条目内容制定具体的翻译策略，恰当表达典籍文本中的原意。《梦溪笔谈》属于复合文本类型，各条目虽然篇幅不长，却在题材内容上变化多端，既有日常题材、文学题材，又有科技内容。全书涉及的学科广泛，内容庞杂。在翻译《梦溪笔谈》这样内容庞杂的复合文本类型时，必须在处理好词汇、语法、修辞、逻辑等一般翻译方法技巧的基础上，针对文本不同的条目内容，选择与之相应的语言表达形式和词语，使译文能够达到预期的翻译要求。我在保证译文语言"明白、通畅、简洁"的前提下，根据《梦溪笔谈》条目内容的不同制定了相应的翻译策略。

涉及古代科技内容的条目翔实、客观，语言准确、简洁，结构严谨，逻辑性强。对《梦溪笔谈》此类条目的英译应该注重体现科技英语的特点，所以多采用科技专门词汇，语法上多用一般现在时态，多用结构严谨的陈述句、复句、非人称语句以及被动语态等。

涉及古代文学艺术内容的条目生动形象、具有鲜明的语言个性。对此类条目的英译我就注重艺术性，注重对原作艺术价值的审美的把握，注重对原作艺术形象、艺术意境和语言风格的再现。

涉及古代典章制度、官政内容的条目以阐释说明为主，通过具体解说，使人们对中国古代官制、法令、行政管理、经济制度、官职名称、官员礼仪合行事宜以及科考制度等有详细了解。对此类条目的英译，我务求语言清晰、条理分明，客观准确，清楚明白。

涉及古代药物、植物、地质、地理内容的条目专业性较强，语言准确、严谨。对此类条目的英译，我注重体现译文的准确性、简洁性和符合学术规范，另外还要方便读者辨识。

涉及古代历法、音乐内容的条目与西方音乐和天文历法分属不同的体系，属于文化专有项。我在翻译此类条目时，主要运用了文外解释、文内解释、使用同义词、选用读者较熟悉的另一来源文化专有项、选用目的语文化专有项等翻译策略。

最后我还会给学生展示译文修订的轨迹、修改的原因等。对《梦溪笔谈》这类翻译的精确性要求很高，需要译者透彻理解原文，反复推敲文字，并借助工具书，查阅相关资料，有时还要与同行讨论，向专家请教。因此以此为翻译素材，可以促使学生不断学习，在学习过程中提高他们的阅读能力和表达能力，同时也有益于培养他们认真严谨的翻译态度。

付：学生浸润在这样的教学氛围中，再加上自身的努力，就能在不知不觉间，自然领会翻译之难与翻译之妙！深刻体会翻译的“痛并快乐着”。《梦溪笔谈》的全英文版由英国帕斯国际出版社出版，享有很高的国际关注度，可以说是真正走向世界并起到了传播中国文化、弘扬中国古代科技成就的作用，也为我国其他经典作品走向世界提供了很好的借鉴。这本译著之所以这么成功，与您英译汉实践有关吗？

王：可以说，英译汉与汉译英两者关系密切，前后对后者的帮助非常大。英译汉和汉译英的区别在于：前者对原文理解要求更高，后者则对译文表达要求更高。相对而言，汉译英比英译汉更难一些，原因是英文不是我们的母语，却要用英文来进行表达，这就要求具有较高的英文造诣。俗话说，罗马不是一天之内建造起来的。英文造诣同样要求长期的积累和学习。做翻译，先从事英译汉，然后再转为汉译英，这不失为良性循环，因为前者能为后者打下扎实的基础。

付：所以您在从事汉译英后也一直坚持做英译汉，是这个原因吗？

王：是的，从语言输入的层面上来说，做英译汉能保证英文的大量输入，这对于汉译英表达的准确性和地道性有非常大的帮助。我在做翻译之前，已经有了一定的英汉双语基础。我从小酷爱中国古典文学，阅读了不少经典文学名著；到了本科阶段，开始阅读英文名著，研究生阶段主攻英国文学，到英国留学时的专业是语言学。所以，学习翻译的同学不能太功利，不能急于求成，应该扎实打好扎实的基础，先成为“杂家”，后成为“专家”，并且学会坐“冷板凳”，学会面对翻译中的得与失。可以说，长期从事翻译实践对我们的人生发展也有较大的帮助，会使我们在未来人生和职业发展方面，心理素质更为强大，处理困难的方法更为多元，为人处事更游刃有余，得心应手。

付：您说得很有道理，我们都应该把基础打扎实，这样才能水到渠成。我还有另外一个问题，从现在社会对翻译的需要来看，尤其是从 MTI 的培养内容来看，您认为在教学中如何平衡文学翻译与非文学翻译的关系？

王：翻译专业学位教育需要贴近现实，应加强非文学翻译的训练，但千万不能因此而疏忽文学翻译的学习。因为只有文学翻译才能真正体现翻译的复杂性。文学语言几乎调动了一种语言中的所有手段和语言结构。文学作品的翻译需要译者敏锐地领悟文字在不同语境的细微用法；译者还必须有很好的表达能力，准确透彻地再现原文。此外，译者还必须熟悉外语文化以及文化差异。这些也都是做好非文学翻译的必备素质。在文学翻译的过程中，译者必须做好翻译策略的总体审度，对作者的思想、生平、原作的内容、风格、形体、类别、版本、时代背景、现有英译的各种版本、相关的翻译方法论、读者接受情况、社会文化因素等等进行一番深入细致的研究，通过文化历史考证、文本内证及外证、互文观照以及作品与文本的互证对文本进行语义诠释，通过解码、解构、解析、整合对文本进行解读，以便对作品的总意象、风格及预期翻译文本的文化定位做到心中有数。以上种种方面的训练也是做好非文学翻译必不可少的前提和准备。另外，即使在非文学翻译中，也存在文学语言。大部分文本都同时具有不同程度的表现、表情和感染三种功能。因此，非文学翻译同时具有科学性和艺术性，这就需要译者必须接受文学翻译的训练。

付：您这个观点从您所译著作中就能体现出来，您的译著内容涵盖了心理学、社会学等领域，但仍以古典文学作品的翻译为主。不知道您为什么会选择翻译心理学或社会学领域的著作呢？

王：教师也好，学生也罢，都应选择与自己兴趣相投的作品进行翻译，这样才能最大限度地理解原作者，达到情感上的共鸣。就拿我翻译的第一部译著《女人的奥秘》（*The Art of Being a Woman*）来说，这是一本从心理学角度研究女性问题的作品。正是作者在“前言”中的一句“The sole purpose for the existence of human beings is to light the fire in the darkness.”点燃了我的翻译激情。这本译著于1988年出版，稿费虽低，但我仍然很高兴。真正让我坚持下去的最大动力有两个。一是源自我对翻译的热爱。有人说过：“翻译是一项令人痴迷的工作，但凡痴迷者无不为其痴迷。”我就是一个痴迷翻译的人。兴趣是最好的老师，我翻译的第一部英译汉作品就是出于对翻译的浓厚兴趣。另外一个动力源自翻译自身的魅力。当我感受到不同文化、不同思维间的碰撞与融合时，我对翻译有了更为深刻的全新认识：从最初以为翻译是两种语言的转换，到认识到翻译是两种文化、更是两种思维的碰撞与融合，到最后直面翻译的复杂性和多样性。翻译的魅力无以言表，我乐意把其魅力与大家分享。

付：您这点说得特别对！我仿佛又回到了当年听您授课时的氛围中，感受着您对翻译饱满的热情，感动于您对译文反复斟酌的严谨！

王：教师对翻译的激情是可以感染学生的。这对于本科阶段翻译专业的学生来说尤显重要。对于大部分同学来说，刚入学时对于翻译这个专业可能是一知半解，这时就需要一位对翻译充满热情的教师进行引导，培养学生的翻译意识，挖掘学生的翻译潜能。学生对翻译有了兴趣，这就是良好的开端。

付：从现实的教学条件看，教师不可能时常陪伴在学生身边进行指导，那您对学生课后的翻译实践练习有何建议？

王：回译练习是个不错的选择，由教师帮助学生挑选中英文俱佳的作品作为回译材料。由于教师不能时刻进行指导，我们可以选一本名著小说进行回译练习，它既可练习英译中，也可练习中译英，这时英文原文就是最好的老师。同时拿整本小说进行翻译练习还可以注意到语境、上下文、篇章甚至逻辑方面的衔接，变传统的词句对比为篇章分析。关注两种语言在语篇层面的异同，把视角从以句子为中心的翻译模式转移到语篇翻译模式，提高学生对语篇整体把握的意识和能力。这些都是对课堂教学内容的巩固、拓展和延伸，有利于加强教学效果。此外，学生还应注重笔译与口译训练的互补关系，以培养学生的综合能力。

总之，在翻译人才培养的问题上，应有效地发挥翻译实践、翻译理论与翻译教学三者各自的作用，使其各司其职、相对独立，又互为一体、相互影响。我们要积极探寻翻译实践、研究与教学互联互通、互为一体的新路径，鼓励翻译实践者更多参与翻译研究，将实践经验上升为学术理论，反哺翻译培训及翻译教学，为我们国家培养更多优秀的翻译人才！

付：感谢您与我们分享这么宝贵的翻译经验，相信读者定能受益。希望更多业界同仁、热爱翻译的学生与您一起在绚烂多彩的翻译世界里畅游！

参考文献

[1] Orlando, M. *Training 21st Century Translators and Interpreters: At the Crossroads of Practice, Research and Pedagogy* [M]. Berlin: Frank & Timme, 2016.

[2] 陈刚：《专业翻译实践与研究的重大缺失—兼谈专业翻译教学》，何刚强：《翻译教学与研究》（第二辑），上海：复旦大学出版社，2011 年。

[3] 何刚强：《曾经柳暗花明，依然任重道远—本科翻译专业建设的若干探索与体会》，上海：上海外语教育出版社，2010 年。

[4] 王宏：《对当前翻译研究几个热点问题的思考》，《上海翻译》，2007 年第 2 期。

[5] 王宏、刘伟：《当代翻译研究的跨学科性及理论融合》，《外语研究》，2008 年第 2 期。

[6] 王宏：《〈梦溪笔谈〉译本翻译策略研究》，《上海翻译》，2010 年第 1 期。

[7] 王宏：《对当前翻译研究几个热点问题的再思考》，《上海翻译》，2010 年第 2 期。

[8] 王宏：《怎么译：是操控还是投降》，《外国语》，2011 年第 2 期。

[9] 王宏：《汉英能力构成因素和发展层次》，《外语研究》，2012 年第 2 期。

[10] 王宏：《走进绚丽多彩的翻译世界》，北京：外语教学与研究出版社，2012 年。

[11] 王宏：《21 世纪翻译学最新进展》，《当代外语研究》，2015 年第 5 期。

[12] 王宏、张玲：《中国翻译专业学位教育：成绩、问题与对策》，《上海翻译》，2016 年第 2 期。

[13] 王宏、彭文青：《探寻翻译实践、研究与教学互联互通、互为一体的新路径》，《上海翻译》，2017 年第 6 期。

《中译外研究》征稿启事

来稿字数以5000—8000字为宜，长文控制在10000字以内。论文请附200字左右的中文摘要，中文关键词3—5个，作者简介（姓名、性别、职称、学历、工作单位、联系方式、研究方向）。本刊欢迎电子投稿，编辑部对来稿择优录用。

投稿邮箱：zywx@ tjfsu. edu. cn

官方网址：http：//zywx. tjfsu. edu. cn/

通讯地址：天津市和平区睦南道28号院401室